法律的詮索
Introduction to Legal System in Taiwan

陳慈幸　著

 濤石文化事業有限公司
WaterStone Publishers

國家圖書館出版品預行編目資料

法律的詮索＝Introduction to Legal System in
Taiwan. ／陳慈幸著. -- 初版. --
嘉義市：濤石文化， 2002【民91】
面 ； 公分
參考書目：面
ISBN 957-30248-8-8 （平裝）

1.法律 中國
582 91015817

法律的詮索
Introduction to Legal System in Taiwan

作 者：陳慈幸
出 版 者：濤石文化事業有限公司
責 任 編 輯：吳孟虹
校 對：吳孟虹、詹心馳
封 面 設 計：白金廣告設計 梁叔爰
地 址：嘉義市台斗街57-11號3F-1
登 記 證：嘉市府建商登字第08900830號
電 話：(05)271-4478
傳 眞：(05)271-4479
戶 名：濤石文化事業有限公司
郵 撥 帳 號：31442485
印 刷：鼎易印刷事業有限公司
初 版 一 刷：2002年9月(1-1000)
I S B N ：957-30248-8-8
總 經 銷：揚智文化事業股份有限公司
定 價：新台幣400元
E-mail：waterstone@giga.net.tw
http://home.kimo.com.tw/tw_waterstone

椎橋序

　一九九二年四月、まだあどけなさが残っている一人の女子学生が私の刑事訴訟法の専門演習に入ってきた。眼をくりくり輝かせた台湾からの留学生、それが陳慈幸さんであった。以後、演習を通じて陳さんとの付き合いが始まるが、陳さんは何事にも意欲的に取り組み、熱心に勉強し、明るい性格からゼミ員達とも仲良く過ごした。四年生になったとき、大学院への進学相談を受けた。私は少し躊躇いながら、大学院での勉強は楽ではないこと、大学教授になることは時間もかかるし、多くの困難を乗り越えなければならないことを説明した。だが、陳さんの決心が揺らぐことはまったくなかった。その後、首尾よく中央大学大学院法学研究科の博士前期続いて後期課程へと進み、研究への取り組みはさらに積極的になり、特に後期課程に進んだ以降は台湾と日本において続々と業績を発表するようになった。そして、今まで大学院での研究の集大成が「組織犯罪の比較法的研究」であり、これが博士学位請求論文として受理され、慎重な審査の結果、２０００年３月に中央大学から博士（法学）の学位を授与されたのである

。博士（法学）の学位が授与される者は数は少ないと点で価値があるだけでなく、論文の内容も特にアジアの組織犯罪の歴史・実態を解明した上で日本のそれと比較した点がユニークであると評価されたのである。学位授与式においては、私が大学院法学研究科の委員長として弟子の陳さんに学位記を授与する機会に恵まれたことも幸いであった。

　その間、陳さんはその業績が認められ、台湾の大学で教員として採用され、現在は国立中正大学の助理教授を務めている。そのこと自体が陳さんの努力の結果であり、また、私の誇りでもあるが、もう一つ述べたいことがある。２０００年６月に東京で開催され第１１回日本被害者学会において台湾の中央警察大学校長の蔡徳輝先生に台湾の被害者学の現況について講演をしていただいたときにその通訳を務めたのが陳さんであった。そして翌２００１年１０月に国立中正大学で開催された「２１世紀亜太地区刑事司法與犯罪問題対策」研究会に私が招待されて日本の改正少年法について講演をしたときに通訳をしてくれたのが陳さんであった。私は大学の助理教授として立派に成長して私の講演を通訳する陳さんの姿を見ていると同時に、私の弟子つまり私の学問を一番よく知っている者に

通訳して貰うことに大きな喜びを感じたのである。

　　陳さんは刑事法の専門家であるが、研究・教育により広い分野に及んでいる。広く研究をしないと大きな法律家にはなれない。それは私の指導方針でもある。陳さんは日本での研究しているときから、幅広い研究を心がけていた。本書はその努力の成果である。本書の出版を心からお祝いするとともに本書が多くの人に読まれることを祈るものである。

　　　　　　　　　２００２年７月２４日
　　　　　　　日本中央大学　法学部教授
　　　　　　　　　　　　　法学博士

　　　　椎橋　　隆幸

蔡序

　　隨著資訊時代的來臨，科技日新月異，傳統社會型態亦隨之面臨轉型的壓力。睽諸世界各國之發展，「多元化」已成為現代社會的必然趨勢。在此多元化的社會中，法律是建立社會規範的重要基礎，我們隨時隨地都需要法律來保障權益，同時亦需要其來規範個人行為。因此，對於法律，一般人不能僅有些許的認知，而應要有更多的瞭解。惟法學領域浩瀚無窮，艱澀難懂的法律用語，常使一般民眾難以親近，因此，這本能帶領大眾進入浩瀚法海的入門書籍——【法律的詮索】即在此背景下創作而出。

　　陳慈幸老師曾於日本專政刑事法學及犯罪學多年，在日本中央大學法學專士學位不久後，即返國貢獻所學，現於中正大學犯罪防治系擔任助理教授，為人謙恭有禮、教學認真。在專業教學上，其不僅於中正大學犯罪防治系及法律系教授刑事法學、被害者學等課程，亦於南華大學語文中心兼任日文教師；在學術研究方面，參與多件國科會、政府機關及美、日等跨國研究案；在領域拓展方面，除在全國中輟學生防治諮詢研究中心擔任教育訓練組組長外，並有設置法治教育個人網站，提供法治教育服務。

　　本書距陳老師前本書的出版（青少年法治教育與犯罪預防，濤石出版）僅短短半年時間，對於其在教學、研究之餘，仍能辛勤創作，實屬難得，故本人樂之為序。

蔡德輝　謹誌
中央警察大學校長

自序
--人性的剖析--

嘗試著剖析自己，相信，文字能將情緻，化覽成橋，引渡你停駐於我的生命。

我的文字很不規則，或許，這是因情感的附含。情感本無循規，但將情感禁斷卻是人性的極限，人們通常無法確知是否能爲。深信，若要做到此般境界，需要某種程度的轉化。

人與人之間有許多共通點，最近的體會是，人大都不瀟灑。

利益的執著，使人類迷惑於情慾糾葛中，易以利益衡量世事。不從所願時，便互以言語暴力攻訐。

多數人易屈膝於言語暴力，因此樂於鳥瞰言語暴力的戰場。受到被害之人最終才領會到，遭言語殞落的傷痛。在此人間，友誼情愛信誓，總禁不起謠言誣陷的詭套。

不愛聽浮言流語，亦不工於交際。人之相交，切重心靈的交會，雖無瑰麗言語的描飾，但相互所流露的真情，將是永生的悸動。此時所散發的情思，是亙古之美，卓然有味。

法律的文章，是令人敬服的鉅作。所以有這般感受，是因文字的冷艱。如此文字，是否代表法律人的冷酷無情？不得而知。

我的法律素養不高，無權批評。但認知中，文章是需先達到雅俗共賞之效，才有共鳴。例如，余光中教授的文字，比起法學鉅作雖是平淡，但其中富含的情感，卻是無限。每每閱讀余教授的作品，總有淡淡的悵然與索思。尤於文末結尾之處，總不禁感而落淚，再三回味。

因此，文字是最能代表人的心性。文字細緻之人，當是情意煥發，尤以文學作品而言，當可見作者將自己的靈魂引入字裡行間中，充分與讀者達到神交。法律之文，如能將冷傲之語，化爲情感的論述，或許將不會有高處仰望之嘆。

本書雖以法學領域涉及爲主，但沿承我所偏好的文學筆風。文中對於情性與法律交會深入的刻畫，是人生三十餘年來青澀的歷練。

　　人在生活當中，因柴米之累，總不免要碰粗俗之事。但心境需靈靜不俗，如此才有令人嘆絕的作品。寫文章時，我偏好幽然的音樂與靜謐的氣氛。但，偶爾心情的不平靜，扼殺文采極多，此時，需在凌亂不已中極力尋求歸點。

　　思緒狂亂的我，反倒有些壯烈的淒美。

　　到達不惑之年，尚有數年。或許，屆時會有更深的體會，再或者，早已蛻變爲一俗婦，好市井流言，無法預知。在生命的餘爐，回顧這一生時，無有悔恨是我的終極目標，

　　唯有如此人生，才得以淋漓盡致。

　　自序的結尾，總需有聊表敬意之詞。在此，特別感謝擔任課程助教的國立中正大學法律系詹心馳協助撰稿及心理系黃涵雲，犯罪防治系周瑩珍、蔡孟珊等同學協助資料搜尋。

　　云云之言，實不勝由衷之情。

陳慈幸

2002年初夏於中正大學

‖目　錄

Organized Crime

第二部　法的實際適用

生命中的法律

给

等待救贖的靈魂

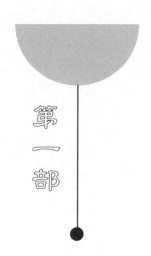

第一部

法學緒論

第一章　法的開端
第二章　訴訟的進行

法的開端

Chapter 1

◆

概說

◆

法的基本概念

◆

現行法規概說

◆

結論

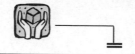

概說

　　法律從字源及其定義來說，是具有功能性的社會規範，其特徵乃在於有強制力之驅使。而強制力，也作為法律及其他社會規範之區別，亦可作為法律本身類別之區分標準，如區別公私法等。

　　若論法律，需先論其目的。法律的目的，乃在於保障群眾安寧並維持社會秩序。因此，法律此門學問，多數人認為是門不易親近之學。只因法海博瀚，六法中條文規定的繁複與深奧，常令人嘆而觀止。

　　事實上，人類為使自我權益獲得更多的保障，也就是使社會功能有所循依，於是制訂了各種法令約束日常生活行為。法律當中，尤以民事法令，縱覽人類一生，並與日常生活戚息相關，可稱與人類最為切近之法。也就是，法律的功能，主要可歸納為下列七點：

1. 解決社會的爭端。
2. 維持國家社會之安全與秩序：此功能主要賴以刑法來加以規範。
3. 提供人民就日常生活關係之規劃、包括意外發生時、其共同期望如何實現之架構：此主要是指賴以私法等民事法令來加以規範。
4. 確保政府各機關間之制衡及效率：此點主要以憲法的角度來看。
5. 保護人民對抗過度或不公平之政府公權力。
6. 保護人民對抗過度及不公平之私權力。
7. 保障人民能享受最起碼合乎人性尊嚴之機會。

　　從此看來，法與人類的生活，其實是關聯性的律動。但為何法常帶給人深奧難解的偏見？或許只能以文字解釋過於艱難的說法來詮釋。這是因為，為求易於解釋，並涵蓋多數行為，法條制定須以密度最大的文字，來描繪人類各種的日常生活動態，除包括合法的行為，亦包括了非法行為；再者，為求精謹慎重，解釋方式僅能莊重嚴肅，不可流於時尚。

　　在此種外在束縛下，法律之學難以如藝術、文學、音樂般暢所欲言，令人倘佯於性靈的愉悅。雖說法律條文並非全為淒厲罰責，但鳥瞰並陳列人類所有非法行為的漠然，也著實令人易於湧發怯為親近的錯覺。

　　法的存在，其功能不外乎是保障人類一個有秩序、有常軌性的生活。但法非萬能，社會演革、文化消長時，當可察覺法功能有運用的極限。此時，需憑依現今社會所需，再行增訂補修，才可達完美之境。此外，再完善的法律制度，如欠缺國民謹守履行與尊重，也僅止於充斥其表的裝飾品，無法盡其功能。

　　法的功能之後，緊接著是法的適用與解釋的問題。

　　法的實際適用時須掌握幾個要點及步驟。首先，需了解當案件的性質與類型。簡單來說也就是，此案件為民事、刑事或是行政案件？第二個步驟是，當案件是應適用一般法（普通法）的規定？或有例外法規定優先適用？如是屬於爭訟案件，除在實體法上找到相關法律規定外，並在程序法中找到符合的程序，依程序法或訴訟法規定提起訴訟。以上二步驟皆考慮完成後，尋相關適用的條文，再行法律解釋。

　　有關法的適用與解釋、以及各種關於法的語彙，後者將有詳加說明。重要的是，法雖需嚴肅面對，但此言之意並非要習法之人對待習法一事，如同整裝赴戰場決一死戰，因此，習法之人不需扭曲自我人格。

　　習法之人，首重清楚的思維及正確的學理常識，如此才可於繁複的法域疆土闢出整然的論述。除此之外，法的運用，特別是刑事

法學方面，以當今錯綜複雜犯罪概況來說，如循依過往方式，單以實體法的刑法佐以程序法刑事訴訟法的適用方式來思考，似乎已無法適切說明與充分涵蓋整個犯罪現象，因此科學方式蒐集證據，佐以偏屬社會科學的犯罪學的應用，恰可補足當今實體法與程序法的不足。

法的學習需逸脫傳統，人的情慾糾葛，使法與人類生活接合之後，法的運用更為艱深。

當我們進入生命的輪迴時，其實已邁入法的宇宙。

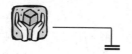

法 的 基 本 概 念

法 律 的 意 義

法律的定義是，人類為營造有秩序、和平的共同生活，透過共同的意見所制定具有強制力的規範。

法律是人類生活特有的規範，其原因是法律只存在於人類社會。人類以外的動物，有些雖在族群內有特殊的循規，但此種循規僅止於界定族群內的生活方式，並無約束的強制性，與人類的法律規範中所富含的強制性質完全不同。

因此，綜合上述二者之說，可歸納法律意義為二[1]：

1.法學為研究法律之原理：法律範圍廣泛，種類眾多，但各種法律間，常存有共同的原則，例如法律於廢止時需有一定的程序，法律之解釋則有文字解釋與論理解釋之別，不因法律類別迥異而有所不同，均適用共通的原則。

2.法律爲社會科學：法學運用經常利用到科學方法，尤爲刑事法領域，近年的趨向更是朝向採用科學方法。法律之規定，常反應人類社會之生活，而形成社會現象之一種。所以法律稱爲社會科學的一部分。

法學之分類，依通說可分爲下列三部分[2]：

1.法哲學：研究法律基本及深奧之原理原則。但對於實際之法的現象，則不探究。
2.法律科學：研究國家現行有關法律共同的原理原則，以及現行各種法律的概念與內容及其適用爲主要對象，其中有可分門別類、分別探討。例如民法、刑法及其他各種普通法規和特別法規之研究。
3.法史學：研究法的變遷沿革以及趨勢，多注重法律過去制訂的經過情形。

法的層級構造

法當中有所謂的層級構造，如以國內法而言，最高層級爲憲法，其次爲法律（立法機關所制訂之法），再其次爲命令（行政機關所制訂），最後爲條例（地方自治機關所制訂），如位階在下位的法抵觸上位之法時，即爲無效。

於國際法方面，與外國締結的條約與本國的憲法皆屬上位，在學說方面有「憲法優位說」以及「條約優位說」之分。至於其他部分則與國內法的層級構造相同。

1 蘇嘉宏（1996/06），法學緒論，永然文化，頁9。
2 同上註，頁10。

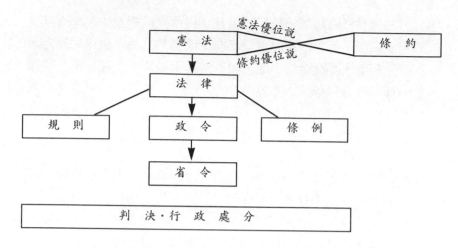

圖1-1 法的層級的構造

主要法系介紹

　　法系之意義爲以各國的法律爲著眼點,以尋求相互間的共同性、類別性或特殊性,分別就其特性歸納在某一法律系統中,自成一個體系,稱爲「法系」[3]。

　　世界上主要的法系,最常見有大陸法系、英美法系、伊斯蘭法系等等,以下將分述這幾種法系之概要:

大陸法系

　　大陸法系又稱爲羅馬日耳曼法系。

　　大陸法系的起源來自於羅馬法,大陸法系最大的特點就是模仿羅馬的十二銅表法。羅馬法並非一開始就有完備的法律規定,是隨著羅馬民族的發展而發展,一直到了羅馬帝國的末期,才在君士坦丁大帝的統治下完成了法典的編纂。

　　大陸法系和海洋法系最大的不同點在於其對成文法（written Law, geschriebenes Recht）的重視。大陸法系是以成文法為主，成文法也就是國家依公權力以一定的程序及形式而制定公佈的法律；簡單來說，也就是係指編寫成一部部完整的法典。法律體系上，各個大陸法系的國家通常都具有相同的法律體系，並且對於法律基本概念的認知大略相同。

　　傳統大陸法系國家多半注重於私法的發展，對於公法的發展較慢；對於私法的發展中，又以「債」及「契約」的發展最為完備，這是因大陸法系國家中是以契約為法律關係研究的重點。

　　歸納以上所述，大陸法系國家的特點如下：

1.大陸法系國家多採成文法典。
2.司法組織方面，除一般法院外，還有行政法院。
3.法庭採合議制最多。
4.採法官審判，不採陪審制度
5.法官與律師的職務劃分非常清楚。

大陸法系國家例如我國、日本，以及歐陸各國。

海洋法系

　　海洋法系又稱為英美法系。它最早起源於英國，而目前的分布也是以英國及其殖民國家為中心，例如：加拿大、澳洲等國家。而普通法最早的發展來自於諾曼地人征服英國，而它們在英國建立了一套行政體系，並且具有陪審團制度。之後因為普通法的僵化，又有衡平法的發展[4]。

3.同上註，頁28。
4.王海南、李太正等著，法學入門，元照出版公司，1998年10月三版六刷，頁68。

海洋法系主要以判例法爲主，它們的法律多半沒有如我國的成文規定，而是從判例中找到相似案件的見解作爲判決的基準，成文法反而是例外的存在。大陸法系的國家中多半將研究重點放在實體法，可是海洋法系的國家中卻將學術的焦點放在程序法，對於實體法的發展非常遲緩。

在海洋法系中，對於法律體系的分類以及法律概念的詮釋與大陸法系間相去甚遠。海洋法系中最主要的分類是普通法與衡平法，衡平法是在普通法行之有年，出現僵化的情形時，爲了救濟某些案件而出現。雖然普通法與衡平法已經有所融合，但是在某些見解的詮釋上，依然是具有相當大的差異。

然而一樣是採海洋法系的英國與美國，它們對於某些法律見解以及成文化法律的規定，都有互相衝突的見解。

伊斯蘭法系

伊斯蘭法系的崛起，主要是因阿拉伯國家經濟實力的突飛猛進。伊斯蘭法系的分布主要是以回教國家居多，因爲回教以可蘭經爲尊，而可蘭經關於日常生活中大小事項都有相關規範，且回教國家以宗教爲尊的觀念，造成了宗教獨大的後果。

但是在現今的回教國家中，可蘭經並不是那麼絕對的被落實在法律制度。因爲可蘭經的相關規定隨著時間的發展已不合時宜，再加上近代西方思潮的入侵，有的國家已經改採行海洋或大陸法系的法律制度，關於可蘭經的規定，在法律體系中的重要性已經大幅降低。

法律的淵源

法律的淵源，簡稱爲「法源」。法源，即法律的內容有哪些，了解法源是適用法律的前提，故哪些源頭可作爲法院裁判時的依

據，即須加以辨認。一般說來、不論現在大陸法系國家或英美法系國家、其法源都有成文（直接）法源與不成文（間接）法源。

　　直接法源，也就是不需經過法院承認的手續即可適用的法律，其種類有：憲法、法令、自治法規、條約。

　　間接法源，也就是需經法院加以承認方可適用，共有：習慣、法理、判例、學說等等。

直接法源

　　1.憲法：憲法之效力高於普通法律，而其條文中有「...以法律定之」等字樣。根據此規定，可制定其他法律、所以憲法是法律產生之首要淵源。

　　2.法令：命令與法律之合稱。法律與命令之區別有，效力不同，制定程序不同，規定範圍不同。

　　命令是否具有法律效果？－命令的性質

何謂命令？

　　法律與命令為一般人易於混淆的概念問題。法律與命令一般合稱為「法令」。

　　法律與命令之關係，一般可依照下列方式歸納而出：

　　1.法律需以命令而公布。

　　2.命令需依據法律而制訂。

　　3.命令解釋或補充法律之不足。

　　4.命令不得牴觸法令。

　　5.命令適用法令上的原理原則[5]。

5.同註1，頁76-77。

　　所謂命令，也就是爲因應國家發展需要，民眾皆可要求國家將所有的生活相關事項都做有系統性的規範。如立法機關無法達到民眾的要求，所以一般民眾可授權予行政機關制定相關的規定，國家依其法定職權或基於法律授權而強制執行之公式意思表示者，即爲命令。此種規定與法律是完全不同，學習者需釐清觀念。

　　由行政機關所制定的規定稱爲「命令」。一般以命令之形式爲標準，有可分爲「單純命令」及「法規命令」。「單純命令」也就是例如政府於公布法令，或是人事命令等等就個別事件爲抽象或具體的宣告或指示，事件終了，其命令即消失者而言。

　　「法規命令」，也就是就一般性事件，爲抽象的規定，其發佈的程序有時需上級機關核准，有時需其他機關議決，且需正式公布。此類命令之形式，亦有類似法律的條文規定或特定名稱[6]。依中央法規標準法第三條，此類法規命令共有七種，分別有：稱做規程、規則、細則、辦法、綱要、標準或準則。

　　然而，命令所規定的事項依然有其範圍的限制，依據中央法規標準法第五條，關於法律保留、人民的權利義務以及國家機關組織和其他重要事項，並不能授與命令規定，必須要以法律規定。

命令的效力

　　命令爲政府機關基於國家統治而強制實行的，公的意思表示，依一般學說的分類，其效力可劃分爲下列幾點：

　　　1.命令不得抵觸憲法或法律。
　　　2.需爲其職務範圍內，所發之命令但不得抵觸上級之命令。
　　　3.不同長官所發命令之效力[7]。
　　　4.人民對於機關發佈之命令得依法請求救濟[8]。

　　6.同註1，頁74。
　　7.依中央法規標準法第三條規定：「公務員對於兩級長官所發命令，以上級長官之命令爲準，主管長官與兼管長官同時所發命令，以主管長官之命令爲準」。
　　8.同註1，頁76。

3. 自治法規：即有關地方自治事項的法規，或由有地方制訂自治監督職權的機關訂定，或由自治機關本身基於自治立法權所制訂者。

4. 條約：一般認爲如條約批准在法律之後、自應適用「後法優於前法」之原則，而以條約爲有效；若條約批准在法律之先、即應將法律有牴觸之點予以修正。 原則上條約比法律之效力爲優。

間接法源

1. 習慣：習慣如何始有法之效力？其要件有四：1.須有外部要素2.須有內部要素3.須爲法律所未規定事項4.須有法律之價值。

我國民法認爲習慣只有協助補充成文法的效力。

2. 判例：判例乃是法院就訴訟事件所爲判決（先例）。

不成文法國家（如英美法系等海洋法系國家）的情形：

1. 法官遵守先例判決，此亦是不成文法國家創立法律的必要程序。

2. 現代之英美法系國家，雖有制定（成文）法之興起，但仍保留不成文法之傳統，以制定法爲其法源、一般論者稱判例法爲習慣法（common 1aw）。

成文法國家（如我國等大陸法系國家）的情形：

1. 在訴訟制度上爲了維持法律的確實性、形成了兩個基本原則：

1. 法院的判決儘量與本院以前對同類事件的意見保持一致。

2.靠審級制度、由上級審法院就上訴案件審查下級審法院適用法律是否妥當、此無形中增強了上級法院判決的地位。

2.我國的情形：民國建立的最初一、二十年時，新訂法典尚未頒行，一般法院多以最高級司法機關的判例解釋為審判案件的橋樑，但在最近三十年來、法典故已次第充實完備，仍然保持此一傳統，依我國法院組織法第五十七條規定，可知判決先例的變更就是在最高法院本身也要經過法定程序，所以判例在我國，不但有事實上的權威，而且依據法律有其拘束力，至少應是一個補助的法源。

3.法理：法理之為法源，惟以民事法為限，至於刑事法尤其是刑法，涉及對人民的論罪與課以刑罰處罰問題，為保障人權，定立「罪刑法定主義」的原則、為防止擅斷。

3.罪刑法定主義原則定義：（我國刑法第 1 條規定）「行為之罰，以行為時之法律有明文規定者為限」。

4.學說：重要學說—孟德斯鳩之「法意」一書，造成三權分立之政制風行歐美。

法律的分類

法之分類，可依循下列過程而分：

1.基於法的成立過程—可分為成文與不成文法。…其分類是為了在法源上辨明法源適用的順序。

2.基於法之內容可分為

1.國內法與國際法—兩者適用範圍涉及國家主權與國際團體之衝突。

2.公法與私法—是最主要最重要也最有爭議之分類。

3.實體法與程序法－二者在法律關係的主體不同，也就是
主法與手續法之關係，現代法治國家愈重視程序法。

3.基於法之適用範圍可分為

1.普通法與特別法－特別法優於普通法原則如何適用。

2.原則法與例外法－有例外情形存在，也就是排除原則之
適用。

4.基於法之適用程度－可分為強行法與任意法。任意法可以
由當事人意思予以左右。

5.基於法之資料來源－可分為固有法與繼受法、其分別乃是其
研究方法之區別。

分類 基準	形成過程	表現形式	法益·對象	規範	內容
法形式	制定法------ 判例法 習慣法	成文法 不成文法	公法 （社會法） （經濟法） 私法	行為規範 裁判規範 （組織規範）	實體法 程序法

圖1-2　實定法（規範）的分類

以下將法的分類做一詳細論述：

成文法與不成文法

我國及日本連同歐陸各國對於法典編撰非常重視，因而法源以
成文法為主，不成文法退居次要地位，通稱為大陸法系。但在英美
國家，仍以不成文法為基礎，而以制定法為修正補充用，通稱英美
法系。

國際法與國內法

國內法與國際法最大的不同在於其規制的主體。國內法係以規定個人為主，而國際法原則上是規制國與國間的關係。

雖然在國際法近代的發展中，在少數情形下也將個人納入國際法的規制範圍，如戰犯的審理；但是主要仍以國家或國際組織為其主體。國際法的法源主要是國際慣例及習慣或是條約，沒有一部法典；而國內法通常是法典化的規定。

如我們以歐洲共同體與其會員國之法律為例，歐洲共同體法律與會員國國內法相牴觸時，共同體法律具有優先性，它不僅優於既存之國內法，且對未來國內立法與之相衝突者，具有阻擋作用。

其中，國內法又分為直接法與間接法。直接法是對於一定社會生活之規範，直接加以規定者，其中有分為公法[9]、公私綜合法（社會法）、私法。間接法是對於社會關係之一定事項如國內外法律有衝突時，則有待此間接法予以解決，如國際私法。

上述之直接法之分類當中，我們已得知直接法又可為：公法、公私綜合法（社會法）、私法三種。事實上公法與私法的區分，在現時國內法的體系上，仍占重要地位、許多程序法的原則，均以公私法的區分為出發點。公私綜合法是，公私法部分結合而形成之新法域；包括經濟法（如利法等）及勞動法。此種「公私綜合法」就私法上關係言如發生權利方面之爭端，可提起民事訴訟，就公法之關係而言，凡不服行政機關違法或不當之行政處分，可對之提起訴願、再訴願及行政訴訟。

公法與私法的區分標準有不同的學說見解，利益說者認為所保護的法益是公益者為公法，保護私益者為私法。主體說認為規定的主體若為私人則為私法，主體若為國家或公法人則為公法。權力說則認為法律內容涉及國家權力者為公法，不涉及則為私法。

9.又細分為實體法（主法）與程序法（助法，訴訟法）。

　　法律關係說則認爲法律所規制的關係如爲公的權力關係時則爲公法，若爲私的權利義務關係時，則爲私法，法律關係說爲目前的學界通說[10]。而區分公私法的重點在於訴訟程序及救濟的不同。

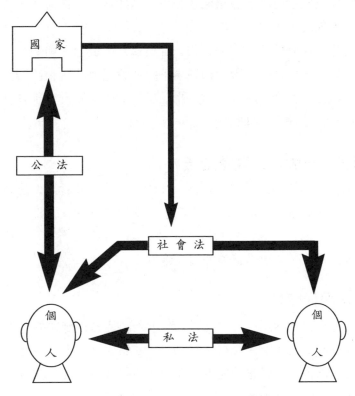

圖1-3　公法・私法・社會法

強行法與任意法

　　任意法即是，法之適用與否，聽任個人的自由決定者；如民法上的多數規定。強行法則是，法之適用不問個人的意思如何，必須受其適用者；在刑法、行政法等公法中、以強行法居多數。

10.請參見，王海南、李太正等著，法學入門，元照出版公司，1998年10月三版六刷，頁137至頁140。

強行法與任意法最大的不同是在法律的適用是否能依個人的意思決定。強行法的適用沒有個人意思決定的空間，必須完完全全遵守強行法的規定，任意法則可由當事人決定適用與否，如關於契約的某些規定。強行法多數出現在公法中，如刑法；任意法多數集中在私法，如民法。

任意法與強行法的區分雖和公法與私法的觀念有所關聯，但這兩種分類未見得彼此一致，如民事訴訟法原是公法，但卻容許當事人以合意定訴訟的管轄（民事訴訟法第二十四條）；刑法也不乏「告訴乃論」的規定（刑法第三百一十四條）。

普通法（一般法）與特別法

普通法與特別法區別之實益，在於就一定的社會關係之適用，而有普通法與特別法併存時，則特別法優於普通法。此即特別法優於普通法原則…（參照中央法規標準法第十六條規定），但特別法中如無規定時，仍應以普通法補充適用之。

實體法與程序法

程序法的權利均以實體法的權利為前提，並無獨立存在的價值，故實體法為主法，程序法為助法。也就是，實體法規定法律關係的實體內容，也就是規定權利義務與責任及其範圍的法律；而程序法是規定如何實現實體法中法律關係的法律。

實體法適用上主要有不溯及既往原則；但程序法在遇有修正時則是有從新原則的適用；法律漏未規定的情形下，實體法可以用法之續造來填補，但是程序法上則無法之續造的適用[11]。

實體法與程序法區別之實益：法院不能以實體法無規定為由，而拒絕裁判。程序法如有修正，其效力以不溯既往為原則 即「程序從新」原則。

11.關於實體法與程序法的介紹，請參考本書第二章部分。

一般法（原則法）與特別法

　　一般法在一般情形皆可適用，而特別法則是針對特殊的人、時、地來規定。普通法與特別法出現的態樣有三，有時會是兩部不同的法律，例如刑法與陸海空軍刑法，但在某些情形也是會在同一個法條中出現，或是同一部法律的兩個條文，例如：但書、除書，或者原則與例外條文。

　　一般法與特別法間的適用上，特別法具有優先的效力，而且必須在有做特殊規定的必要時才會有其適用。而一般法與特別法都是針對同一事件做規定。如特別法的規定有所疏漏或有所不周時，仍然要回歸一般法的規定適用。

　　也就是，所謂「但書」之規定，大多數為特別法。

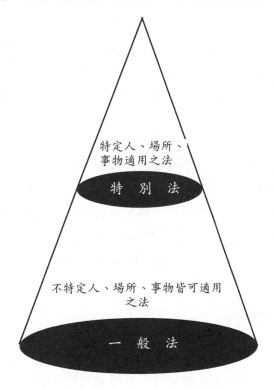

圖1-4　一般法、特別法

19

固有法與繼受法

早期學者將繼受者與被繼受者比作母子關係，稱繼受者為「子」法，而被繼受者為「母」法；但今日之學者則以法律產生之依據為標準來看「母法」與「子法」，如國家賠償法施行細則乃依國家賠償法之規定（第十六條）而定，可知國家賠償法為母法、而國家賠償施行細則為子法。

此外，母法多為一般性、原則性之規定，子法為具體性、個別性之規定，可說是一種「補充關係」。

法律的成立、變更、廢止

法既是人類為營造共同生活而創設的倫理規範，因此其擬定過程，須經全體社會成員的同意。取得民眾的合意擬定法案並公佈施行的過程，簡單來說，需由立法機關依公式程序，也就是所謂的「三讀通過」的程序。但此種方式也有其瑕疵所在，因目前社會成員人數過於龐大，一一徵詢並顧全每個人的意見幾乎不可能，但為顧慮法實施的即時性及效率，目前多數國家皆以選舉制度委任民意代表替代一般民眾於制法過程中發表意見，制定全民所希冀之法。

統括上述之論，法律是具有強制力的規範。此種規範，例如刑法及民法中的強行規定，是全體國民皆要遵守，不能任意排除適用，此種強制力的實行則由民選政府來執行。

法律的解釋

法律解釋簡單來說，也就是尋找可適用相關條文，並探討該條文適用與否，以及會有何種法律效果等問題。法律解釋是適用法律之前提、也是學法律者最難學、最高深的藝術，了解解釋的必要

後、才能活用法律。

關於法律的適用上，多半是採用三段論法（Syllogismus）。三段論法中，先有大前提，就是法律規定（Tatbestand）；之後是小前提，即案例事實（Sachverhalt）；第三步就是結論（Schlussfolgerung），亦即是將小前提套入大前提的規定中，視其是否該當此法律規定，這個過程稱爲涵攝（Subsumtion），最後得到的結論告訴我們案例事實是否該當此規定，將會產生何法律效果[12]。以一個較簡易的說法來說，法律的制訂，是爲了適用於人類日常生活並發揮其規範功能。也就是法律在適用時，需將其繁複並抽象的內容，依個別的案例，依照解釋的方式來實現其內容，惟法律適用時須注意其適用之步驟及邏輯，也就是，法律之適用亦是種邏輯的推理過程。一般法律的適用，是以論理學上的「三段論法」詮釋之。所謂的「三段論法」即是，案件發生時，法院（法官）會將具體發生的事實，依照法律規範，予以解釋，並下達判決；也就是，判決的形成，可分爲事實的認定，第二個部分就是法律的解釋[13]。

所謂的論理學上三段論法，可分爲大前提，小前提，以及結論等三部分。但在我國等大陸法系與英美法系國家，大前提、小前提，以及結論所代表的部分都不盡相同。

大陸法系國家，所謂的「大前提」，也就是法律的規定，例如，某人犯了重傷害罪，對於某人處傷害罪之使人受重傷者，處刑法第二七八條中五年以上十二年有期徒刑之法律規定。「小前提」即是，再針對某人有重傷害之事實的認定。「結論」也就是，導出判決的結果。

再以前述重傷害的例子而論。在英美法系國家，所謂三段論法

12.參見王澤鑑著，請求權理論基礎體系，2000年9月出版，頁237至頁248。

13.謝瑞智（1999），法學緒論精義，文笙書局，頁185。

中，「大前提」是所謂的「事實」，也就是先有重傷害事實的認定，之後才有「小前提」的法律的依循，最後才是判決的結果。針對大陸法系以及英美法系的相異之處，留待後數說明。

論理學上三段論法：

1.大陸法系國家（如我國與歐陸各國）
　1.大前提－法律
　2.小前提－事實
　3.結論 刑事法－被告是否有罪？
　　　　　民事法－被告是否負賠償責任？
2.英美法系國家（英美等國）
　1.大前提－事實
　2.小前提－法律
　3.結論

然而，在整個涵攝的過程中，我們將會運用法律的解釋，這道手續將原本較簡約的法律文字轉化成一般人容易瞭解的概念，也叫法之發現（Rechtsfindung）。萬一在找不到規範的情形下，我們還有法之續造（Rechtsfortbildung），這種方法讓我們在找不到法律規範的情形下，依舊能夠用法之續造的手段加以填補。

法律解釋，是適用法律之前提，也是學法律者最難學，最高深的藝術。了解解釋的必要後，才能活用法律。法律之解釋，共有三種功能，分別是闡明法律文字疑義、補充法律不備、以及推陳出新之功能。

法律解釋的主體，因適用時解釋者的身分可分為機關與個人[14]：

關於機關解釋，其中可分為，行政、立法、司法。其之效力較

強[15]，其中以立法解釋較直接，但因其爲事前的解釋，並無太大的功能[16]，故非通常意義之解釋。司法解釋是事後解釋，又可分爲判例（審判）解釋：法院組織法第五十七條規定。

關於個人解釋，雖有很多種，舊的分類可分爲：文理與論理解釋、論理又可分爲擴張與限制（縮）兩種；但新的法學方法論有廣義的法律解釋、包括價值補充與漏洞補充等等。

文理解釋是指依據法律條文之字義或文義來解釋。

論理解釋是指不拘泥於法文之字句，而以法秩序之全體精神爲基礎，依一般推理作用，以闡明法律之眞義。此又可細分爲：

1. 擴張解釋（擴充解釋）：也就是法律意義，如僅依文字解釋則失之過窄，而不足以表示立法之眞義時，擴張法文之意義，以爲解釋。

2. 限制解釋（限縮解釋）：也就是法文字義失之過寬而與社會實情不符時，不得不縮小其意義，以爲解釋。

3. 當然解釋：也就是法文雖無明白規定，但揆諸事理，認爲某種事項當然包括在兩者之解釋法。如禁止攀折花木之刑法第二百六十二條等規定。

4. 反面解釋：對於法文所規定之事項，推論其反對結果，就其反面而爲之解釋。如憲法第二十二條規定。

5. 歷史解釋：追溯與收集制定法律之經過，從立法資料和歷史材料上闡明法律眞意的解釋。

14. 參閱法學緒論，國立空中大學出版。
15. 也就是對人民之拘束力較強之意。
16. 適用法律之前、需解釋之問題可能尚未發生。

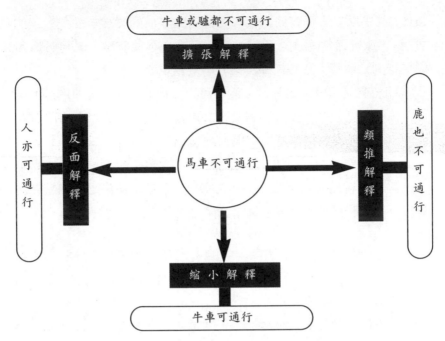

圖1-5　擴張・縮小・類推・反對解釋

法律的效力

對人的效力

　　法律對人的效力，係指法律所能夠適用的對象。而對象的範圍
界定方法有兩種，一種是屬人主義，另一種是屬地主義。屬人主義
的見解認為只要是具有該國國籍者就有該國法律的適用，屬地主義
則認為在該國土地上者，該國就具有管轄權。

　　但目前國際上多半採折衷說，就是居於本國領域內之人均以適
用本國法為原則。但是仍有其他例外規定，包括元首的豁免權，國
會議員不受法律約束的例外[17]，以及外國元首外國使節等特殊情
形，不受法律的規制。普通外國人基於特殊條約的規定，也可能免
於法律追訴，例如清朝末期的領事裁判權。

對地的效力

　　法律對地的效力主要是指法律所能施行的範圍。一般來說法律能夠普遍的通行在該國的領土範圍，包括領海、領空。

　　但是仍有一些例外規定，例如船舶航行在公海上適用其國籍國的法律，此為法律得施行於國家領域外的情形；也有法律只施行於國家的一部份，例如依地方特殊情形而制定的特別法。

對時的效力

　　法律對於時的效力是指法律有效的期間。法律從公布開始生效，自修改或廢止時失效。而關於法律的適用有法不溯及既往原則的限制，這是為了維護人民的利益，而不課予過多的義務，不將法律適用在法律生效前的事實，但是適用舊法對人民有利時則可例外的適用。

法之續造－類推適用

　　法之續造是立法者未完成的作業，而由適用法律的人接下去創造。而它發生的主要原因是因為法律的規定有所疏漏，而產生了法律的漏洞，為了漏洞的填補，所以有了法之續造的產生。

　　類推適用主要是在法律解釋所不能及的範圍中，產生與法律規定相類似的情形，而針對該情形也使其比照法律規定而賦予相同的效果。類推適用是法之續造的一種，而且是最常用的。法之續造的方法還有合目的性的擴張與合目的性的限縮兩種[18]。

17.即言論免責權。請參見陳新民，議員的言論免責權，憲法基本權利之基本理論下冊，元照出版公司，1999年6月五版一刷，頁255至頁274。

18.參見Karl Larenz著、陳愛娥譯，法學方法論，五南出版公司，88年7月出版二刷，頁277至頁354。

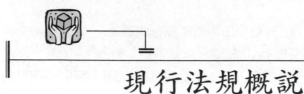

現行法規概説

憲法

意義

「憲法為國家根本大法」，其實這並不是一句口號，憲法實際上規定國家之基本組織，及國家與人民相互間基本權利義務的根本大法。也就是，憲法在國內法具有優越性且有最高效力，國內其他一般的法律均依照憲法而定，不得與憲法抵觸，如與憲法抵觸，法律及失其效力（憲法一百七十一條一項）。

憲法之規定主要可分為三大項：

規定國家基本組織

因憲法是國家與人民間相互折衝後所達成的一種協議，國家與人民間行事都要依照憲法的規定，它架構了國家機關組織讓政府的成立有所依據。

規定國家與人民相互間的權利義務

憲法並且規劃出人民權利義務的範圍，在這個範圍內，國家如要限制人民的權利或課予人民義務都要合乎比例原則[19]、平等原則的檢視。

19.關於比例原則的介紹，請見憲法的基本原則部分說明。

規定國家的重要制度

例如國家的政體、民意機構的組織、國籍的確定、領土的得失、國旗的定式、以及國家基本的規定[20]。

憲法的特性[21]

濃厚的自由色彩

憲法中最重要的特色在於其為自由的基礎法。近代憲法多半為自由主義的產物，受到其思潮的影響，憲法的主要目的及研究重心多半放在基本權利的研究。雖然憲法也賦予國家機關有立法權行政權等權利，但是那些賦予政府的權利主要目的同樣在於保護人民的自由與權利，讓國家不可恣意侵害人民的權利，所以憲法是一部具有濃厚自由色彩的法律。

限制性

自由的相對是不自由，對人民來說，憲法是自由制度化的保障，但對政府來說，憲法卻是自由的限制，他要求政府不可以恣意限制人民的自由與權利，並且不可恣意擴張國家的權利，使人民的權利相對縮減。所以對國家而言，憲法是一種限制性的規定。

最高性

憲法是國家的根本大法，但憲法之所以具有其最高性，主要原因在於，憲法內容的主旨在於保障人民的權利與自由不受任何國家侵犯。在法律的位階（Verfassungsrang）上來說，法位於金字的頂端，之下為法律，而以行政命令為最低；這在法規之間相牴觸時最具意義，因為下位階的法律若牴觸上位階的法律，則其效力必須遵從上位階者。

20.法學緒論，保成文化，頁244-245。
21.請參閱蘆部信喜著、李鴻禧譯，憲法，元照出版公司，2001年4月元照初版一刷，頁35至頁38。

憲法的基本原則

比例原則

比例原則主要作用於合憲性的審查，其在憲法第二十三條及行政程序法第七條得到落實。

比例原則又可以分成三個子原則，也就是「適當性原則」、「必要性原則」與「狹義的比例原則」。凡是要通過比例原則審查者，必須合乎上揭三個原則的要求。

適當性原則判斷，該限制是否會達到其規範目的，例如：為了降低交通事故發生率，限制人民開車、騎機車只能使用免持聽筒，這個手段是否有助於降低車禍發生率？如果有助於降低，則通過該項原則的檢視，可以進行下一個原則，就是適當性原則的檢驗，如無法通過就當然的不合憲，不用繼續審查的流程。

必要性原則中要求，所採取的手段必須為可達該規範目的中的最小手段。例如：在上揭案例中，要求人民使用免持聽筒是否為可達該目的之最小手段，假如有其他能達到該立法目的的方法，且對人民的限制又比上揭手段小者，則該手段即無法通過必要性原則的檢視。

狹義的比例原則中所要求者，為手段於目的間必須具有相當性；意即，所為之限制與所達之目的間必須達到一個平衡點，手段的限制如果嚴苛於所欲達成之目的時，則無法通過狹義的比例原則之檢視。若該手段通過比例原則的檢視可為合憲。

平等原則[22]

平等原則的原意為「恣意的禁止」，並要求「等者等之，不等者不等之」的對待，而以事物本質為差別待遇的基準。而平等原則並不是要求不得具有差別待遇，而是要有合理的差別待遇。

22.請參閱李惠宗，憲法要義，敦煌書局股份有限公司，1999年4月第二版第三刷，頁95至頁106。

關於是否合乎平等原則的判斷程序，首先也要探求立法者的目的，了解爲何會有差別待遇的產生？其次再了解是否該事物的本質得容許差別待遇的存在；第三步是演繹出是否爲合理的差別待遇，如果是合理的，則該項差別待遇則爲合乎平等原則的差別待遇。應該注意的是，合乎平等原則者，一定也要符合比例原則的檢視，即該項差別待遇的產生或給與，不可過早或過多。

法治國家原則與依法行政原則

法治國家原則（Rechtsstaatsprinzip）係指國家的運作與人民的行爲都要遵守法律的規定，而將法治國家原則具體化的原則爲依法行政原則。

依法行政原則（Rechtsm-igkeit der Verwaltung）簡單的說來就是國家要做任何行爲時都要有法律的依據而國家的行爲都要依照法律的規定[23]。

依法行政原則之下又可衍生出兩個子原則：一個是「法律優位原則」（Vorrang des Gesetzes），另一個則是「法律保留原則」（Vorbehalt des Gesetzs）。

「法律優位原則」就是法律的地位優於行政作用，在此，行政作用也可以泛指是國家的行爲，國家牴觸法律的行爲一概無效。嚴格上來說，法律優位原則所指的法並不僅指法律，還包括憲法、法律、命令、自治規章及條約，除此之外，還包括不成文法規，如習慣法、判例、解釋、法理等；而且不法之法，即在程序或實質上違憲的法律，並不能算是法律優位原則所要求的法律。

關於「法律保留原則」，主要是說凡是某些特定的事項，諸如憲法上要求要由法律規定或者關於國家機關組織、人民的權利義務及其他重要事項必須要由法律規定者，立法機關不可規避其責任而交由命令規定。

23.參見李震山，行政法導論，三民書局股份有限公司，90年9月四版一刷，頁41至頁63。

在法律保留中有一項子原則叫做侵害保留，也就是說凡侵害人民自由或是權利的事項必須由法律規定，其法令依據主要是在憲法第八條、第十九條、第二十三條及第一百四十五條。而且除了要求落實在法律外，該法律必須在權力發動及效果上具有明確的規範，也就是法的明確性之表現。

行政法[24]

行政法的意義

行政法從字面上看來，泛指所有關於行政的法律，也就是規定行政權之組織及其作用之國內公法。

現代的國家事物日益龐雜，行政行為的型態也日益複雜，在傳統的行政法概念上把行政法的重心整個放在國家的機關組織、公務員的關係及國家機關的職權，但現代行政法所規制者並不只把焦點放在上述的範圍，而是將規範的範圍擴張到國家與人民間的關係，甚至連人民間相互的權利義務關係都成為規範的一部份，例如土地法的相關規定。

行政法的分類

就行政法的適用來說，可分為一般行政法、特別行政法及國際行政法：

一般行政法

一般行政法是通用於各個行政案件並具有共通性原理的行政法。在我國並沒有一部叫做行政法的法典，而是將各個部門所適用的行政法規散見於各個不同的法律中，甚至世界各國目前都沒有將行政法法典化的動作。

24.請參閱吳庚，行政法之理論與實用增訂七版，九十年八月增訂七版，頁23至頁27。

另外，關於行政程序法，也算是一般程序法的一部份，因爲其對行政案件所具備的效力相同，而且在行政程序法中也散見一些關於行政法總論的規定。

行政法最早在奧國一九二五年制定，我國的行政程序法在民國八十八年二月公佈，並在八十九年九十年曾做過三次的修改。

特殊行政法

行政法就其相類似性質者可分門別類成幾個次領域，總稱爲特殊行政法，諸如警察法、經濟行政法等。

國際行政法

國際行政法的廣泛出現是近二十年發生的事。關於國際行政法的範圍，目前仍無定論，而有三類規範都能被涵蓋在國際行政法的內容，第一類是國與國之間用以解決衝突的規範，多半是以條約或公約的方式表現；第二類是國際組織所定的規章；第三類則是經由判例或學說提倡，而提升到法律層次的規範，多半爲不成文的規定。

刑法

刑法的意義與功能

刑法概述

刑法係規範犯罪行爲之法律要件及其所附隨的法律效果（Rechtsfolge）之法律，換句話來說，即是規定犯罪行爲構成要件之法律。因不法行爲必須符合一定要件才能算是犯罪，因此刑法提供此一標準使適用法律的人能藉此了解什麼行爲是犯罪，什麼行爲還不算是犯罪。

　　刑法除了規定犯罪行為的成立之外，在我國的刑法中還合併規定了犯罪行為的法律效果，在外國立法例有將犯罪法（Kriminalrecht）與刑罰法（Strafrecht）兩者分開。

　　犯罪行為的法律效果稱為刑（Kriminalstrafe），我國刑法中規定，「刑」分為主刑與從刑（刑法第三十二條）：

　　主刑中有分生命刑、自由刑及財產刑。生命刑，即為死刑，生命刑也就是剝奪犯罪之生命，使永遠與社會隔離之刑。此外，自由刑即是國家剝奪犯罪身體自由之刑，有分無期徒刑、有期徒刑、拘役等。財產刑為剝奪犯人財產之刑罰，有分罰金與沒收兩種。

　　而從刑在刑法第三十四條中規定，分為褫奪公權與沒收二種[25]。

刑法的功能

　　刑法是所有法律中效果最為嚴苛的，同時也是社會秩序維護的最後一道防線。刑法如此嚴苛的主要理由在於，刑法將對整體社會進行法益保護（Rechtguterschutz）。同時藉由刑罰的嚴酷對將來可能犯罪的行為人來產生威嚇作用，抑制犯罪的產生。

　　除了站在法益保護的角度觀察刑法的功能，我們還能站在加害者與被害者兩方面角度來觀察。對於被害者而言，因加害者遭法律的制裁，內心的傷害也會受到平復，算是扯平了；對加害者來說，因為受到刑之宣告，在服刑時也可藉此矯治其行為，使其再社會化，對於良知未泯的行為人，藉由服刑也能衡平其罪惡感，達到贖罪的效果[26]。

25.參閱林山田著，刑法通論上冊增訂七版，2000年10月一刷，頁38至頁40。

26 參閱前揭書，頁47至頁49。

刑法的基本原則[27]

罪刑法定原則

　　罪刑法定原則是刑法中最重要的一項原則。刑法中第一條即規定：「行為之處罰，以行為之法律有明文規定者為限。」。此法文的意思是，刑罰的科處是剝奪行為人之法益（包括生命法益、身體自由之法益及財產法益等），若儘由審判者隨己意而擅斷，將影響人民之權益，無以保障其自由，恐與法律維護公平正義之旨有違，爰乃需有法律明文規定使得定刑罰罪，此即為罪刑法定原則[28]。以白話一點的方式來說，也就是罪刑法定原則的意義是罪名與刑罰此種涉及人民重要權利的事項，必須要經由法律規定者才能加以適用，所以凡事在刑法典中未曾出現的罪名或刑罰種類都不能予以適用。例如在新加坡行之有年並令人聞之色變的鞭刑，雖然也有人認為應可移植到我國的刑法規定中，但是在未曾加以明文化之前，法官並不能將其作為宣判中刑之內容。因刑法中的罪刑法定原則，所以在刑法典中找不到相對應的規範時，並不能利用法之續造的方法將法條內容予以類推適用，或是加以合目的性的擴張、限縮，因為這和罪刑法定原則是相互牴觸的。

罪責原則

　　罪責原則是針對予以確認具有刑法上可非難性而具有罪責時國家的刑罰權才有發動的餘地。

　　罪責原則有兩層涵義，第一層的涵義裡罪責是刑罰之前提要件；第二層則是罪責與刑罰間必須相當，這也是罪與刑間比例原則的體現。

27.參閱前揭書，頁58至頁76。
28.法學緒論，保成文化，頁260。

人道原則

人道原則最主要的目的在於保障一個人生而為人的尊嚴，故延伸要求，刑法的規定與施行均須符合一個人的人性尊嚴。

人道原則中包括三個涵義，首先要求「罪與刑須符合人性尊嚴」；第二層要求「禁止以人作為刑罰的工具」；第三層則是「禁止使用殘酷而不合人道的刑罰或保安處分」。

人性尊嚴是憲法規定的基本權利中最上位的概念，其所涵蓋的範圍最為廣泛，因人性尊嚴保障一個人所能獲得的權利與待遇，所以凡是違反人性尊嚴的規定與行為都是違憲的，所以在憲法的下位階規範－刑法中，當然不能出現與上位階規範相牴觸的規定。人生而為人當然無須為了其他的目的而存在，例如古代曾出現將死刑犯懸掛在城門上，以儆效尤，所以以人作為刑罰的目的當然是違憲的。

民法

民法的意義與現行民法

民法的意義

民法是私法，也是規範私人間日常生活中法律關係的法律。

形式上來說，民法是指法典化的成文民法；實質意義上來說，民法是指稱作是民法的法典外，還包括規制私人間社會生活關係的法規，除了成文法規外習慣、法理及判決、判例也可稱得上是實質意義的民法。

現行民法－形式意義的民法

我國的現行民法包括民法的五編，包括總則編、債編、物權編、親屬編及繼承編。我國民法自中華民國十八年公布施行後進行

過數次增修。關於親屬編的修正是近幾年修正最多的,主要是因為男女平等意識的抬頭,所以連帶了對親屬與繼承編的修正。

民法的分支

　　關於民法的分支,泛指民法中的其他特別法,這些特別法多半是為了因應現代社會與以往不同的生活型態而產生,適用上,優先民法的規定但在遇有特別法之規範有所疏漏時,應回歸其母法,即民法之規定。

消費者保護法

　　為了加強對消費者的保護,八十三年一月十一日總統令公布全文共六十四條的消費者保護法,簡稱消保法。

　　消保法對於定型化契約,商品製造人責任及消費資訊公開都有詳細的規範,以保護民眾和企業間因締約時實力的不相當而可能造成的損害,並訂有罰責要求企業須遵守其規定。

電子簽章法

　　為了推動電子交易之普及運用,並確保電子交易之安全,而促進電子化商務之發展所以特別在民國九十年十一月四日制定公布電子簽章法,全文共十七條。

　　而電子簽章法中因應目前網路科技的發達,書面文件得以電子文件表示之,並且,對收發文的方法及程序或地點有詳細的規定。針對電子文件的認證機構在違反電子簽章法第十一條之規定時訂由罰責。在電子簽章法中漏未規定的事項,則回歸到其他相關規定,該法第一條第二項已揭其旨。

公寓大廈管理條例

　　目前的社會中,因為寸土寸金、高樓櫛比鱗次,多數人居住在大樓式的公寓中,為了協調住戶間的和諧並加強對公寓大廈的管理維護以及提昇居住品質,於民國八十四年公布實施公寓大廈管理條

例，在八十九年四月對公寓大廈的主管機關做過修正，全文共五十二條。

公寓大廈管理條例中要求，住戶對其專有部分的使用不得妨害建築物之正常使用及違反全體住戶之利益；對於大樓外牆懸掛廣告招牌，或是對外觀加以更動時，如彩繪、裝飾，必須經由住戶的同意；公寓大廈的住戶必須成立管理組織，即管理委員會，以維護該公寓大廈的使用及住戶權益。

國際公法（國際法）

國際公法的意義[29]

國際公法一般稱為國際法。國際法本身不具有法定意義，然而自規範的主體（對象）而言，國際法是指規範國家及其他國際社會主體相互間權利義務的法律規範。有些企業組織與國家簽訂的契約，因為國家與企業兩者間立於同等地位，似可視為條約，但因為此種協議與國際法上的條約仍有不同，故稱為準國際法條約。

國際法的法源[30]

國際法的法源泛指國際法的規範，此種規範原本經由國家間無固定形式的合意產生，包括習慣法、條約、一般法律原則、強行法、次級法源、輔助法源及單方行為。

以下僅就較常見的習慣法及條約介紹之：

習慣法

習慣法是經由國家長期實踐並對該規定具有法的信念而產生。習慣法的產生中，這二個要件缺一不可。例如國際禮儀，雖然國際禮儀也是一種國家間長期實踐的規範，但是我們對國際禮儀並不具有法效意思，故國際禮儀並不算習慣法的一種，且違反國際禮儀時並不會受到制裁。

條約

　　條約係國際法上主體之間基於意思表示的一致而產生。這種意思表示是依據國際法所形成，必須遵照國際法上的規定而生效、失效、修改及履行；而其意思表示的方式不拘，通常都是由國家元首簽訂，有時也會用批准的方式，例如：我國進入世界貿易組織，就是採用由元首批准的方式。

國際私法[31]

　　所謂國際私法乃是私權關係中，涉及外國人或外國事或外國地時，因有多數國家之法律競相規範之情形，而涉訟於國內法院，由國內法官決定應適用何種法律所依據之法律。

　　國際私法雖有「國際」二字，但並非規定國家與國家間的關係，也並非適用於國家與國家之間，而是規定國家對於本國人民在國外涉及私權糾紛涉訟於國內或在國外的外國人民有關權利爭執所應適用的法律，故仍為國內法，並非國際法。也就是，例如台商在大陸包「二奶」，並租屋同居，髮妻跨海抓姦等等都是屬於國際私法的範疇。

　　關於國際私法的性質，一直都是學術界中引人爭論之事。國內的少數學說指國際私法是國家決定在國內的外國人所應適用的法律，是規定國家與私人的關係，所以國際私法為公法；日本學說則是認為國際私法為間接法，自非公法亦非私法；但一般我國通說則是認為，國際私法所規定者，是外國人相互間私法上的權利義務所應適用的法律，與規定國內人民私法上詮義的民法，性質相同，所以國際私法應屬於私法範圍。

29. 參閱黃異著，國際法，啟英文化事業有限公司出版，2000年再版，頁2至頁4。
30. 前揭書，頁7至頁65。
31. 同註21，頁285至頁286。

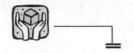

結論

　　有許多人說：「法律只是用來保護懂法律的人。」這種說法雖然有些偏頗，但也不無道理。但懂法之人相對的也會因法而受害，因法律是須靠多種方面來思考，這其中是需要綜合其他領域的常識，例如社會學、醫學、心理學等等，並不因懂得法律條文及法學的基本原則，即逕稱自己「知法」。

　　多數人都堅守「於法之前，人人平等」之觀念，因此人們要求法律要給與國民相同保護，同時也要求國家行為一切都要透明化，讓國民了解政府在做些什麼。但是，國家法制的進步雖說是需靠人民不止息的督促，但人民水平的自我提昇，亦是一件推動國家進步重要的關鍵。所謂的水平的自我提昇，並非為一味指責政府各種行事，或以一種偏激的手段對抗政府。雖對抗行事效果不彰的政府，用較偏激的作為或許是一種刺激效果提昇的手段，但是此種偏激作為須止於一時，長久的抗爭並非確實的解決手段。

　　我國經歷多次政權的變遷，國民亟須享受到民主政治的甘美，因此，近年政府也極力推動民主政治。早期因國家處於民主政治形成之階段，許多攻訐性的抗議活動，除引人注目之外，政府也因此受到回應，接納了諫言。也因此，或許有人會認為攻訐的激流，才是所謂的民主論調，亦是促使國家進步的根源。我身處學術領域，深知學術領域之中，基於學術的自由，反對的論點反是激起學問之智慧，雖有不快，但也突顯出自我學術不足之處。但在國家知識教育的推動方面，是需要國家與人民深切之互動，並非是兩個極端，互相攻訐叫囂。

　　目前台灣國家法治教育遲遲未能有效推動，或許可以說是我國目前國內仍是遵循過往的儒家思想，極度崇尚道德教育甚於法治教育所致。雖我國目前已有開始推動青少年法治教育，但目前所謂的法治教育的推動，竟是以「法律大會考」呈現，未來的成果如何，相信都可預知，不須一一贅言。或許，我國目前法治教育的推動方式，需再改善。

　　此外，人民修習並熟知法律爾後，是否因此就能遵循守法，並無所知。例如我國有學者大力提倡死刑廢止制度，但依目前我國暴力犯罪遽增的狀況，死刑廢止制度雖是司法制度之盛舉，但是否適合運用至我國目前狀況，無人敢有自信。也因此，法治教育最後或許還是要回歸到道德教育並重的原理。習法固然重要，但只有知法之人有道德之思緒，如此才會發揮更大的法治功能。

　　因職務的關係，我經常會接到許多法律諮詢的個案，這其中絕大部分個案是不幸需要伸予援助者，但亦不乏欲知法而犯法險惡之小人，此二者的分別，往往是授法之學者無所預知，常是事後驚覺，除有悔恨，亦有遺憾。

　　不禁感嘆，教人懂法是否為善事一樁？若是教人為惡，豈無非為禍害相連，造禍殃民？

　　諄諄之言，或許僅止於牢騷之語，授予知識於他人，無謂的擔憂在所難免，只是，習法之人，首重道德之念，不僅習法，其他學問之涉獵亦是如此。關於法的詮索，端靠習法之人之思緒，授法之人僅能帶領習法之人敲啟法學之門，暢徉學問之愉悅，盡於每人所感。

訴訟的進行

Chapter 2

先前已說明了法的功能與種類，但在修習與運用法律之時，需注意到實體法與程序法（也就是訴訟）之間的關係。於此，就實體法與程序法的內涵與關係，簡扼說明如下：

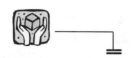

實體法與程序法

實體法為規定權利與義務本體之法。也就是規定權利義務之實質者為實體法，例如民法中規定什麼人享有什麼權利，負擔什麼義務；刑法中規定刑事方面的實體法[1]。

程序法為實現權利與義務手續的規定，也就是當權利義務發生問題時，如何解決之法。程序法分為民事訴訟法、刑事訴訟法以及行政訴訟法。民事訴訟法為規定如何實施權利義務之法律，為民事之程序法；刑事訴訟法為規定實施國家刑罰權方法的法律，為運用刑法之程序法[2]；行政訴訟乃規定行政訴訟程序之法律，也就是，人民因中央或地方機關的違法行政處分，導致其權益受損，則可提起行政訴訟，其憑依之法則為行政訴訟法。

學術研究當中，實體法與程序法之關係，雖是相互為用，但覷其內容則是大逕而異。因此，研究實體法與程序法之學者，於國外大多是劃分為二，但我國之法律學者，特別為刑事法學中程序法領域學者為數甚少，因此，實體法領域之學者也兼顧程序法教學。

惟習法之人必須釐清實體法與程序法之間的關係。實體法為表明權利義務之客觀準則，但實體法僅屬於「規定」，需有實現權利義務之方法或手段，才稱完備。因此，「實現權利義務之方法或手段」之法，則為程序法。

一般大學法律系所安排的課程次序，多是實體法課程優先於程序法課程，此種課程設計不外乎是希望習法之人，先修習權利義務之基本常識，後俾能運用於實務。實務的運用，也就是司法程序實際運用，則爲程序法優先於實體法，或者僅止於程序法爲止。也就是，如程序爲違法時，即無適用實體法之餘地，例如民事案件，應先審查其程序上應否受理，若程序上不應受理，則法院應裁定駁回，則無適用實體法的餘地；若認爲應依法受理，則應以實體法中刑責規定裁定[3]。

再論訴訟，別於歐美人士常以訴訟方式以獲得個人確實權益之風氣，國人舊有思維中，「訴訟纏身」是件難以啓齒之憾事。往昔農業社會時代，官司纏訟除是家門憾事外，當事人從衙門（法院）返家時，家人即奉上豬腳麵線以去霉運。此種風氣導致了一般人對於訴訟（打官司）的壞印象，對於法院則有敬而遠之之觀感，更甭說以訴訟方式以求自我權益。雖時代變遷，國人對行使訴訟以求自救風氣，已不再認爲是霉穢之事，但目前國人對於法的基本常識及訴訟行使，理解程度似乎有限。

訴訟程序進行，並非想像中極爲複雜之事，而是有一定規則可循。也就是，當我們要啓動訴訟程序時，只要踐行一定的手續與程序，公權力就會基於其職權而發動。目前我國的訴訟體制因採控訴原則，也就是「不告不理」原則，除非當事人或檢察官主動啓動整個訴訟程序，法院是不會介入個人之間的紛爭，這也是對當事人意願的尊重。

1.法學緒論，保成文化，頁66。
2.同註1。
3.同註1。

刑事訴訟

概說

　　刑事訴訟是國家對於具體刑事個案中之犯罪人，實施刑罰權[4]而進行追訴的程序；刑事訴訟法就是刑事程序中對於流程的規範，簡單來說，刑事訴訟法的意義即是規定國家行使刑罰全程序之公法。

　　刑罰權的發動，須依照刑事訴訟法所規制的流程進行。也正因刑罰權必須由國家為發動，因此參與刑事訴訟程序的對象，包括被告、檢察機關與法院（法官）。檢察機關代表國家，也就是刑罰權發動的主體；被告是刑罰權所行使的對象；法院（法官）則是站在第三人的角度，作出公正的判斷。

刑事訴訟的進行原則

彈劾主義與糾問主義

　　「彈劾主義」也就是前述之「不告不理原則」，也就是，法院對於犯罪之審判，須經追訴機關（檢察單位）之提起公訴，不得自行受理。「糾問主義」則是法院兼追訴之權，不待追訴，得逕以審判，也就是「不告亦理原則」。

我國目前刑事訴訟採「彈劾主義」，但應鑑於歐美之「當事人主義」制度較爲合乎時代潮流，目前我國刑事訴訟法之修法傾向，採以「當事人主義」之方向爲重。

國家追訴主義與私人追訴主義

犯罪原則上應由國家本於其職權追訴，不得任由私人以其他非透過國家追訴之手段追訴；例如：有人自以爲是正義使者，私自設立法庭，對加害人進行追訴，或者，動用私刑，私下以暴力對待犯罪人，施以懲罰。

但例外情形中，得由被害人主動向國家機關舉發犯罪事實，啓動刑事追訴程序；例如：被害人得提起自訴，啓動刑事追訴程序。

因此，刑事訴訟法採取國家追訴主義爲原則，私人追訴主義爲例外。

合法主義與便宜主義

犯罪之追訴與否，檢察官無裁量之權。也就是，一具備犯罪要件時，不管罪刑輕重，檢察官一律起訴，此種即爲「合法主義」。但是，「便宜主義」是，雖具備犯罪要件，檢察官基於刑事政策需要，得決定不起訴。

我國刑事訴訟法採「合法主義」爲原則，「便宜主義」爲例外。

法官獨立性原則

法官須超出黨派，依據法律獨立審判，不受任何干涉；這是憲法第八十條所賦予法官的權利與義務。

4. 刑罰權是指，進行刑事追訴審判，並給予犯罪行爲人相當制裁的權力。而司法機關基於國家主權，而行使刑罰權，來追訴、審判與處罰犯罪。而刑事訴訟法就是規定，行使刑罰權的方法與程序；刑罰權的發動中，無論是發動的原因或是程序，都要合乎它的要求。詳情見林山田（2000年10月），刑法通論上冊，頁34─頁36。

憲法第八○條的規定是法官獨立行使職權基本概念，換句話說，國家必須確保法官在審判時以法律為依據，而依法審判，任何上級機關所下達的指令，或者外界給予的壓力，例如：民意代表或者民意給予的壓力，絕對不可以成為干預法官裁判的原因。

所以，法官在法律所給予的保障範圍內，也就是法官的職權範圍內，可以自由審判，不受干涉，這也就是法官獨立性原則。

公平審判原則

雖法官具有可以獨立自由審判案件的權力，但其所獨立與自由的範圍，仍受法律的限制。

法律要求法官在審判時，必須秉持中立、公正的地位而行使職權。

假如，法官有偏頗之處，或者，有偏頗的疑慮存在時，例如：被告是審判法官的岳父或親人，此時，法律就會要求法官必須迴避該案件的審理，刑事訴訟法第十七條至第二十四條有所規定。

也就是說，當法官遇見刑事訴訟法第十七至二十一條所規定事項之一時，為了維持法院公平審判的司法威信與公正性，法官不得審理該案件。

刑事訴訟的進行程序

刑事訴訟，又稱為刑事程序，其過程可分為偵查、起訴、審判、執行等四個階段。

偵查：指由檢察機關調查犯罪嫌疑人有無犯罪的證據。

起訴：指由檢察機關根據調查的證據，認為有起訴的必要時，就可以向法院提起公訴，請求判被告有罪。此外，我國也允許當事人自訴。也就是由犯罪被害人提起自訴，由自訴人請求法院判被告有罪（刑事訴訟法第三一九條至第三四三條）。

審判：指由檢察機關或自訴人提出證據證明被告有罪，被告亦可提出反證以證明自己無罪，而法院則聽取雙方陳述主張，並可依職權調查證據下判決，以確定被告有罪與否的階段。

執行：指一旦被告被有罪判決確定，就會被移送司法行政機關開始執行，而執行的範圍係以法院判決的結果而定，譬如法院判三年有期徒刑，則法務部就會將被告移送監獄，讓被告入監服三年刑期的徒刑。

關於上述，分別詳述如下：

訴訟程序的啓動

依前述所言，刑事訴訟程序是依照「不告不理原則」，也就是，刑事訴訟始於檢察官因告訴、告發、自首或自其他情事得知，有犯罪嫌疑時，立即開始偵查[5]（刑事訴訟法第二百二十八條第一項）。所以，刑事訴訟原則上是由檢察機關依告訴權人的告訴，或是知悉犯罪事實者之告發、犯罪人的自首或其他情況知曉行爲人具犯罪嫌疑，即開始展開偵查。檢察機關根據調查的結果，如認爲無犯罪嫌疑，即直接以不起訴處分結束調查，結束國家對該事件的干涉。

如檢察機關認爲偵查的對象有犯罪嫌疑，則依刑事訴訟法第二百六十四條第一項，向管轄法院提出起訴書，提起公訴，使得偵查的對象成爲刑事訴訟程序上的被告，此後，便開始進入審判程序。

起訴書上除了記載被告的姓名、性別、年齡、籍貫、職業、住所、居所或、其他足資辨別的特徵外，還須記載犯罪事實及證據，還有其所犯之法律條文（刑事訴訟法第二百六十四條第二項）。此外，起訴時，應將相關卷宗以及證物一併送交法院（刑事訴訟法第二百六十四條第三項）。

5.亦可稱爲「開始國家權力的運作」。

對人而言，起訴只針對被告產生效力；對於其他人，也就是被告以外之人，則不生任何效力。起訴對事而言，基於公訴不可分原則，檢察官就一個犯罪事實的一部分起訴時，其效力及於全部。同時，法院也不得就未經起訴之犯罪事件審判。

檢察官提起公訴後，第一審辯論終結前，若發現應不起訴，或對該案件做不起訴處分較為適當時，得撤回起訴。撤回起訴應提出撤回書，說明撤回起訴的理由。

效力上而言，撤回起訴與不起訴處分兩者間，具有相同的效力。故原則上可以將撤回書視為不起訴處分書，所以，在撤回起訴的程序上，應准用不起訴處分的規定。

自訴

依刑事訴訟法第三百一十九條規定，刑事訴訟的發動除以檢察機關為主體外，犯罪被害人也可以主動向法院提起自訴，以求救濟。

若被害人為限制行為能力人、無行為能力人，或該被害人已死亡時，其法定代理人、直系血親或配偶，得代替其提起自訴。

然自訴仍有其限制。其限制可分為二大部分：

第一部分是對於對象的限制；也就是自訴不得對直系尊親屬或配偶提起。

第二部分是針對事件性質的限制；也就是，該犯罪事實是告訴乃論或是請求乃論之罪名，而且，已經不得為告訴或請求者，不得再行自訴。

第三項則是要求同一事件若檢察官已對其提起公訴，被害人不得再行提起自訴；惟告訴乃論之罪，如：對配偶犯刑法第二百二十一條強制性交，經被害人提起自訴者，不在此限。

同一事件經提起自訴時，不得再行告訴。然在同一個犯罪事實中，某一部份得提起自訴，但其他部分不得提起自訴時，若被害人對一部份提起自訴，則其他部分仍以自訴論，惟不得提起自訴的部分是較重的罪，或是內亂罪、外患罪、妨害國交罪的其中一種，仍是要以公訴處理之。

關於自訴的起訴書撰寫及記述方式，與公訴的起訴書相似，也就是，應記載被告之姓名、性別、年齡、籍貫、職業、居所或住所、其他足資辨別之特徵以及犯罪事實及證據。

在法條規範上，刑事訴訟法第三百二十條第二項對自訴起訴書的要求，與刑事訴訟法第二百六十四條第二項中對公訴起訴書的規定，兩者是相同的，但自訴還有其他的特殊規定。

自訴狀應依照被告的人數提出繕本，如自訴人無法提出自訴狀時，也可用言詞方式取代之。在此種情形當中，自訴人應分別敘述說明關於自訴狀中應該具備的各事項，並由書記官製作筆錄；倘若被告不在場時，應將筆錄送達被告。

審判的程序

我國審判制度爲三審三級制，一般民刑案件先經地方法院審理，此爲「第一審」；如不服第一審之審判，可向高等法院上訴或抗告，此爲第二審；如不服第二審裁判，可向最高法院上訴或抗告，此爲第三審，又稱爲「終審」。現就此制度做一詳細說明：

一審程序

檢察機關提起公訴，或自訴人提起自訴後，除另有規定的情形下，公訴一般都準用公訴程序（刑事訴訟法第三百四十三條）。因此，下列就以公訴程序爲主軸開始介紹。

刑事訴訟法第二百七十二條規定，關於開庭及寄發傳票的日期，法院最遲必須要在第一次審判期日開庭前七天，將傳票送達給被告、辯護人，也就是律師，或其他跟訴訟有關的關係人，例如須出庭作證的證人。

第一次審判開始前，法院可以先進行準備程序，開始蒐集證據、詢問被告、傳喚證人和鑑定人、訊問證人，以釐清案情（刑事訴訟法第二百七十三條至第二百七十九條）。

一般而言，法院偵查過程中，當事人都要依照法院法官所安排的庭期，也就是出庭的日期，到庭說明。倘若當事人無法到庭說

明，或是辯護人無法出庭時，可用書狀向法官請求變更期日，或是當庭向法官說明在相當期間內無法出庭應訊的理由，法官也須在當事人得以出庭的時間另外安排庭期。

在審判期日開庭時，法官、檢察官、書記官應出庭，此為法官、檢察官、書記官之義務（刑事訴訟法第二百八十條）；被告亦負有到庭的義務，除非法律有特別規定。倘若被告不到庭，法院就不可以進行審判程序（刑事訴訟法第二百八十一條）。

被告到庭後，除得到審判長之許可，不可自行退庭離去（刑事訴訟法第二百八十三條第一項），此除了表示對法庭的尊重，也是為使訴訟程序進行順利。

審判程序的進行，依據刑事訴訟法第二百八十六條的規定，是由檢察官陳述起訴要旨揭開序幕，隨後，審判長應該就被起訴的事實對被告進行訊問。

除在審判程序進行前，法官可以對事實進行調查，刑事訴訟法第二百八十八條也賦予審判長調查證據之權，也就是在訊問被告後，審判長應該調查證據。待證據調查完畢後，審判長就可以命檢察官、被告、辯護人[6]依序就事實及法律雙方面開始進行口頭辯論。即使已經辯論過者，依然可以再行辯論，辯論次數不以一次為限，可以一再開庭辯論。

6.在開庭時，法官、檢察官、書記官、辯護人及公設辯護人都要穿法袍，法袍一律是黑色的，但是，滾邊的顏色不同。法官的滾邊是藍色，檢察官是紫紅色，書記官是黑色。辯護人也就是律師，他們的法袍滾邊是白色。而國家在遇有重大案件，而被告無力支付辯護律師的費用時，會有公設辯護人為該被告辯護，公設辯護人的法袍則是綠色滾邊。有了這些基本知識，到了法院就可以辨識看到的人具有什麼身分。

在辯論終結前，審判長[7]應該再次詢問被告有沒有要補充陳述的部分（刑事訴訟法第二百八十九條至第二百九十條所賦予被告的權利），若被告無需再做補充，法院就會下有罪或無罪的判決。

二審程序

第一審判決後，當事人對於第一審判決若有不服，可以以書狀向管轄第二審之高等法院提起上訴。但是，對上訴的期間，為自判決送達當事人後開始起算，不得超過十天（刑事訴訟法第三百四十九條）。也就是說，從判決書送達當事人手中後十天以內，也包括第十天，當事人可以提起上訴。但是在法院宣示判決後，判決書送達當事人之前，當事人也可以提起上訴。

上訴後，如原審法院或第二審法院認為上訴不合乎法律規定，或當事人已喪失上訴權的話，就會駁回上訴，不受理上訴案件。

如果第二審法院受理上訴案件，第二審法院就會針對上訴的部分開始調查，法院審理後，如果認為上訴無理由，依據刑事訴訟法第三百六十八條規定，法官會以判決駁回上訴。

第二審法院審理後，如果認為上訴有理由，或第一審法院的判決不當或違法時，依據刑事訴訟法第三百六十九條，第二審法院就會撤銷第一審的原判決，自行做出第二審判決，或者是將上訴案件發回第一審法院，命其重新審理。

然在上訴人提出上訴後，第二審法官做出判決前，假如當事人私下和解，或者有其他足以認為有撤回的事由時，依據刑事訴訟法第三百五十四條的規定，可以撤回上訴。

7. 一般來說，刑事庭的法官在普通案件，都是只有一個法官做審判；在案情較為複雜，或是所犯情節較為重大者，則是由三位法官開合議庭，也就是三位法官一起開庭做出判決，在這種情形下，主要做出判決和詢問被告的法官就是審判長。審判長在法庭開庭時的座位，就是在最中間的那一個座位。

對於上訴的撤回，刑事訴訟法第三百五十五及三百五十六條都設有限制之規定，例如，是為了被告的利益而提起上訴，如果未曾經過被告的同意，不可以撤回上訴。另外，自訴人如果提起上訴，在未經過檢察官的同意下，當事人不得撤回上訴。

三審程序

如當事人不服高等法院的第二審或第一審判決，可向第三審法院，也就是最高法院，提起上訴。

另外，不服高等法院第一審判決的上訴，也適用第三審程序（刑事訴訟法第三百七十五條）[8]。對於上訴第三審，在案件的性質上依然有所限制，例如：所犯之罪，為最重本刑為三年以下有期徒刑、拘役或專科罰金之罪；或刑法第三百二○條的竊盜罪；三百三十五條、三百三十六條第二項的侵占罪等。刑法第三百三十九、三百四十一條的詐欺罪；刑法第三百四十二條的背信罪；三百四十六條的恐嚇罪，以及刑法第三百四十九條第二項的贓物罪（刑事訴訟法第三百七十六條）。

上訴第三審的理由必須是原審判決違背法令。至於違背法令的理由則規定在刑事訴訟法第三七七條至第三七九條。

上訴第三審時，由於第三審法院的判決，原則上不必經過言詞辯論，所以當事人可以向法院提出上訴狀、上訴理由書及答辯狀，以利法院的審理，但在例外情形，如果法院認為有必要時，仍得命當事人進行言詞辯論。

第三審調查的範圍以上訴理由所記述指摘的事實為限，但僅審查法律之適用，至於事實之判斷則以第二審法院判決所認定的事實為基準。

8.刑事訴訟法第四條規定，內亂罪、外患罪、妨害國交罪，此三種罪名審理時，是以高等法院具有第一審的管轄權。

　　法院在審理後,即可下判決,由於這是第三審判決,所以,一經判決,除非有非常上訴或再審,否則案件就會確定,如果被告被判有罪,就會進入執行的階段。

再審與非常上訴

　　若當事人於第三審判決確定後,發現法院的判決在適用法律的部分有錯誤,或發現新的事實,在事實認定上錯誤且足以推翻第三審確定判決時,當事人就可以向做出確定判決的原審法院提起再審(刑事訴訟法第四百二十條至第四百四十條)。或是由最高法院檢察署的檢察總長,依據刑事訴訟法第四百四十一條至第四百四十八條向第三審法院提起非常上訴,以尋求救濟。

附帶民事訴訟

　　因犯罪而受損害之被害人,於刑事訴訟程序當中可以附帶提起民事訴訟,對於被告及依民法負賠償責任之人,請求回復其損害。

　　附帶民事訴訟不必另行繳裁判費,亦可免除因犯罪受害之人受二重損害。

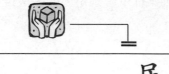

民事訴訟

概說

　　民事訴訟法是規定民事訴訟程序之公法，人民私權受侵害者，即應民事訴訟法之規定尋求保障，其依據之法律即為民事訴訟法。

　　以一個簡單例子來說，當私人之間發生糾紛時，例如，買賣房屋糾紛、車禍肇事糾紛，當事人之一方通常具有民事法律上之請求救濟權利，民事法律之所以賦予私人享有此種權利，其目的在於禁止私人採取自力救濟，例如以暴制暴或其他不正當之報復手段，希望私人能透過國家所賦予的權利，經由國家機關處理，還給被害人一個公道。

　　因此，國家對於私人便有依各種糾紛型態設置適當、適時解決糾紛途徑的義務，譬如：鄉鎮市公所調解委員會、和解程序；私人在面對這些解決糾紛途徑時，如果不懂如何尋求救濟，則可委請律師協助其選擇救濟的方式，甚至可請律師代替其參與救濟程序。

　　由上述，可見得民事訴訟法與刑事訴訟、行政訴訟的迥異之處。刑事訴訟為適用公法保護國家社會及個人之安寧秩序之方法，行政訴訟則為適用公法以判斷行政機關行政處分適當與否，民事訴訟則是適用私法以保護私人權益。

民事訴訟的進行原則

　　我國民事訴訟原則上係採三級三審制，故第一審法院為地方法院，第二審法院為高等法院，第三審法院為最高法院。在特殊訴訟類型中，譬如小額訴訟，原則上只有二審，其第一審法院為地方法院，第二審法院為地方法院合議庭（民事訴訟法第四百三十六條之三十）。

　　人民私權受到侵害時，則可親自委請律師依民事訴訟法之規定尋求保障。民事訴訟之開端便是由私人親自或委請律師向第一審法院提起訴訟，在開始簡述民事訴訟流程時，先介紹民事訴訟程序之審理原則如下：

處分權主義

　　若無人提起訴訟，法院就不會審判，即所謂前述「不告不理原則」。法院接受私人提起訴訟後，法院審理的範圍將依照私人請求的範圍而定，不會超出該範圍而審理其他事項。

　　例如，甲告乙違約，在法院審理的過程中，就算法院知道甲因為討債不遂而打傷乙，法院也不可以審理甲打傷乙的部分，此即所謂禁止訴外裁判。

　　此外，私人對於訴訟的終結有主導權。譬如甲告乙違約，後來發現乙為其失散多年的親生弟弟，基於血緣親情，甲不想告乙時，甲可在法院審理途中，告知法院要撤回訴訟，法院不得干涉（民事訴訟法第二百六十二條、第二百六十三條）。

辯論主義

　　私人提起訴訟後，應該就請求救濟的事項陳述發生的事實並提出證據證明，如果爭訟的兩方對於事實都不爭執或承認時，法院對於這個事實應該採用為將來判決的基礎內容，不得反對。

直接審理主義與言詞審理主義

　　法院在審理時，私人在訴訟上應該以言詞為辯論，不得用書面文件取代言詞口述，且法院應該直接面對私人所提出的事實與證據，不得以間接的方式審理。

　　譬如法官不出庭，而以錄音方式將私人辯論的內容，錄音下來再作整理審判。

　　這是因為避免法官在審理過程中，遇有疑問時，無法隨時詢問爭訟的兩方，而導致審判錯誤的情況發生。

民事訴訟進行程序

概說

關於民事訴訟

1.簡易訴訟程序

　　我國現行制度當中，針對財產權方面的訴訟，也就是下列幾項情形時，應適用簡易訴訟：（a）其標的之金額或價額在新台幣三十萬元以下。（b）僱用人與受僱人間，因僱傭契約涉訟，其僱用期間在一年以下者。（c）因房屋定期租賃或定期借貸。（d）旅客與旅館主人、飲食店主人或運送人間，因食宿、運送費或因寄存行李、財務涉訟者。（e）因請求保護占有涉訟者。（f）本於票據有所請求而涉訟者。（g）本於合會有所請求而涉訟者。（h）因利息、紅利、租金、贍養費、退職金及其他定期給付訴訟者。（i）不合乎前述之規定，惟當事人亦得以合意適用之。

　　簡易訴訟的特點是因為當事人可用言詞起訴，以言詞聲明或陳述，較不注重書狀，訴訟程序較為簡易，幾乎是開庭一次就可結案的關係等。簡易訴訟程序的設計無非是希望將簡易案件儘速結案，以減輕訟源。

2.一般訴訟程序

1.起訴

一般民事訴訟程序,與刑事訴訟相同採「一般程序」。也就是在訴訟流程當中,採起訴→定期→準備程序→開庭(言詞辯論)→宣判等程序進行。

一般私人提起訴訟,不能以言詞起訴,須以書狀起訴(民事訴訟法第二百四十四條第一項)。法院在受理私人所提出之起訴狀後,便會開始審查書狀內是否有記載法律規定應該記載的事項。換句話說,私人在提起的書狀內容上,須記載三件事項,法院才會進一步審理,此三件應記載在書狀上的事項,分別是當事人及法定代理人、訴訟標的及其原因事實、應受判決事項之聲明。

2.判決

判決依性質可分為「給付判決」、「確認判決」、「形成判決」三種。

「給付判決」:請求以判決確定私法上請求權之存在,且命被告履行給付之訴訟。此種程序之判決,因確定請求權之存在而生既判力,並因判令給付兼有執行力。

「確認判決」:請求法律關係成立或不成立之訴訟,因其可確定現在的法律狀態,固有既判力。

「形成判決」:請求以判決形成法律上某種效果、或變更權利狀態之訴訟。此種訴訟之判決,即發生既判力,亦可發生創設力。

3.上訴

提起上訴,不能以言詞起訴,須以書狀起訴。另外,上訴之訴需註明何種判決以及不服之程度。

4.第三審

我國現行制度下,第一審及第二審兼具事實審及法律審。所謂的事實審,就是指法院審理的範圍包含事實與法律的部分。所謂的法律審,就是指法院並不審理事實的部分,事實的部分完全依照第二審判決認定的事實為準,第三審法院所審理的僅限於法律適用的部分,亦即審理第一審或第二審法院在適用法律上有沒有發生錯

誤，如果沒有發生錯誤，就維持原判決結果，如果有錯誤，就會發回原來審理的法院重新審理。

第三審之審判原則上以書面審理，除有必要，否則不開庭，若有開庭，也是由當事人兩造為法律上辯論[9]。

3.人事訴訟程序

「人事訴訟程序」是關於人之身分能力之訴訟程序，其中或許有財產權為訴訟標的，但非主要。

舉一個簡易訴訟程序與人身訴訟程序與人事訴訟程序的不同：於人事訴訟程序法院兼採干涉主義及限制當事人之處分權。例如，於財產權之訴訟，原告起訴主張被告返還欠款，被告雖已清償，然若被告不提出抗辯，亦承認該欠款未還，法院別無選擇，只能判決敗訴；但人身訴訟程序，法院的態度就有所不同，例如於生父認領非婚生子女之情形，若該非婚生子女雖非該生父所生，法院依鑑定之結果駁回生父之訴，不得僅因原、被告兩造無異議而為原告勝訴之判決[10]。

4.再審程序

對於未確定判決不服之方法係上訴，對於已確定判決不服之方法於民事訴訟程序為再審程序。再審之訴原則上向第二審提起。

5.調解／和解程序

和解依民法第七百三十六條規定，「稱和解者，為當事人約定互相讓步，以終止爭執或防止發生之契約。」然在訴訟進行前或訴訟進行中，當事人有和解之可能者，經由法院調解或和解給予和解訴訟法上之效力，以避免冗長之訴訟程序。

調解可分為強制與任意兩種。強制調解係指簡易訴訟提起後，法院必先經過調解程序，若能在進入訴訟程序前達成調解，不失為

9.蘇嘉宏（1985），法學緒論，永然文化，頁213。
10.同註9，頁214。

止紛爭之絕佳方式，且簡易案件案情就一般而言較為單純，理論上比較容易產生合意。離婚之訴及夫妻同居之訴及終止收養之訴亦有起訴前應先經調解之規定，此因親屬間之情事，往往有不適對簿公堂者。任意調解係指雖非強制調解事件，但當事人有調解之合意，以得先行調解。

　　訴訟法上之和解，係指於訴訟進行中，法院認為有和解之可能，由雙方達成和解，並由法院做成和解筆錄。和解程序之特點係一定要在訴訟進行中而為，若在訴訟外所為者，為「民法上之和解」並非「訴訟上和解」[11]。

6.督促程序

　　債權人對債務人有請求權存在，而在債務人欠款情形下，若非要經由訴訟起訴之程序才能取得執行名義，往往費時、費錢。督促程序則提供一便捷之途徑，債權人得請求法院對債務人發支付命令，若債務人位於二十天內異議，則該支付命令與確定判決有同一效力。若債務人異議（可不附理由），支付命令之聲請，則視為起訴，且此項程序費用，應做為訴訟費用[12]。

7.保全程序

　　保全程序分為「假扣押程序」及「假處分程序」。保全程序在於保護債權人對抗企圖脫產或是隱匿財產之債務人時重要之程序。

　　「假扣押程序」是，就金錢債權或得為金錢之請求為之。

　　「假處分程序」是，就金錢以外請求為之。

　　除上二者之外，另外還有「準假處分程序」，也就是就爭執之法律關係為之[13]。

11.同註9，頁218。
12.同註11。
13.同註9，頁218-頁219。

8.抗告程序

所謂抗告，即當事人或其他訴訟關係人對於未確定之裁定向上級法院聲明不服，請求廢棄或變更該裁定之行為[14]。

民事訴訟書狀的要求

民事訴訟的書狀上，要記載當事人姓名及住所或居所，若當事人為法人或其他團體者，其名稱及事務所或營業所。

有法定代理人[15]或訴訟代理人者，其姓名、住所或居所及法定代理人與當事人（提起訴訟的本人）之關係，訴訟事件應為之聲明或陳述，供證明或釋明用之證據，附屬文件及其件數、管轄法院訴訟提起之時間。

當事人得以用電信傳真或其他科技設備將書狀傳送到法院，其效力與提起書狀相同，而當事人之書狀格式，及記載方法由司法院訂之（民事訴訟法第一百六十一條）。

此外，民事訴訟法中還有所謂的「訴訟標的」及「原因事實」等名詞。「訴訟標的」即是指提起訴訟的私人本身在法律上的救濟權利；「原因事實」，是發生救濟權利的原因事實。舉一個簡單的例子來說：甲打傷乙，乙就可以對甲主張民法第一八四條侵權行為損害賠償請求權，這種權利就是「訴訟標的」，甲打傷乙的整個過程事實，就是指原因事實。

此外，「應受判決事項之聲明」是，提起訴訟的私人預先聲明在打贏訴訟（也就是勝訴時），要求對方賠償的範圍。例如甲打傷乙，乙在提起訴訟時，就可以在起訴狀上表明，要求甲賠償乙所支出的費用與付出的損失，共新台幣一百萬元整，這就是應受判決事項之聲明。

14.同註9，頁219。

15.法定代理人，就是指在本人是公司或未滿二十歲之未成年人時，由於本人無法進行訴訟程序或本身能力不堪進行訴訟程序時，由公司的負責人或未成年人的父母代理本人進行訴訟程序，而公司負責人或未成年人的父母，就是法定代理人。

以下將詳述我國三級審判中民事訴訟程序。

一審中進行的程序

一般民事訴訟之程序是依起訴→定期→準備程序→開庭（言詞辯論）→宣判等程序進行。

法院受理起訴狀後，若認為私人的起訴有理由時，就會指定言詞辯論期日，此為「定期」，並將訴狀送達起訴人所欲控告的人，也就是訴訟程序上稱為「對造」。

尚未進行言詞辯論之前，法院會先請當事人雙方先進行「準備程序」，所謂的準備程序，就是法院希望爭執的雙方能先搞清楚爭議在哪裡，將來在言詞辯論時，能夠就這些爭議進行答辯，以便於速審速決，避免雙方各說各話，並牽扯出許多與審理無關的事情，擾亂法院的審理過程。

也就是，於「準備程序」時，法院聽取雙方的供述，以釐清事實和證據有哪些部分有爭執，有哪些部分沒有爭執，並且整理雙方主要的爭執點為何（民事訴訟法第二百六十八條之一至第二百七十六條）。

在民事訴訟程序上，當事人雙方通常須先經過準備程序，才會進入言詞辯論程序。

進入言詞辯論程序後，提起訴訟的一方，以下稱原告，必須先陳述請求的原因事實，並提出證據以證明自己所敘述的事實為正確。

此時，如果被控訴的對方（以下稱被告）認為原告所提出的事實或證據是虛假不實、偽造或變造時，除非原告所提出的事實及證據不足為法院採信，否則，被告除了否認外，尚須提出相反的事實或證據，以證明原告所提出的事實或證據不足採信。

原告在面對被告提出與其相反的事實或證據後，除非被告所提出的事實或證據不足為法院採信，否則，原告仍須另找其他更強而有力的事實或證據以駁斥被告的主張。

原告與被告便在如此循環辯證下，將事實與證據攤在法院面

前，而法院係以公正第三人地位，審視當事人雙方所提出的事實與證據，以判斷何人所提出的主張較符合眞實而爲判決。

在此須說明的是，法院所下的判斷並非皆合乎眞相，因有時可能敗訴的一方所主張的事實才是眞正的事實，惟無明確的證據支持其主張而導致敗訴。

此時，除法院審理時有缺失，否則不可苟責法院，因法院在審理過程中，所依憑的資料便是雙方當事人所提出的事實與證據，如有一方提出的事實或證據有遺漏，導致法院無法綜觀全部證據審理時，便很難期待法院所下的判決能合乎事實眞相，此時，敗訴的一方只能提起上訴，以求救濟。

二審程序

敗訴的一方提起上訴時，須向第一審法院提出上訴狀，這是民事訴訟法第四百四十一條第一項賦予敗訴者的權利。

上訴須在第一審判決送達後二十天的期間內提起，如果在第一審法院法官宣示判決後，第一審判決送達前，也可以提起上訴（民事訴訟法第四百四十條）。

如超過上訴期間或對於不得上訴的判決提起上訴時，第一審法院可以駁回上訴（民事訴訟法第四百四十二條）。

第二審法院於審理上訴時，可就第一審的訴訟資料再重新審理，當事人原則上在第二審可以提出新的事實或證據。

三審程序及最後之救濟

民事訴訟法第四六四條規定，當事人對於第二審判決，除法律別有規定外，譬如對於財產權訴訟的第二審判決，如果因爲上訴所得的利益，不超過新台幣一百萬元，可以上訴第三審，除此之外，就不得上訴第三審（民事訴訟法第四六六條第一項）。

須注意的是，第三審爲法律審，有別於第一審、第二審的事實審，故法律規定第三審的上訴人應委任律師爲訴訟代理人，幫其進行訴訟，因爲第三審所要審理的是法律部分，需要法律專業知識，故才須強制上訴人委任律師[16]。

第三審法院審理完畢後，如無駁回的情形，就會下判決，此時，判決就會確定，判決確定後，法院會發給「確定證明書」，勝訴的一方可以拿確定證明書（必須爲給付判決），依強制執行法第四條，作爲強制執行的名義。原則上當事人無法在聲請救濟，除非具備再審事由，才可以聲請再審（民事訴訟法第四百九十六條）[17]。

若第三審法院審理後，發現有駁回的情形，就會將審理的事件發回原來審理的法院，可能是第一審法院或第二審法院[18]，讓原來審理的法院重新審理，此時，訴訟就會持續下去，而不會因第三審判決而確定。

小額訴訟

意義

小額訴訟原則上來說，凡是原告向被告請求的給付內容是金錢或其他替代物或有價證券，而且請求給付的金額或價額在新台幣十萬元以內的訴訟事件，一般來說，向是請求返還借款、票款，各類賠償金等，都可以用小額訴訟來請求。

16. 如果上訴人的配偶、三親等內的血親（譬如哥哥）、二親等內的姻親（譬如女婿），或上訴人爲法人（例如公司）、中央或地方機關，其所屬的專任人員（譬如公司的法務室主任）具有律師資格並經過法院認可，也可以成爲第三審的訴訟代理人，使當事人避免支出請律師的費用（民事訴訟法第四六六條之一第二項）。

17. 再審是對於確定的終局判決而再開始的訴訟程序，係以開始另一個訴訟程序，請求法院以判決直接消滅確定終局判決的效力，由於再審的目的是變更或消滅已經確定的判決的效力，所以，在再審法院未下判決消滅確定判決的效力以前，提起再審的訴訟並沒有移除或阻礙確定判決的效力。再審與上訴不同的地方亦在於此，蓋上訴是向上級法院，就還沒有確定的判決，請求爲廢棄或變更，故上訴具有阻礙未確定判決的效力。

18. 在通常訴訟程序中，發回原審法院（通常是發回第二審法院）是屬於常見的情形，僅在少數情形下，第三審法院才會自爲判決。

倘若法院認為事件性質複雜或因其他理由而認為是用小額訴訟有所不當時，可以改用較慎重的簡易程序，並由原法官審理，以免造成國家資源的浪費。

而且，假如請求給付的內容金額在新台幣五十萬元以下，當事人為求盡速審理，可以經過書面合意要求法官改用小額程序，並由原法官審理。

小額訴訟程序的進行

要提起小額訴訟時，必須先由原告證明，被告有給付原告訴訟標的之義務，也就是證明原告有其權利存在，例如：借據、收據、保單。

假如僅有單方面的陳述，並無其他有法律上可作為證據的憑證時，將無法或得勝訴的結果。

小額訴訟的書狀，通常在各個地方法院的聯合服務處中都有格式化的書狀，如要提起小額訴訟時，只要向該聯合服務處購買即可。

一般情形來說，通常是向被告住所所在地的法院簡易庭遞狀，在特殊情形時，必須向契約所定債務履行地、侵權行為發生地或票據付款地的法院簡易庭起訴。

為因應小額事件當事人需要，避免為了小額的金錢請求就要耽擱其他事情，不符合經濟效益，法院特別開辦當事人雙方同時到場，即可開庭的快速方式。

起訴時，如雙方當事人無法一起到法院，原告可以在起訴狀上聲明「在夜間或假日」，再由法官擇一適當時間開庭，如被告不同意夜間或假日開庭，則在通常開庭期間開庭。

起訴後，法官會由自己或指定調解委員會先進行調解程序。

如調解成立，會製作調解筆錄結案，而該筆錄與確定判決具有同等效力，而且預先繳交的裁判費會全數退還。如調解不成立，法官會斟酌情形馬上開庭，並進行證據調查及完成言詞辯論程序，且當庭或擇期宣判。

倘調查證據所費的時間及費用過鉅時，則法院則可不依調查程序，而依據一切情形認定事實，爲公平的裁判。

行政訴訟

概說

行政訴訟原則上是爲了保障人民的權益，而使人民得透過行政法院，以國家機關爲被告提起訴訟，以尋求救濟。

行政訴訟審理的範圍，除法律另有規定外，以公法上的爭議爲限（行政訴訟法第二條）。行政訴訟的種類原則上可分爲撤銷訴訟、確認訴訟、給付訴訟等三種。

「撤銷訴訟」，係指人民因中央或地方機關之違法行政處分，認爲損害其權利或法律上之利益，經依訴願法提起訴願而不服其決定，或提起訴願逾三個月不爲決定，或延長訴願決定期間逾二個月不爲決定者，得向高等行政法院提起撤銷訴訟（行政訴訟法第四條）。

「確認訴訟」，係指確認行政處分無效及確認公法上法律關係成立或不成立之訴訟，除非原告有立即受確認判決之法律上利益，否則不得提起確認訴訟（行政訴訟法第六條）。

「給付訴訟」，係指人民與中央或地方機關間，因公法上原因發生財產上之給付或請求作成行政處分以外之其他非財產上之給付，得提起給付訴訟（行政訴訟法第八條）。行政訴訟除了撤銷訴訟、確認訴訟、給付訴訟外，尚有請求爲行政處分之訴訟（課予義務訴

訟)、公益訴訟、選舉罷免訴訟等類型（行政訴訟法第四條至第十一條）。

行政訴訟的進行原則

行政訴訟亦有重要原則必須依循，茲介紹如下：

處分主義

就具體事件是否請求法律救濟以及請求之範圍如何，應取決於利害關係人之主觀意願。換句話說，基於處分主義，行政法院須受當事人聲明之拘束，不得依職權為之，訴訟標的的決定以及訴訟程序的開始或終了，都操之在當事人手中。

職權調查主義

當事人起訴後，在當事人聲明的範圍內，行政法院即有依法審判的義務，並受職權調查主義的支配。所謂的職權調查主義，係指法院對於涉及裁判的重要事實關係，得自行確定不受當事人聲明或主張的拘束。

換句話說，當事人未提供之訴訟資料，法院亦得以職權取得訴訟資料。

行政訴訟不禁攸關公益，而且行政訴訟的當事人之一，通常是行政機關，行政機關不但掌握各種資訊同時有社會資訊可供其支配，如果不賦予法院得依照職權逐行調查證據，則人民在跟行政機關訴訟時，常會處於不利的地位。

正當法律程序

訴訟程序過程中，任何訴訟法上的規定，都必須公平正當的內涵在內，諸如應給予當事人就事實上或法律上觀點表示意見的機會，在言詞審理時當事人及代理人得到庭陳述，裁判須以證據為基

礎，調查證據時當事人有到場及辯論之權利，審判過程不可草率，不得任意縮短當事人就審期間等規定，都蘊含此一原則在內。

自由心證

行政法院在裁判時，應該審酌當事人在全部辯論過程中所提出的辯論意旨及調查證據的結果，依據論理及經驗法則判斷事實的眞僞[19]，而下判決（行政訴訟法第一八九條第一項）。

行政訴訟的進行程序

行政訴訟之審理，由行政法院爲之，行政法院隸屬五院中之司法院。提起行政訴訟須經訴願、再訴願之手續，也就是「訴願前置主義」。

行政訴訟爲二級二審制，在行政法院組織體系上，只有最高行政法院與高等行政法院，人民提起行政訴訟之第一審法院爲高等行政法院。

行政訴訟程序除非行政訴訟法別有規定，否則都準用民事訴訟法之規定。

向第一審行政法院起訴時，一樣要提出起訴狀，而起訴狀的內容同樣要載明當事人、起訴的聲明、訴訟標的及其原因事實等事項（行政訴訟法第一百〇五條）。

欲提起撤銷訴訟時，則必須在訴願決定書送達後二個月內提起訴訟，如果訴願決定書送達人民已經經過三年，人民就不得提起撤銷訴訟（行政訴訟法第一百〇六條）。

19.所謂論理法則及經驗法則，就是指面對辯論的內容與調查證據的結果，法院能夠像一般具有理性的自然人在面對這些訴訟資料時，能依照合理的邏輯推演過程法則及依據一般正常人社會生活所接觸到的經驗來理解訴訟資料，以得出合乎正常理性之人所合理期待的判決結果。

　　法院在受理人民提出的起訴狀後，仍必須先審理起訴是否合乎法定程式及是否有理由。如不合乎法定程式，倘若可以補正，法院就會令當事人補正；不能補正的，法院就會將起訴駁回。

　　如起訴無足夠採信的理由，法院就會將起訴駁回（行政訴訟法第一百○七條至第一百○八條）。

　　言詞辯論程序，由當事人聲明起訴事項為開始，當事人應該就爭執的法律關係的相關事實與法律作陳述。

　　在審判進行中，被告可以提出答辯狀，行政法院應該依照職權調查事實關係，不受到當事人的干涉。

　　審判長應該當事人就事實與法律作完全適當的辯論，且審判長應向當事人發問或告知，命當事人陳述事實、聲明證據或為其他必要的陳述，如果法院認為當事人的聲明或陳述有不完整或不清楚時，法院可以令當事人重新敘明或補充。

　　行政訴訟如達到可下判決的程度，行政法院就會下判決。法院的判決，如有經過言詞辯論的，法院應該當庭宣示；如無經過言詞辯論的，法院就應該公告。高等法院所下的第一審判決，在上訴期間經過後，只要上訴權人沒有提起上訴，就會發生確定的效力。

　　法院的判決一經確定，就會發生拘束相關行政機關的效力，行政機關必須依照判決的意旨而為給付、撤銷行政處分、重新為行政處分　等行為。

　　第一審判決的當事人，對高等行政法院的第一審判決如有不服，除法律另有規定，都可以上訴到最高行政法院。

　　提起上訴的期間，應該在高等行政法院判決送達後二十天內為之，但是在法院宣示或公告判決後送達判決前，也可以提起上訴。如上訴非以高等行政法院的判決違背法令為理由，不可以提起上訴。

　　最高行政法院於審理過程中，調查的範圍應該限於上訴的範圍內，且調查高等行政法院判決有無違背法令，並不受當事人上訴理由的拘束。

　　最高行政法院的判決原則上不必經過言詞辯論，例外情形下，最高行政法院得依職權或依聲請進行言詞辯論，此種例外情形為：1、法律關係複雜或法律見解紛歧，有舉行言詞辯論的必要；2、涉及專門之事或特殊經驗法則，有舉行言詞辯論的必要；3、涉及公益或影響當事人權利義務重大，有舉行言詞辯論的必要。（行政訴訟法第二五三條第一項但書）。

　　最高法院審理的事實，除非法律另有規定，應該以高等行政法院判決確定的事實為判決基礎。最高行政法院在審理後，便會下判決[20]，該判決一經宣示，爭訟即告終結確定，當事人就沒有上訴救濟的途徑。

　　如當事人認為高等行政法院或最高行政法院所下的確定判決有程序違法、適用法律錯誤、認定事實錯誤等符合再審的事由，當事人就可以向下認定判決的原審法院聲請再審，以尋求救濟。

　　聲請再審的期間，應自判決確定時起算三十天內，如果當事人不在這段期間內提起再審，就無法聲請再審。原審法院受理再審後，對於本案的辯論及裁判範圍，均以當事人聲明不服的部分為限。

　　再審審理結束後所下的再審判決，會變更當初確定判決的效力，但是對於第三人因為信賴原來確定判決而善意取得的權利，不生任何影響，但必須是對於公益沒有顯然重大妨害才行。

20.最高行政法院所下的判決，包括上訴無理由的判決、上訴有理由的判決、管轄錯誤判決、最高行政法院自己為判決、將判決發回原來審理的高等行政法院或發交其他高等行政法院審理等。（行政訴訟法第二五五條至第二六一條）。

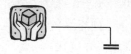

案例解析

案例

老何是健康食品製造商，平日個性衝動，遇有看不慣之事必定力爭到底。他在產品的包裝上打上沒有人能夠做出相同產品的字樣，如能生產出相同產品，就給與獎金一千萬元。

在產品上市半年後某一天，有名年輕人帶著自行生產的相同產品登門造訪，並要求給與廣告上相等的倍償金。老何不服，並在電視上做廣告大肆抨擊對方，指控對方剽竊其智慧財產權。對方對於老何之語頗感不服，將該指控錄影存證，並據以向法院按鈴申告，控訴老何毀謗，要求一千萬的損害賠償及一千萬的獎金。

老何收到傳票之後非常氣憤，遂駕車出外飆車，沒想到離家不到五公里就碰上交通警察，因沒繫安全帶加上超速而遭開罰單，老何氣憤之餘又向行政法院提出申訴。爾後，老何心有不甘，遂將法院寄來的傳票一一撕毀，還對法院傳喚到庭的通知不予理會，最後竟遭法院通緝，老何只有自嘆時運不佳。

案例解析

先分析刑事法方面的問題

在本案例中，老何因毀謗而遭到對造的控訴，毀謗罪為刑法第三一〇條的罪名，依刑法第三百十四條規定，為告訴乃論之罪。

　　依刑事訴訟法規定，犯罪被害人，也就是遭老何毀謗的對造（指年輕人），可主動向法院提起自訴，以發動刑事訴訟程序。

　　關於自訴的限制於前述已有說明，第一部分是對於對象的限制，自訴不得對直系尊親屬或配偶提起；第二部分是針對事件性質的限制，該犯罪事實是告訴乃論或是請求乃論之罪名，而且，已經不得為告訴或請求者，不得再行自訴。第三部分則是要求，同一事件若檢察官已對其提起公訴，被害人不得再行提起自訴；可是，告訴乃論之罪，如：對配偶犯刑法第二百二十一條強制性交，經被害人提起自訴者，不在此限。

　　因遭受老何毀謗的對造，符合告論乃論中對於對象、性質以及未受到檢察官未提起公訴的限制，故隨後的程序均依據自訴的程序進行。

　　關於通緝，通緝是被告有逃亡或藏匿時，決定拘捕被告所發佈的公告。一般來說，通常法院事先傳喚、拘提被告後，如被告無法拘提到案，顯見被告已有逃匿之虞，法院或檢察官才會依法發佈通緝。

　　通緝經通知或公告後，檢察官、司法警察官得依此拘提被告或逕行逮捕。利害關係人亦得逕行逮捕通緝之被告，送交檢察官、司法警察官或請求檢察官、司法警察官加以逮捕。

　　被告、自訴人或證人若接到司法警察的通知或檢察官、法官所簽發的傳票，應先仔細看清楚傳票的內容，究竟是為了什麼原因被傳喚，並應按時到指定處所，如無正當理由不到場，則會有被拘提到案的可能，被告如果再按址拘提不到案，則會有被通緝的危險。

　　因此老何在收到法院寄發的傳票後屢傳不到，依據刑事訴訟法規定，有遭受到通緝的可能。

再論民事方面的問題

　　因年輕人向老何請求賠償的金額總共是二千萬，金額超過小額訴訟所定的五十萬新台幣的限制，所以應該適用一般的程序進行。

　　在一般程序的進行上，因訴訟金額的多寡，有的個案不能上訴到第三審，因為民事訴訟法第四百六十六條的規定，如所受未逾一

百萬元時,不得上訴第三審。因老何的案件,原告所請求的金額遠遠超過一百萬,所以其案件有上訴第三審的可能。

綜上所述,老何所發生的案件,在民事上應該依循一般的訴訟程序進行。

關於行政訴訟方面的問題

老何在路上超速還未繫安全帶被交通警察開罰單,倘若他對警察對他開罰單的事由有所爭議,他就應該依照行政訴訟法上的規定向行政法院提起訴訟。老何提起訴訟後,倘若遭敗訴,則仍需要繳納罰金。值得一提的是,目前行政訴訟是無須繳納裁判費用的,但日後立法者將有意朝向需裁判費的方向修改。

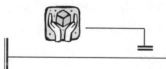

結論

欲了解整個國家訴訟機制的運行並不難,其實它們都有一定的軌跡可循,只要掌握到其中的大原則,習法之人即能運用自如。

上開文章所述,只是將整個訴訟程序大略的描述一次,若要真正窺其堂奧,除要學習實體法的規定外,了解程序法制度,並實際運作才能真正了解整體的流程。例如,目前訴訟程序中在法院進行的交互詰問程序,如以學術理論詮釋,正可使學法之人如墜五里霧中,無法深刻瞭解,但如實地坐在法庭裡旁聽一回,相信每人都能了解,到底是誰和誰在交互詰問,所謂的「當事人進行主義」又是怎麼一回事。

相對於靜態的實體法,訴訟法是屬於動態的法律學問。實體法與訴訟法靜與動的交會,羅織了現今法的體制。

第二部

法的實際適用

生命中的法律

許多時候，我們經常有著感嘆，
或許是人生不經意的憂鬱，生命中悲與歡常使著人生充斥著絕美。
九歲那一年，我遭到生命中最刺心的痛，那是源自於一次綁架案件。
雖然，僥倖沒有成為悲劇的受害人，但是，兇嫌黝黑的太陽眼鏡卻成為夢中最詭譎的魅影。
午夜時分，經常沈淪於黑暗的魔沼，無數亡魂的手紛紛牽伏我的軀骸，欲超脫此種驚悚的痛，我便將靈魂努力攀爬於天堂邊際，
天使竊聲的失笑，使我羞愧地墜落。
在我而言，曙光是無痕的炙痛。
不斷地探索生命，在遍地荊棘的羊腸小徑中，我細細呵護著自己。

三十二歲，我將自己詮釋在一個未知的體會，
陽光的焦灼，使我有著前所未有的焦慮，
初次與人生際點交會的靈魂，
是一種狂野，也是企盼。
在此之前，生命的詠歎
是祭禮前牲贄的狂歌。

生命別於法律，
無法詮釋出特有的法則，
生命中的唯美只有殘酷地將現實的法律襯托得極端庸俗，
這又是另一種不堪。

或許，
人生本是一種虛幻的品味，
如此一來，
靈魂，將得救贖，
所謂永恆，才會淋漓盡致。

不解的情愛與婚姻的迷惑

Chapter 3

◆

婚姻－修法的趨向

◆

法律上的婚姻關係

◆

案例解析

◆

結論

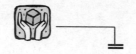

婚姻-修法的趨向

　　我國現行法體系中，婚姻關係主要規制於民法親屬編。民法中除對婚姻的成立與消滅有所規定外，亦包括了未成年子女親權的歸屬，以及夫妻間分別財產制的界定等等，我國民法多次對於婚姻方面的刪修，無非是希望能達到兩性實質上的平等。

　　相形之下，刑法介入婚姻關係的規定很少，僅在重婚、通姦與夫妻間強制性交的事件有所規定，然而夫妻成立強制性交的規定，有學者認為與婚姻之本質相扞格而有所不宜[1]。

　　對於未成年子女的保護，在八十五年九月的親屬編修正中，增訂了一千零五十五條之一、之二的規定，使離婚後關於子女的權利義務行使不再是父親的專利，除得由父母雙方協議定之外，亦得由法官依職權酌定之，法官裁判時也要兼顧到子女的最佳利益。關於未成年子女最佳利益的保護，目前尚有兒童福利法及少年福利法的適用。

　　在九十一年的六月，立法院對夫妻財產制進行了大幅度的修正，此次修改主要特色在於肯定家務勞動的價值，也就是在家料理家務的家庭主婦也有經濟上的保護。另外本修正中有「自由處分金」的例示規定，讓夫或妻都有一定數額的零用金，可以自由處分。

1. 請參見林東茂著，評刑法修正－妨害性自主罪，一個知識論上的刑法學思考，五南圖書出版公司，90年7月二版一刷。

法律上的婚姻關係

結婚

結一個有效的婚

有效的婚姻

結婚的要件分為形式要件與實質要件。

形式要件要求結婚應有公開儀式及兩個以上的證人，且須經過結婚登記，已為結婚登記者假如無法舉反證推翻，則推定其已結婚。

實質要件要求當事人的意思必須一致，而且須達法定結婚之年齡，也就是男生需滿十八歲，女生則需滿十六歲，未成年人[2]的結婚必須得到法定代理人[3]的同意。

民法中規定構成合法的結婚關係中所需舉行的「公開儀式」，須是在不特定多數人得以共見共聞之場所舉行。假如在餐廳的包廂中舉行婚禮，而包廂的門是關著的，仍不算所謂之「公開儀式」，此點需詳加注意。關於證人的要求，雖然不必具有特殊身分，但其必須願意證明當事人曾舉行過結婚的儀式。

2.在民法上成年的年齡為二十歲，故未成年人係指未滿二十歲之人。

3.一般來說，未成年人的法定代理人就是其父母；但是，在特殊情形下，例如其父母均不適宜行使其親權時，則由法院酌定之監護人作為其法定代理人。

結婚爲身分行爲，不得由他人代理或是代表。法律對結婚意思表示的要求比離婚還嚴格，不可由他人代爲作意思表示；但離婚可在作成離婚決議後，由他人作爲意思表示的機關。

因科技日漸發達，藉由科技方法，例如影像傳眞結婚者，要視當事人的解釋與認定，若當事人認爲其爲公開儀式，則其亦具有同等效力。

婚姻無效與撤銷

一般規範

結婚無效的事由包括重婚、近親結婚等等。凡發生結婚無效之事由者，該婚姻自始，絕對不生效力[4]。近親結婚係指與直系血親或直系姻親，以及旁系血親在六親等以內結婚者，惟因收養而成立之四親等及六親等之旁系血親，但輩分相同者不在此限；旁系姻親在五親等以內輩分不相同者屬之。

結婚得撤銷的事由，分別於民法第九百八十九條、九百九十條、九百九十一條、九百九十五條、九百九十六條及九百九十七條之規定。

九百八十九條是規定，違反九百八十條之未成年人，也就是男未滿十八歲女未滿十六歲結婚者，當事人或法定代理人得向法院聲請撤銷其婚姻，若當事人已屆至法定年齡也就是已成年或者已懷孕者不得請求撤銷。

九百九十條規定，未成年人結婚未得法定代理人同意時，法定代理人得向法院請求撤銷其婚姻。但法定代理人自知悉事實之日起已超過六個月，或結婚後超過一年，或已懷孕者，不得請求撤銷。

4.無效的法律行爲無待主張其爲無效，自法律行爲發生之始就不生效，無待乎補正。

九百九十一條規定，監護人與受監護人在監護關係存續中結婚者，受監護人或其最近親屬，得向法院請求撤銷其婚姻；但結婚已逾一年不得請求撤銷。

九百九十五條規定，若當事人之一方於結婚時不能人道與不能治者，他方得向法院請求撤銷其婚姻，但自知悉其不能治已超過三年者，不得請求撤銷。然而對於知悉其不能人道的時間點上，假如他方在知悉不能人道時，仍與其結婚，對於撤銷權的行使上有些微爭議，原則上來說，基於誠信原則，應該是不能作為撤銷婚姻的事由。

九百九十六條則是對於在無意識或精神狀態錯亂中結婚者，得於常態恢復後六個月內向法院請求撤銷其婚姻。

九百九十七條規定，因被詐欺或脅迫而結婚者，得在發現詐欺或脅迫後六個月內，向法院請求撤銷其婚姻。

結婚撤銷的效力，依據九百九十八條的規定，不溯及既往。此為保障在婚姻關係存續中所生之子女，仍具有婚生子女的身分，以及在婚姻關係存續中，他人因信賴其婚姻關係所做出的處分。

結婚撤銷後，當事人之一方，得向有過失之他方請求因婚姻撤銷而生之損害，請求損害的範圍亦包括非財產上的損害。此項請求權為被害人專屬之請求權，不得讓與或繼承，惟已依契約承諾或起訴時，因該項請求權的性質已有所轉變，故亦得請求。

關於未成年人結婚的特殊規定

民法第九百八十條規定，男未滿十八歲，女未滿十六歲者不得結婚。此外，未成年人之結婚，應得其法定代理人之同意（民法第九百八十一條）。

違反民法第九百八十條規定者，當事人或其法定代理人得向法院聲請撤銷之，但當事人已達該條所定年齡或已懷胎者，不在此限。

　　違反第九百八十一條者，其法定代理人亦得向法院聲請撤銷，但知悉該事實起逾六個月，或結婚超過一年，或已懷胎者，不得請求撤銷。

結婚的效力與親權的行使

身分上的效力

　　婚後夫妻雙方因而產生夫妻關係。在婚姻存續中受胎而生之子女，為婚生子女。

　　夫妻之一方與他方之親屬發生姻親關係。而夫妻由雙方協議訂一住所，為其共同住所，未為協議或協議不成者，得請求法院訂之，未為裁定前以夫妻共同戶籍地推定為其住所。

　　結婚後，夫妻各保有其本姓，但得以書面約定以其本姓冠以配偶之姓，並向戶政機關登記，但隨時得恢復其本姓，婚姻關係存續中以一次為限。

　　夫妻間互負同居義務，但有不能同居之正當理由者，例如赴大陸經商之台商或外交領事人員因為工作的關係，被迫分隔兩地者，不在此限。

　　夫妻間互負貞操義務。此概念在民法中雖無直接規定，但大法官第一百四十七號解釋中揭示，夫納妾係違反夫妻互負之貞操義務，再加上民法第一千零五十二條第一項第一款及第二款予以規定，重婚及通姦為請求離婚之事由，故可推定我國現行法中夫妻間互負貞操義務。

關於親權

　　關於親權，一般人通稱為「監護權」。觀其詞彙，易使人認為專指父母對其子女權利義務之行使與負擔之意。民國八十五年民法親屬編之修正，將民法第一千零五十一條及一千零五十五條中關於「監護」一詞改成「對於未成年子女權利義務之行使與負擔」後，

民法親屬編所謂的「監護」，是專指父母以外第三人對未成年人或
禁治產人爲身體財產上照護，所設之民法制度[5]。

　　親權係爲未成年子女權利義務之簡稱。親權之種類有二，一爲
子女身份上的權利義務，另一者爲財產上的權利義務。親權之行
使，由父母共同行使，父母如有對於親權行使有意思不一致情形發
生時，一般由父行使之，父母之一方不能行使親權時，由他方行使
之或視由裁判判決規定由誰擔任之，不能共同負擔義務時，由有能
力者負擔之[6]。親權係指父母與未成年子女間因需要保護教養而產
生之權利義務，故應將扶養之義務包括在內。而現行親子法傾向保
護未成年子女之利益，故親權不僅是權利亦爲義務，故父母不可濫
用，亦不可拋棄。父母如有濫用其子女之權利時，其最近尊親屬或
親屬會議得糾正之。糾正無效時得請求法院宣告停止其權利之全部
或一部。父母離婚後親權之行使，可視同離婚後子女之監護問題，
同其處理。父母如不能行使親權時，應爲未成年人設置監護人，在
保護、增進未成年子女之利益範圍，行使負擔父母對未成年子女之
權利、義務[7]。

　　於前述已說明，關於親權除包括了「子女身份上的權利義
務」，亦包括了「財產上之權利義務」。

　　親權之「關於子女身份上的權利義務」：

子女應孝敬父母

　　關懷尊長父母之健康，聽從其教誨，係爲一身爲子女之義務
（民法第一千零八十四條第一項）。

5.詳請參見施慧玲著，論我國民法親屬編之修正方向與立法原則，家
　庭、法律、福利國家—現代親屬身分法論文集，元照出版，2001年2月
　元照初版一刷，頁105--106。
6.蘇嘉宏（1986年），法學序論，永然文化，頁312。
7.同註5。

居住所指定權

居住所之指定係為保護教養權利義務行使之內容，故應由父母行使之。但此項權利應限於未成年之子女，但未成年之子女已婚者，亦得請求由家分離。

懲戒權

父母為達其保護教養之目的，應賦予其適當之懲戒權。關於懲戒之方法並無限制，但不可超過必要之範圍內，超過此一範圍即為親權之濫用。

關於父母的懲戒權之問題，我國等許多亞洲國家與歐美等國有不一樣的詮釋。於我國，父母親仍有「養兒防老」的理念，因此對於子女的經濟供給與照料的時間甚於歐美等國之父母。我國許多父母在理念上有著「子女即為自己所有物」的理念，對於子女的教養行為，或許會有忽略子女人格之偏頗行為。例如，許多父母有「子女不打不成器」的理念，此導致成父母以「子女未來的規劃」為理由，對子女行使體罰等懲戒，而不當的懲戒，有時也導致子女身體、心理上嚴重的創傷，甚至因此父母須受到法律上的制裁。

身份行為之同意權及代理權

父母關於未成年子女之身分行為具有同意權，此立法目的即在保護未成年人思慮未周，故未成年人婚姻之締結與解消、收養之終止均需經過法定代理人之同意。

關於子女出養之問題，應分為七歲以前及七歲以後觀察。七歲以前之無行為能力人，由其法定代理人代為意思表示，七歲以上之限制行為能力人，則由其法定代理人行使其同意權。

由此可知，當七歲以下之無行為能力人欲為出養時，其法定代理人得為意思表示，而不須具有該被收養人之同意；七歲以上之限制行為能力人出養時，須經其法定代理人之同意，及被收養人之意思表示。

現行法律規定，子女出養及收養之情形中，該程序之進行基本

上須先經由雙方當事人之同意後，再由法院認可。法院的認可基本上就其程序而言，只能算是在當事人之同意後，另一道為保護恐其思慮不週而設置的防線，為未成年人及雙方家長之利益進行之審查，而非權利的限制或剝奪。

親權之「財產上之權利義務」

財產上之法定代理權

無意思能力人需由其法定代理人代為、代受意思表示，但法定代理人不可違反無意思能力人之利益。

一般財產上法律行為之同意權

限制行為能力人所為之行為，原則上須經其法定代理人之同意，包括特定財產之處分及特定營業行為，但純獲法律上利益之行為及日常生活所必須之行為，則不在此限。

特有財產之管理使用收益及處分權

未成年子女因繼承、贈與或其他無償取得之財產為其特有財產。法定代理人對子女之特有財產具有管理權，並須盡其善良管理人之義務。

父母對其未成年子女之特有財產有使用、收益權，其收益得由父母平均所有。且父母對於子女之特有財產非為其利益不得處分之，若非為此而為之者無效。

婚姻行為中關於財產上的效力

日常家務代理

夫妻對於日常家務互為代理人，若夫妻之一方濫用其代理權時，他方得限制之，但不得對抗善意第三人（民法第一千零三條）。

日常家務代理並不只限於財產上之行為，還包括身分上的行

為。財產上行為諸如代為購買日用品；關於身分上之行為例如代為收取掛號信。

扶養義務

夫妻互負扶養義務，其受扶養之位序同於直系血親卑親屬。但是關於家庭費用原則上由夫負擔，在夫無能力支付時，由妻負擔（民法第一千一百一十六條）。

夫妻財產制[8]

夫婦財產制的採用

民國九十一年六月對民法夫妻財產制的修訂後，現行的民法對夫妻間財產的使用及處分的規定如下：

民法對於夫妻間財產制度可粗略分為二種，分別是法定財產制及約定財產制。

在夫妻間，要採行法定財產制或約定財產制，通常是由當事人間自行約定，若欲採約定財產制，須由民法典中所規制的兩種中，擇一而定。倘未約定採行法定財產制時，則以法定財產制為其夫妻財產制。

夫妻財產制契約的訂立變更或廢止必須以書面契約為之，且須到法院登記。非經登記不可向他人主張其夫妻財產制契約的存在，夫妻財產制契約的登記不影響其他法律所為財產的效力。

然而在一種特殊情形下也就是夫妻之一方受到破產宣告時，其夫妻財產制當然成為分別財產制。

依據民法第一千零十條的規定，假如，夫妻之一方發生下列情形之一時，法院得依據夫妻一方之聲請，宣告改用分別財產制。此種情形包括：一、依法應給付家庭生活費用而不給付；二、夫或妻

8.請參見民法第一千零四條至一千零四十八條。

之財產不足清償其債務。三、依法應得他方同意所爲之財產處分，他方無正當理由拒絕同意；四、有管理權之一方對於共同財產之管理顯有不當，經他方請求改善而不改善；五、因不當減少其婚後財產，而對他方剩餘財產分配請求權有侵害之虞時；六、或者有其他應爲分別財產制之重大事由發生時。

夫妻總財產不足清償總債務，或夫妻難於維持共同生活，不過同居已達六個月以上時，亦得聲請採用分別財產制。

法定財產制

法定財產制分爲婚前財產與婚後財產，由夫妻各自所有，假如無法證明爲婚前財產或婚後財產者，推定爲婚後財產；無法證明爲夫或妻之財產時，推定爲夫妻共有。婚前財產於婚姻關係存續中所生之孳息，視爲婚後財產。

夫妻於婚姻關係存續中，對於相互間之財產應予以分明。因此，夫妻可以契約明定雙方財產之歸屬及夫妻財產制。夫妻以契約訂立夫妻財產制後，於婚姻關係存續中改用法定財產制者，其改用前之財產視爲婚前財產（民法第一千零十七條）。

夫妻各自管理使用收益及處分其財產，各自對其債務付清償之責。夫妻之一方以自己財產清償他方之債務時，雖在婚姻關係存續中，亦得向他方請求償還（民法第一千零十八條及一千零二十三條）。

夫或妻於婚姻關係存續中就其婚後財產所爲的無償行爲，假如有害於法定財產關係消滅後，他方的剩餘財產分配請求權時，他方得聲請法院撤銷其法律行爲，但若是爲履行道德上義務所爲的相當贈與，不在此限。

夫或妻於婚姻關係存續中，就其婚後財產所爲的有償行爲，於行爲時明知有損其法定財產關係消滅後，他方剩餘財產分配請求權者，以受益人亦知其情事爲限，他方得聲請法院撤銷之。

約定財產制

約定財產制中分爲共同財產制與分別財產制。

共同財產制中，夫妻的財產包括共同財產與特有財產。夫妻的財產與所得除了特有財產外，合併爲共同財產，屬夫妻公同共有。

特有財產是指專供夫或妻個人使用之物、夫或妻職業上必須之物及夫或妻所受之贈物，經贈與人以書面聲明爲特有財產者。而特有財產的部分應適用分別財產制的相關規定。

共同財產由夫妻共同管理，但約定由一方管理者，從其約定。共同財產的管理費用，由共同財產負擔。

而且夫妻之一方對於共同財產之處分，應得對方之同意。此項同意之欠缺不得對抗第三人，但第三人已知或可得而知其欠缺，或依一般情形可認爲該財產屬於共同財產時，不在此限。

若採用分別財產制，夫妻各保有其財產之所有權，各自管理、使用、收益及處分。分別財產制其夫妻債務之清償，由夫妻各自負擔。

關於離婚

離婚的方式

兩願離婚

兩願離婚又稱爲協議離婚。即夫妻基於雙方之合意，而消滅其婚姻關係離婚。在形式上，必須以書面爲之，且要有兩個以上證人的簽名，還要向戶政機關爲離婚之登記，才能算是眞正完成離婚的程序。

實質上，離婚須夫妻自行爲之，但可以他人爲表示機關。當事人須具備意思能力，其中須注意的是，未成年人已結婚者、禁治產人回復常態者屬於具備意思能力，但心神喪失而未受禁治產宣告者，不具有此能力。

此外，當事人須有離婚之合意。未成年人應得法定代理人之同意。

裁判離婚

裁判離婚的意義在於，夫妻之一方基於法律訂定之原因，對他方提起離婚之訴，經法院認爲有理由時，可用判決的方式解消其婚姻關係，也就是用判決宣告離婚。

在民法第一千零五十二條中明定離婚事由包括：重婚、與人通姦、不堪同居之虐待、直系尊親屬之虐待或受虐[9]、惡意遺棄或具有殺害之意圖、不治之惡疾[10]、重大不治之精神病、生死不明逾三年、被處三年以上徒刑或因犯不名譽之罪被處徒刑以及其他難以維持婚姻之重大事由[11]，共十二種事由。

除上述以外，目前我國實務上也漸依循歐美方式採用「破綻主義」，判決離婚。如夫婦已分居多年，一方欲離婚，但另一方卻遲遲不簽字，此時，法院多半依「破綻主義」，判決兩造離婚[12]。

另外，重婚者，其重婚之後婚姻爲無效；但以重婚作爲其離婚事由者，凡經過事先同意、事後宥恕、知悉後逾三個月或情事發生後兩年者，不可作爲請求之事由。

9.該法條即將予以刪除。

10.關於此不治之惡疾，發生的時間點必須是在結婚後才能請求離婚。假如發生在結婚前，除合乎婚姻撤銷之要件，予以撤銷外，不可請求離婚，因爲離婚之事由限於發生在結婚後。且該惡疾必須達到不能治的程度。

11.若欲以此爲由要聲請離婚者必須是對發生該事由無須負責之一方，假如該事由應由夫妻之一方負責，僅他方得請求離婚。

12.這是一個實際案例。「台北縣中和市孫姓婦人與丈夫結婚兩年後搬到新家，發現丈夫結交一些新朋友，信仰特殊的宗教，不與她同房、不行周公之禮，卻經常在半夜拿手電筒照她的私處，她受不了想要離婚，丈夫卻不簽名，孫婦向板橋地方法院訴請離婚，法官考量兩人已經分居10多年，婚姻無法挽回，判決准予離婚。」參考 http://tw.news.yahoo.com/2002/07/09/society/udn/3365312.html（奇摩新聞），八十九年七月九日造訪。

以對方具殺害之意圖而作為提起離婚之事由者，知悉逾一年或發生逾五年，不得請求。

被處三年以上徒刑或因犯不名譽之罪被處徒刑者，知悉逾一年或發生逾五年時，不得請求；但若因重婚通姦而遭處刑者，則應適用上述關於重婚之規定。

離婚的效力

身分上的效力

離婚後夫妻關係消滅。在稱姓上，冠他方之姓者，回復其本姓，且其他基於婚姻關係而負有之義務與權利消滅，姻親關係因離婚而消滅，但親屬關係間如父母子女之自然血親關係不變，相互間依然負有扶養義務，父對子或子對父並具有繼承權。

關於離婚後父母親權之行使與負擔，須依據民法第一千零五十五條及其相關規定酌定之。

離婚後關於子女親權之行使方面，已於前述略有介紹，在民法第一千零五十五條及一千零五十五條之一規定，父母離婚時，關於未成年子女親權之行使，父母得以協議訂之；若父母未為協議或協議不成時，法院得依其職權酌定由父或母行使，並應為子女最佳利益定之。若雙方均無不適任為行使之事由時，亦應將子女之意見列為判斷依據之一，並子女之年齡、性別、人數及健康情形，還須參照父母子女間或未成年子女與其他共同生活之人[13]間之感情狀況。

當父母均不適合行使其親權時，法院應依子女之最佳利益並審酌前揭事項，選定適當之人為子女之監護人，並指定監護之方法，命其父母負擔扶養之費用。當行使負擔權利之一方未盡保護教養之義務者，他方（即未行使負擔親權之一方）及未成年子女或福利主

13.其他共同生活之人，包括祖父母、曾祖父母、親戚等，並不將其範圍限縮在居住在一起的人，還包括了其他在生活中，有密切往來之人。

管機關，得請求法院改定之。

依據上開所述，父母離婚後關於子女親權之行使應視法院如何裁判。行使上，若由母親行使，則概括的將一切權利交由母親行使，僅在父母雙方均不適合行使，將該項權利交由第三人行使。

財產上的效力

離婚後夫妻間之財產關係終了，雙方取回其婚前財產，若有短少，得向有管理權之一方請求返還。

損害賠償的請求上，兩願離婚之情形中，當事人得自行決定其損害賠償之金額；裁判離婚時，夫妻之一方因判決離婚而受有損害者，得向有過失之一方請求損害賠償，亦得請求非財產上的損害賠償。

關於贍養費，兩願離婚時，雙方當事人得自行決定，未經決定者不得請求；裁判離婚時，無過失之一方因判決離婚而陷於生活困難者，他方應給予贍養費。

家庭暴力與保護令

關於家庭暴力

在此為何將家庭暴力歸屬於本篇當中，最主要是離婚的條件當中，歸屬家暴類型的「不堪同居之虐待、直系尊親屬之虐待或受虐之」可適用之。

目前因家庭暴力行為導致離婚的例子有增多的傾向。在舊有農業社會中，因重男輕女觀念的催使，多數被害人因擔憂鄰里謠言導致家庭生活遭變故，或恐於加害人報復導致經濟生活出問題等種種原因，多數受到家暴的被害人幾乎都不訴諸法律行動，造成家暴案件成為黑數相當多的狀況。

家庭暴力是發生在家庭成員間的暴力虐待行為。對象包含配偶，如前夫（或前妻）同居人、親人、手足、姻親之間。

許多人對於家暴類型的認知多屬於肢體上的暴力，其實家庭暴

力並不限於肢體上的暴力，還包括精神上的暴力、語言暴力，這是
需要注意之處。

關於保護令與保護令的種類

　　許多家暴的受害人雖知道我國於八十八年六月實施家庭暴力防
治法，並於台北、高雄等地成立家庭暴力防治中心以協助受害人，
但是有少部分的被害人，因對家暴法不了解，以為只要向警察局或
家暴中心報案就可以立即拿到保護令，並向戶政單位辦理離婚登
記，或者是逕向家暴防治中心的社工人員要求開立家暴證明書。事
實上，核發保護令是法院法官的權責，且社工員也無權開立家暴證
明書，所以，受害者要取得保護令必須循司法途徑提出聲請，由法
官開庭審理，聽取當事人及加害人出庭陳述之後，加以裁定核發。
法官簽發「保護令」，主要在終止加害者暴力行為。所以，受害人
聲請到保護令之後，倘若再度面臨受暴的危險情況，仍然需立即就
近向警察單位報案尋求協助，及避免用言語挑釁對方，這樣保護令
才會發生效益。

通常保護令

　　通常保護令之核發內容如下幾種：

1.禁止相對人對於被害人或特定家庭成員實施家庭暴力。
2.禁止相對人直接或間接對於被害人為騷擾、通話、通信或其
　他非必要之聯絡行為。
3.命相對人遷出被害人住所，必要時並得禁止相對人就該不動
　產為處分，或其他假處分。
4.命相對人遠離被害人之居所、學校、工作場所或其他特定場
　所。
5.定日常生活必需品之使用權，必要時得命交付之。
6.定暫時對未成年子女權利義務行使或負擔，由當事人之一方

行使或共同行使，必要時得要求交付子女。

7.定未成年子女會面交往之方式，必要時得禁止會面。

8.命相對人給付被害人生活上必須之某些負擔，損害賠償之慰撫金及負擔相當之律師費。

9.命相對人完成加害人之處遇計劃，如精神治療、心理輔導。

暫時保護令

暫時保護令依家庭暴力防治法第十五條第一項及第三項又分為兩種，前者為一般性暫時保護令，後者為緊急暫時保護令。後者為專門因應有立即之危險者，且在四小時內核發。

暫時保護令之核發僅限於前所述，核發內容為上述通常保護令內容之1到6項，及保護被害人及其特定家庭成員而言。

保護令的聲請

保護令核發之申請應以書面方式提出，如有急迫危險時，檢警及主管機關得以言詞傳真或其他方式聲請。

暫時保護令之核發得不經審理程序，緊急性暫時保護令之聲請應於四小時內核發。

核發保護令通常由家事法庭審理，審理程序不予公開，並兼採言詞及書面之審理。審理時在蒐證及調查上，法院得依職權為之，審理終結前並得聽取主管機關或社會福利機構的意見，審理之對象及範圍可不受當事人聲明之拘束。保護令的聲請不得予以撤回。

保護令的效用

通常保護令的有效期間為一年，並得再延長一年。

因保護令而受有損害時，得提出抗告；須特別注意的是，法院若有核發命相對人遷出或遠離被害人者，不因被害人同意不遷出或不遠離而無效，相對人若有違反保護令之內容者，即構成違反保護令罪，雖保護令為民事，仍須受刑事制裁。

關於重婚

法律上規定

民法上的規定

在民法的規定中，重婚得作爲請求判決離婚之事由；且重婚之後婚爲無效（民法第九百八十五條、第九百八十八條及一千零五十二條第一項第一款）。

刑法上的規定

刑法第二百三十七條規定，有配偶而重爲婚姻者，或同時與二人以上結婚者，處五年以下有期徒刑，其相婚者亦同。

例外得容許重婚的情形

大法官第二百四十二號解釋－海峽兩岸的重婚

大法官第二百四十二號解釋中曾揭示，「在國家遭遇重大變故，致使夫妻相隔、不得見面，但相聚卻遙遙無期的情形下所發生的重婚事件，和一般的重婚事件本質上確實有其不同之處。對於此種具有長期實際共同生活事實之後婚，若仍得適用民法之規定將其婚姻關係撤銷時，將會嚴重影響其家庭生活及人倫關係，反而妨害社會秩序，就此，與憲法保障人民之家庭權有所牴觸，故例外地容許其後婚存在。」

對該號大法官解釋之聲請理由在於，海峽兩岸關係因國共戰爭發生，除形成兩岸冷戰已久的關係爾外，並致使許多夫妻因而相隔一水，相聚之日遙遙無期之憾。

此種狀況使得有的人不堪一再失望，決心再娶再嫁；卻也有癡心人默默等待與對岸人有相會之期。

　　兩岸開放探親爾後，多年的情愛需面對現實之痛，許多人在開放探親欣喜之餘，才發現昔日的枕邊人早已兒女成行，多年等待成了夢一場。許多不甘心的大陸妻氣不過，遂透過香港律師到台灣來提起訴訟，請求宣告該後婚為無效。依法規定，重婚視為無效，因此在當時許多此類案件，在台灣的後婚情形遭宣告為重婚無效。

　　婚姻無效即自始為當然絕對無效，因此，後婚所生育之子女皆為非婚生子女，然當事人於台灣早已成為祖父、祖母，　一旦婚姻宣告為無效時，影響其子孫的婚生關係[14]，造成許多家庭的困擾。

　　因此，大法官對於兩岸特殊情形之解釋，有其必要性。

大法官第三百六十二號解釋－信賴利益的保護

　　大法官第三百六十二號解釋中曾說過，「若前婚姻已因確定判決[15]而消滅，第三人本於善意並無過失信賴該判決，而與前婚姻之一方締結婚姻時，雖該判決嗣後又經變更，造成後婚姻變成重婚者，與一般的重婚情形不可一概而論。依據信賴利益的保護，該後婚姻的效力仍應予以維持，如因而造成前後婚同時存在，則重婚者之他方，自得依法請求離婚。」

　　信賴利益的保護是憲法上一重要原則，它是針對因為信任法秩序規定之事項而權利遭到侵害者，給予例外的保護，同時也是大法官這一號解釋的意旨所在。

　　大法官第三百六十二號解釋聲請的事由，主要是由於有一位和妻子感情不睦的丈夫，妻子因為長期離家在外，丈夫以此為由聲請法院判決離婚，等到確定判決後，這個丈夫又另結新歡，並且與新歡締結婚姻。

14.因為在此種情形下，在台灣之後婚之子女
15.也就是在法律程序上，已經用完所有的救濟途徑時。

待離家已久的妻子回家，才發現原來自己遭丈夫離棄，同時丈夫並已締結新歡，妻子很不甘心，遂經由法律程序提起救濟，卻因為救濟途徑無法還給她正義，於是再提出大法官解釋的聲請，有了大法官第三百六十二號解釋的誕生。

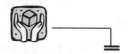

案例解析

案例

小彩的祖母是名傳統台灣婦女，年輕時因工作關係認識了由中國大陸來的軍人，後來嫁給他並生了小彩的母親。

前幾年開放大陸探親後，大陸突然寄來了一封信，說是小彩祖父在大陸妻子，要求給與贍養費，並認養當年遺腹子，除此之外，並說明小彩祖父母在台灣的婚姻是重婚，其婚姻並不具有法津上的效力，此舉令小彩的祖父母感到非常困擾。

小彩父母為戀愛結婚，原本感情十分融洽，近幾年因經濟不景氣，造成了家裡的收入來源不穩定，小彩父母因此時有爭執。

後來小彩父親因失業染上酗酒的惡習，酒醉後經常毆打小彩的母親，小彩母親受不了這種暴力虐待，只好向法院聲請保護令，最後在雙方同意下協議離婚。

小彩現年十六歲，還有一個十歲的妹妹和五歲的弟弟，

因小彩父母都有工作的關係，小彩自小牲情就很獨立，就連交男朋友之事也是到了結婚前一天，其母親才知曉。

小彩未滿二十歲，對方男友亦是未成年，雙方父母對這樁婚姻都不同意，小彩與其男友兩人卻毅然舉行結婚儀式，並雙雙離家租屋同居。

案例解析

<u>先分析小彩未成年結婚的問題</u>

一般構成結婚的要件是，需有兩個以上的證人，以及公開的儀式。但本案為小彩未成年，結婚需要由當事人為意思表示，但是得獨立為具有完全效力的意思表示必須滿二十歲，所以小彩為結婚的意思表示時，須先經過其法定代理人，也就是小彩的父母之同意，但現在小彩父母離異，小彩之監護人為其母親，因此小彩需得其母同意才可。

我國現行法制度規定須年滿十六歲才能結婚，未滿十六歲結婚者，其婚姻得撤銷。因小彩現年十六歲，所以其結婚之意思表示須經由法定代理人同意。小彩結婚時並未經過其母同意，同時其母亦並不贊成她的婚事，所以她媽媽可向法院請求撤銷小彩的婚姻。但撤銷有其限制，其限制是在婚後超過一年，或者小彩的媽媽知道結婚之事後超過六個月，再不然就是小彩懷孕的狀況。也就是只要發生上述其中一種事由，即不得請求撤銷。

假如小彩因婚姻被撤銷而遭受損害時，得向他方請求精神上（非財產上）與財產上的損害賠償。例如因婚姻遭撤銷而心情失落得了憂鬱症；或是租賃的屋子事前已預付一年份的租金，因為婚姻撤銷只住了三個月等等。

惟精神上損害賠償請求權只在對方有過失，且己方無過失時，使婚姻遭撤銷才能行使。在本案例中，因為小彩對於婚姻遭撤銷事

由之發生也有責任（因其未取得法定代理人的同意），所以不能請求非財產上的損害賠償。

假如小彩或小彩丈夫的法定代理人並未採取法律行動，如向法院提出撤銷他倆婚姻的聲請，且超過撤銷權可行使之時間，在此種情形下，小彩的婚姻為有效。

小彩婚姻有效的情形下，小彩在婚姻關係存續中必須遵守所有夫妻間權利義務的規定。在夫妻財產制中，倘若她要訂立夫妻財產制契約，則該法律行為仍須經由夫妻雙方法定代理人之同意。

關於小彩父母離婚的問題

小彩的父母原本相處融洽，假如在雙方得以達成協議的情形下，採用兩願離婚的方式解消其婚姻，訴訟上其實是比較經濟的。因為在兩願離婚中，只要找到兩個願意證明他倆離婚的人，再加上離婚的書面，並在戶政機關登記後，離婚就發生效力。但是在裁判離婚時就不是那麼容易了。

在裁判離婚中，除要支付裁判費用外，還必須先代墊郵票（也就是寄送訴訟書狀的郵資）的費用，再加上開庭出庭所耗費的時間，以及為了出庭應訊所付出的精力，對當事人來說其實很不合乎經濟效益。但是在雙方面都無法達成一致的協議時，還是只好採取訴訟程序，以達到解消其婚姻的目的。

小彩的媽媽曾經向法院提出保護令的聲請，這種保護令的性質多半是通常保護令。在法院的對外窗口有訴訟輔導的服務，凡是要聲請保護令時，只要到該窗口向服務的書記官詢問，書記官就會提供一切所需要的資訊，而關於保護令的聲請程序其實很簡單，書狀的填寫也非常容易[16]，目前多數聲請保護令者，都是自行向法院提出聲請。

16.請見附件中的保護令範例。

保護令的書狀提出後，法院會寄發傳票要求兩造當事人出庭應訊，再決定是否有核發保護令的必要。一般來說，出庭的次數不會太多，審理的過程也會很快，而且在家庭暴力防治法規定，保護令的案件必須立即審理。

先前曾有律師在保護令的聲請時，要求當事人必須附上三張以上具有法庭上證明力的驗傷單，但是目前這種做法已經漸漸的被推翻了，而且驗傷單也改成只有一種，而且醫院不可為了規避責任而不開予驗傷單，所以對於保護令的聲請不再像以前的困難。

小彩母親離婚時所適用之法條規定應該是民法第一千零五十二條第一項第三款，「夫妻之一方受他方不堪同居之虐待時，得向法院請求離婚」。在該項請求離婚之事由時，應可將其所聲請之保護令影本一併附上，作為曾受虐待之證明。

父母雙方雖已離婚，但仍須盡其扶養義務，而平均負擔子女日常生活之開銷，因父母子女間之親子關係並不因離婚而消滅，故扶養義務仍存在。

因離婚未行使親權之一方，並成為會面權之主體。但民法第一千零五十五條第五項但書規定，會面若有妨害子女之利益者，法院得依職權或請求變更，又家庭暴力防制法第十三條規定在必要時禁止該項權利。

依據民法第一千零五十五條及一千零五十五條之一規定，父母於離婚時，法院得依職權酌定監護人，並應為子女之利益為之。依據案例事實可得知，小彩的父親因為失業，長期酗酒甚至有暴力傾向，會對他的妻子動粗，嚴格上說來，並不適任行使子女之親權。故應交由其妻行使三個未成年子女的親權，但是關於子女日常生活所必要之費用，仍須平均負擔。

關於小彩祖父母重婚的部分

小彩祖父母兩人在台灣成立有效的婚姻關係，已有很長的一段時間。其祖父大陸妻子跨海主張其係小彩爺爺真正的元配妻子，並

主張小彩祖父母婚姻關係是重婚無效的行為，於大法官做出第二百四十二號解釋前，的確造成許多家庭的困擾。因在大法官做出第二百四十二號解釋前，許多與大陸來台人士結婚之合法妻子，以及婚生子女，甚至第三代的孫子女，因大陸妻子跨海訴訟，卻成了不具任何法律上地位的家屬，並且連帶使得婚生子女成了非婚生子女。

　　但大法官於民國七十八年六月二十三日，做出第二百四十二號解釋後，此種情形不會再發生了。因基於國家情勢的變動，造成兩岸隔離互相無法通訊不得而知對方的情形如何，這種理由下所造成的重婚，其實與一般的重婚性質有相當大的迥異，如將此種重婚的狀況比照一般重婚狀況做處理，將會侵害到實質上的婚姻關係，並影響到憲法上所保障人民的婚姻及家庭權，因此大法官的解釋，例外使重婚得以存在。

　　綜上所述，小彩祖父母的婚姻並不受祖父當時於大陸結髮妻子所主張的權利而有所影響，小彩祖父母的婚姻依然具有法律上的效力，小彩的媽媽當然為婚生子女。

結論

　　有人說，世間最難解的是男女情愛。自古女性給人柔弱的印象，因此，感情受創、不幸婚姻，以及家暴受害例子，許多人都會認為是女性的專利。但當法介入家門時，雖當事人可因此伸張權益，但當事人雙方事後的悵然與處理家暴實務人員的窘境，難以用文字表達。

　　我有一個服務於警界的好友，在實務上，他經常要處理一些關於家暴的例子。實務中雖有許多令人憐憫不幸的家暴以及男女感情

失和的案例，但卻也有所謂的「另類受害人」，此種受害人不依傳統選擇法律途徑，反以「my lifestyle」的方式，選擇解決的方式。在此，有一個「另類」的實際案例與各位分享：

> 「A女士個性活潑爽直，近乎『潑辣』。前幾年新婚之夜時，把她心愛的盆栽搬到夫家，擺在新房門外，一向也不怎麼溫柔的大嫂愈看愈礙眼，自作主張把它搬到屋外。次日一早，兩個女人為這檔子事先是爭執不休，繼而破口大罵，最後大打出手。新郎眼見局面失控，認為新娘不敬長上，犯錯在先，當場就出手打了她，情勢於是轉變成新郎、新娘在自家院子大戰三百回合。男方佔了體型的優勢，女方則以氣勢取勝，最後新娘雖是屈居下風，但新郎也損失慘重，沒佔到多少便宜。
> 丈夫居然不站在自己這一邊，這位心高氣傲、個性火爆的A女士無法接受，當天收拾好細軟，就帶著盆栽離開了夫家。離家後，她通知她的一夜丈夫，要他把昨天的婚禮給忘了，不必期望她會回去，結婚登記也不必辦了。
> 不到一年，她找到了個能欣賞她個性的男人，不久就結了婚，丈夫是生意人，兩人現在生活得頗為快樂自在...。」

在這個例子當中，不難發現到因時代變遷，許多婦女也不如往昔般，需依附男性生活，即使受到婚姻或家暴的創傷，她們也會擇一方式選擇自己的春天。

我並非全然贊同A女士處事態度，但卻相當欣賞她勇於為自己爭取幸福的氣魄。在大多數的情況下，權利是靠自己爭取得來的，不能指望別人施捨。

實務上常發現，家庭暴力被害者往往都有一味隱忍的傾向，不管背後的原因是什麼，這種心理會讓加害者有恃無恐，更加助長了

他的氣焰；而當他們發現對方的實力轉而勝過自己時，原本的惡行惡狀常常就銷聲匿跡了。使用暴力、相信暴力能解決一切的人，通常也會因爲對暴力的信仰，而服膺施予自己身上的其他暴力型態。

許多人在感情中的態度有許多不解與疑惑，面對人性卑微的一面，與其憤怒，不如憐憫；與其憐憫，不如寬容。只能說這是一種理想，我雖能侃侃論述，卻也常常做不到。

男女情感，是感泣人神的絕美，其中境界所點綴的情慾迷離，不僅有美的深層，亦有悵然的思緒。

亙古以來，人類情感交融中尤以愛情的交會，令人絕響與讚頌。男女情思，若有不幸，情殤的哀淒，感人無限。

情感一事若不涉及個人私益時，世人易動容於情感的世界，因此，當觸動內心的深層時，對於感傷情愛的博大的思緒絕對勝於理性思考。此時若論法律的功能時，只有大殺風景之嘆。可以說是，當情感世界無利益的渲染時，感性將會主宰理性，使人暢遊於感性之美；反之，若個人情感有利益之枝節橫生後，理性即勝過感性，此時，法律即是當然的救贖。

人類情感中，法律有其重大功能。例如，男女之情，非尋常淒美，但此關係一旦終止，也就是雙方決裂後，即演化出緊張的詭譎氣氛，此時法律有拯救此危機的及時性與必要性。例如男女一方狠心遺棄他方，刺骨傷痛爾後，一方憤而揚言揭露對方醜聞或兩造豔史，或率而持刀殺害對方以求不爲瓦全時，法律的防護功能有即時顯現的必要。同時，此種即時性的危機處理也易使人信誓旦旦「法律即爲正義、法院則是實現正義的聖地」的真理。此種理念的快感在法官宣讀判決時盡致淋漓。

然而，法律盡其功能的重要前提，是人類身處法制領域，否則，法律的功能也僅止於高處仰望的學問。說清楚些就是，男女必須有雙方、或一方在合法的婚姻關係下，或爲相互之間以不容許再次情感的交融下，法律保護才有成立的可能。

人與人之間的情感，多數是遊走於情緒的邊緣，「剪不斷，理

還亂」一詞，充分的刻畫出對於情性的無奈。此種情致，雜帶有許多情義交葛，甚至還有利益性的爭執，在於決裂時之淒絕，雖有痛楚，還有悲壯。此時，刑法中的罪刑法定原則，在情義之事，就凸顯出極限的缺陷。

人若無情，人與人之間的互動，絕無複雜，特別是男女情意交會僅止於動物的交媾，或許無「此情可待成追憶」的美絕意境，但拋開此種介意，放大遠觀，人的社會型態或許因此單純許多。

然而，人皆有情，尤其當情思染上利益的雜亂後，紛爭便綿延無止，此時，多數人乃擇以法的手段解決紛擾。法場一戰，雙方言詞咄咄，人性利己的醜惡在此一顯無遺，雙方在法場上所受的創痛，或許更勝於情感之創。但最終的正義仍須由法官評定出，雖法官利用卓越的經驗法則評定兩造紛爭，但是否真正使得兩造信服，仍有爭議。因法場一戰，敗者一方不免悵然，勝者的喜悅，也僅有宣判當時，無法由衷。

男女之情，是永無法詮索的迷惑，法律功能僅為詮釋，以及解決一時的紛爭，但情感交會的迷離，或許永無法破解的難題。

車禍與民事索賠的問題

Chapter 4

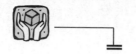

概說

　　車禍問題可能是現代社會中令國民最為困擾的課題，自從發生碰撞的一刻起，許多法律關係因此產生。即使不曾發生碰撞，在現行法令的規定下，凡是酒測超過標準者，就會被警察移送法辦，由檢察官以公共危險罪起訴，並由法官宣判。因此即使沒有發生碰撞，只要喝酒後駕車，還是會惹上官司。

　　車禍後的現場，不外乎幾種場面。如傷亡情形較輕時，多可見到當事人互相指著鼻子大罵，如傷亡情形較重時，當事人一造已畏罪潛逃，另一造正倒在血泊中和死神作拉鋸戰。總之，車禍的發生，總令人感到不愉快。或許交通事故的發生就已具有令人無法愉快的本質，但如用適切的法律使不幸做個總結，或許能彌補當事人之間的不快。

　　一般實務上的運用，關於車禍發生時，可概分為刑事責任（故意犯、過失犯、刑的加重及減輕），以及車禍的民事責任賠償範圍（傷害事故、死亡事故）二大部分探討[1]

　　刑事責任方面，共分為「故意犯」、「過失犯」、「刑的加重及減輕」三大部分探討之：

1.社團法人宜蘭縣車禍受難者關懷協會，http://www.care119.org.tw/，2002年7月10日造訪。

故意犯

故意致人於死

§271條殺人罪：殺人者，處死刑、無期徒刑或十年以上有期徒刑。

故意致人於傷

§277條傷害罪：傷害人之身體或健康者，處三年以下有期徒刑、拘役或一千元以下罰金。

§278條重傷罪：使人受重傷者，處五年以上十二年以下有期徒刑。

故意毀損車輛

§354條毀損器物罪：毀棄、損壞前兩條以外之他人之物，或致令不堪用，足以生損害於公眾他人者，處二年以下有期徒刑、拘役或五百元以下罰金。

違背義務之遺棄罪

§294條第一項：對於無自救能力之人，依法令或契約應扶助、養育或保護，而遺棄之，或不為其生存所必要之扶助、養育或保護者，處六個月以上五年以下有期徒刑。

§294條第二項：因而致人於死者，處無期徒刑或七年以上有期徒刑，致重傷者，處三年以上十年以下有期徒刑。

服用藥物駕駛交通工具罪

§185條之三：服用毒品、麻醉藥品、酒類或其他類似之物，不能安全駕駛動力交通工具而駕駛者，處一年以下有期徒刑、拘役或三萬元以下之罰金。

肇事之遺棄罪

§185條之四：駕駛動力交通肇事，致人死傷而逃逸者，處六個月以上五年以下有期徒刑。

過失犯

過失致死罪

§276條第一項：因過失致人於死者，處二年以下有期徒刑、拘役或二千元以下罰金。

業務過失致死罪

§276條第二項：從事業務之人，因業務上之過失犯前項之罪者，處五年以下有期徒刑、拘役或三千元以下罰金。

過失傷害罪

§284條第一項前段：因過失傷害過人者，處六個月以下有期徒刑、拘役或五百元以下罰金。

過失傷害罪

§284條第一項後段：致重傷者，處一年以下有期徒刑、拘役或五百元以下罰金。

業務過失傷害罪

§284條第二項前段：從事業務之人，因業務上之過失傷害人者，處一年以下有期徒刑、拘役或一千元以下罰金。

業務過失傷害罪

§284條第二項後段：從事業務之人，因業務上之過失傷害人者，處三年以下有期徒刑、拘役或二仟元以下罰金。

　　易科罰金§41條：犯最重本刑為五年以下有期徒刑之罪，而受六個月以下有期徒刑或拘役之宣告，因身體、教育、職業或家庭之關係，執行顯有困難者，得以一元以上三元以下折算一日，易科罰金。

　　緩刑§74條：受二年以上有期徒刑、拘役或罰金之宣告，而有下列之情形之一，認為以暫不執行為適當者，得宣告二年以上五年以下之緩刑，其期間自裁判確定之日起算。

1.未曾受有期徒刑以上刑之宣告者。

2.前受有期徒刑以上刑之宣告，執行完畢或赦免後，五年以內未曾受有期徒刑以上刑之宣告者。

　　§276條之罪係非告訴乃論罪，§284條之罪係告訴乃論罪。

1.須經告訴權人告訴，檢察官始可偵查起訴，否則欠缺訴訟條件，如誤予起訴，法院應依§303條為不受理判決。

2.告訴權人：§232條：犯罪被害人得為告訴。§233條第一項：被害人之法定代理人或配偶得獨立告訴。同條第二項：被害人已死亡者，得由其配偶、直系血親、三親等內之旁系血親、二親等內之姻親或家長、家屬告訴。但告訴乃論之罪，不得與被害人明示之意思相反。§236條：告訴乃論之罪，無得為告訴之人或得為告訴之人不能行使告訴權者，該管檢察官得依利害關係人之聲請或依職權指定代行告訴人。

3.告訴期間：§237條第一項為告訴乃論之罪，其告訴應自得為告訴之人知悉犯人之時起，於六個月內為之。

4.撤回告訴：§238條第一項為告訴乃論之罪，告訴人於第一審辯論終結前，得撤回其告訴。

5.撤回告訴之效果：§238條第二項為撤回告訴之人，不得再行告訴。§322條為告訴或請求乃論之罪，已不得為告訴或請求者不得再行自訴。

刑的加重及減輕

道§86條第一項

汽車駕駛人，無駕駛執照駕車、酒醉駕車、吸食毒品或迷幻藥駕車、行駛人行道或行經行人穿越道不依規定讓行人先優先通行，因而致人受傷或死亡，依法應負刑事責任者，加重其刑二分之一。同條第二項為汽車駕駛人，在快車道依規定駕車行駛，因行人或慢車不依規定，擅自進入快車道，而致人受傷或死亡，依法應負刑事責任者，減輕其刑。

累犯

§47條為受有期徒刑之執行完畢，或受無期徒刑一部之執行而赦免後，五年內再犯有期徒刑以上之罪者，為累犯，加重期刑至二分之一。

自首

§62條對於未發覺之罪自首而受裁判者，減輕其刑，但有特別規定者，依其規定。

民事責任賠償範圍（傷害事故、死亡事故）二大部分探討：

傷害事故

醫療費用

包含救護車之費用與預估醫療費用。但須扣除：1.伙食費→損益相抵。2.診斷書費→與侵權行為無必然因果關係。3.國術館、私人診所無處方籤之費用。

停業之損失

被害人因傷而停止工作或停業時，所減少之收入(薪資)得請求，但須提出薪資扣繳憑單、綜合所得稅額證明、公司證明或營業報稅資料等作為審理之依據。但商人收入乃出於財產之運用，資本、機會皆為其要素，不能全部皆視為勞動能力之所得。（63台上1394判例）

增加生活上需要之費用

不以現已實際支出者為限，若將來必需支出之費，亦得請求。

§193條第一項：不法侵害他人之身體或健康者，對於被害人因此喪失或減少勞動能力或增加生活上之需要時，應負損害賠償責任。

1. 看護費：（58台上160判例）
2. 義肢、義齒、枴杖...。
3. 營養補品費：無醫師處方私自購買補品，不得請求。
4. 乘車前往醫院之交通費：非乘車前往醫院醫療不可者，以有租車憑証或收據者為限，才准請求。
5. 膳食費用—應損益相抵。
6. 因傷無法照顧家庭而僱人看家煮飯或照顧嬰兒所支出之費用。

喪失減少勞動能力

1、勞動能力是一部份或全部喪失，應參考醫事鑑定報告及被害人原有工作技能及工作性質，依心證認定。亦有由法院斟酌醫院診斷書、勞工保險條例傷害殘廢給付表（勞工保險條例§53條）、被害人原有教育、職業、再就業可能性等因素，自行認定之。

2、給付期：法院可命加害者一次給付(但須依霍夫曼公式扣減中間利息)亦可依聲請而分期支付，但須命加害人提出擔保。（§193條第二項）。

物之毀損

§196條：不法毀損他人之物者，應向被害人賠償其物因毀損所減少之價額。

77年第九次民議：物被毀損時，被害人除得依民法§196請求外並不排除民法§213條至§215條之適用，依民法§196請求賠償物被毀所減少之價額，得以修復費用為估定之標準，但以必要者為限(例如：修理材料以新品換舊品，應予折舊)。被害人如能証明其物因毀損所減少之價額，超過必要之修復費用時，就其差額，仍得請求賠償。

慰撫金

§195條第一項：不法侵害他人之身體、健康、名譽或自由、信用、隱私、貞操或不法侵害其他人格法益而情節重大者，被害人雖非財產上之損害，亦得請求賠償相當之金額。其核給之標準，仍應斟酌當事人兩者之身分、地位、資力、被害人或家屬受損害輕重、精神痛若之程度、加害人加害態樣及各種情形核定相當之數額。（51台上223判例）

死亡事故

殯葬費用：指入殮費費用與埋葬費用

§192條第一項：不法侵害他人致死者，對於支出殯葬費之人，應負損害賠償責任。以實際支出之必要費用為限。而必要費用之範圍則可能因被害人之身份、地位、生前經濟狀況及當地習俗而異。

生前支出之醫藥費用及因傷不能工作之停業損失

得由繼承人繼承之,如支出之人為無繼承權人,可依無因管理請求之。(67年第十四次民議)

扶養費

§192條第二項:被害人對於第三人負有法定扶養義務者,加害人對於該第三人亦應負損害賠償責任。

物之毀損

§196條:不法毀損他人之物者,應向被害人賠償其物因毀損所減少之價額。77年第九次民議:物被毀損時,被害人除得依民法196請求外並不排除民法213條至215條之適用,依民法196條請求賠償物被毀所減少之價額,得以修復費用為估定之標準,但以必要者為限(例如:修理材料以新品換舊品,應予折舊)。被害人如能証明其物因毀損所減少之價額,超過必要之修復費用時,就其差額,仍得請求賠償。得由繼承人繼承之。(67年第十四次民議)

慰撫金

§194條:不法侵害他人致死者,被害人之父母、子女(包括胎兒)及配偶,雖非財產上之損害,亦得請請求賠償責任。

以上是目前我國社團法人宜蘭縣車禍受難者關懷協會所整理出來的資料,但於學術方面,關於車禍的法律問題,可分為刑事、民事、行政等三方面來談。

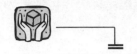

車禍的刑事問題

關於殺人罪的構成要件

　　首先關於「構成要件」與「構成要件該當性」的名詞說明如下：

　　刑法上關於犯罪與否的認定上，該行為必須符合該罪名在刑法典上行為態樣的要求，刑法上的這種要求就叫做構成要件（Tatbestand）[2]。換句話來說，構成要件為刑法分則各條所規定之各個犯罪行為之抽象要件，也就是犯罪成立之特別要件。形成要件之內容，應包括犯罪之主體，行為與客體三部分，例如：普通傷害罪，犯罪之主體為『傷害人之身體之人』；犯罪行為，為『傷害人之身體』；犯罪客體為『被害者』[3]。

　　構成要件該當性，即具體事實，與法律相符合之謂。構成要件該當性之態樣，自其實現構成要件內容之情形而言，如已完全實現構成要件所定之內容者，則為犯罪行為「既遂」，如已著手構成內容之實施，而未全完成部分之內容者，則為「未遂」，兩者均為構成要件該當性之型態[4]。

　　如以上述的概念，再來探討下列罪刑的規定：

2.林山田（2000年12月二版二刷），刑法各罪論上冊，頁157至頁160。
3.蘇嘉宏（八十五年），法學緒論，永然文化，頁322。
4.同註2。

關於刑法上之殺人罪之規定：「殺人者處死刑、無期徒刑或十年以上有期徒刑」（刑法第二百七十一條）。在此，關於人的意義我們可以參閱民法第六條之「人之權利能力始於出生，終於死亡」，因此，該當殺人罪的客體[5]，必須要是出生後，死亡之前的人[6]。

關於自然人的出生與死亡中，學術領域有下列說法，因關係到
人出生的時期在學術界定方面可分為四：

第一種說法是認為「從分娩開始，即母體有規律的陣痛時，就算是人的出生」。此說在界定上，人的範圍是最寬廣的，因為它把出生的始點提到最早，所以在一般科技發達的國家採用此種說法，以增加對生命權的保護。第二種說法認為，「只要是胎兒身體的一部份露出母體之外，就算是人」。第三種說法則是，「胎兒身體的全部露出時，始為出生」。

我國的通說見解認為，「胎兒能夠用自己的肺獨立呼吸時，就算是出生」，和其他三種說法比較之下，我國通說的界定，出生的始點挪到最後。

關於死亡的時間，有三種不同的界定方式。

第一種說法認為，「只要是心臟或脈搏的鼓動永久停止，就算是死亡」。第二種說法認為，「肺部的呼吸永久停止，就算是死亡」。另一說則為合併說，也就是將前述兩說合併採之。

5. 關於犯罪行為的客體，係為犯罪的行為客體（Handlungsobjet），也就是犯罪行為所攻擊、侵害的具體對象，包括被害的人或物，所以又可稱為是侵害客體（Angriffsobject）。請參閱林山田著，刑法通論上冊，2000年10月增訂七版，頁206至頁207。
6. 關於人的生命之開始與終止，請參閱林山田著，刑法各罪論上冊，2000年12月二版二刷，第頁20至頁34。

　　為配合目前醫學和生物科技發展、以及器官移植的時效性，些許先進國家（例如日本）認為，死亡的認定在於腦部機能停止運作，只要腦部永久停止運作就算是死亡。我國目前採上述第一種說法，認為心臟脈搏永久停止時才算是死亡。

　　再回到關於殺人罪的部分。殺人的行為，只要是能讓他人失去生命的手段就算是殺人。因此，不管是一刀斃命或者是中彈身亡，都算是殺人。因駕車肇事導致被害人死亡者，當然算是殺人。

關於過失致死罪構成要件的要求

　　過失致死罪係指因過失致人於死者（刑法第二百七十六條）。過失致死罪的行為態樣上並無任何的特殊要求，只要是因過失造成死亡結果者，即可成立本罪。

　　在行為客體上所要求的與殺人罪一樣是出生之後死亡之前的自然人；在行為主體上，除了刑法第二百七十六條第二項所規定因業務過失致人於死以外，並無任何特殊要求。

　　在此，針對「故意」與「過失」的刑法上規定作一個概念上的釐清：

在「故意」的情形

　　刑法第十二條第一項規定行為非出於故意或過失者，不罰。在關於「故意」的解釋方面，刑法第十三條第一項規定，「行為人對於構成犯罪之事實，明知有意使其發生者，為故意」。本項所規定者係直接故意[7]，即行為人對於犯罪事實的發生，具有知與欲。也就是，「直接故意」的意思是，行為人的主觀意識上對於構成要件事實的發生有所了解，並想要使該構成要件事實發生。

　　此外，刑法第十三條第二項中也規定了「未必故意」。「未必故意」是指，行為人對於構成要件事實的發生有所預見，並且其發生不違反行為人之本意，也就是行為人具有防止構成要件事實發生的義務，卻放任其發生。

在「過失」方面

原則上來說，刑法並不處罰過失犯，但例外的情形下，即刑法第十二條第一項規定過失行為之處罰以有特別規定者為限。

過失又分為「無認識之過失」與「有認識之過失」。

「無認識之過失」又叫做「無意識過失」。這是指行為人客觀上負有注意義務，而且有能力負擔該注意義務。反之，「有認識之過失」是，在主觀上毫無認識之情狀下，實現不法構成要件有認識之過失，又叫做「有意識之過失」。這是指行為人雖然認識其行為有實現不法構成要件之可能，但低估危險所會發生之可能，或高估自己的能力確信構成要件事實不可能發生，但是發生該結果而實現不法構成要件[8]。

關於傷害罪中過失傷害罪、重傷罪

傷害罪是傷害人的身體或健康

傷害罪的客體是「身體」或「健康」。所謂「身體」是指有生命的肉體；「健康」則是指身體強健的狀態傷害，也就是對身體為有形力的不法行使，而且必須有傷害人的主觀意識，最重要的是傷害罪還要求發生傷害的結果。

至於傷害的結果是指對於機能的減損或是身體的完整，在實務見解上，認為應該是採機能的減損，因為假如針對身體的完整性作規範，則傷害罪可能成立的範圍會無限制的擴張，所以採強調生理機能的見解。

7.見註2所揭書，頁212至頁221。
8.見註2所揭書，頁150至頁152。

重傷罪是指使人受重傷者

刑法第二百七十八條中，關於重傷之意義，必須參看刑法第十條第四項的規定：該項規定，毀敗一目或二目之視能；毀敗一耳或二耳之聽能；毀敗語能、味能或嗅能；毀敗一肢以上機能；毀敗生殖之機能；或其他於身體或健康有重大不治或難治之傷害。而所有使用傷害之行為，而引起上述各項重傷型態之結果者，都可能構成重傷罪。

刑法第二百八十四條規定，因過失傷害人者以及致重傷者，皆構成過失傷害罪罪，其他規定皆與傷害罪相同，二罪名僅在主觀構成要件上有所差異。

和解與判刑

大多數的交通事故發生後，當事人多數都能以和解方式解決[9]。

在判刑方面，一般實務當中，刑期多半是四個月到十二個月不等（在當事人兩造未發生死亡的情形下），其中又以六個月數量為最多；緩刑[10]的期間是二到四年不等，以緩刑三年為最多；惡性重大者，多數被判一年徒刑，緩刑四年；而酒醉肇事者，刑期類似。但又有研究報告指出，在交通事故中，肇事者與被害家屬達成和解者，均可得到緩刑的宣告[11]。也許這是因車禍肇事，惡性並未達到重大的地步，加上被害者家屬以及被害者之傷害已受到平復，故無須再課予肇事者過多刑責。

關於酒後駕車的現行規定[12]

　　刑法第一百八十五條之三規定，服用毒品、麻醉藥品、酒類或其他相類之物，不能安全駕駛動力交通工具而駕駛者，處一年以下有期徒刑拘役或三萬元以下罰金。

　　本條所謂不能安全駕駛動力交通工具，在認定上法院於審判時，必須依據個案判斷，並認定行為人於駕駛時是否得以安全駕駛，而非參考其他固定的數據或參考資料作標準。

　　但是目前實務上，在偵辦類似案件時，係以法務部於八十八年五月十日，邀集各部會開會決議之以呼氣後酒精濃度達每公升0.55毫克，即認為已達不能安全駕駛之標準；至於標準以下之行為，如果得以用其他客觀事實作為不能安全駕駛之判斷時，亦應以刑法第一百八十五條之三規定移送法辦。

　　所以，目前法院所偵辦的實務案件中，因酒後駕車而遭到宣判的案例裡，許多人都是因為小酌一番後開車上路，不幸的遭到攔檢，呼氣之酒精濃度超過每公升0.55毫克受到警方移送。

9.和解係指當事人兩造在法庭外私下調解，達成協係後，撤回告訴的法律行為。於前述所言，和解與否對於刑事部分的判決卻有相當大的影響，只要當事人進行和解，加害人在刑的宣判（刑事方面）上多半會宣告緩刑，萬一和解不成，受到緩刑的宣告機會相對降低。

10.緩刑是對犯罪行為之初犯者，暫緩刑之執行或猶豫刑之宣告，倘若在緩刑期間內行為人能潔身自愛而不再犯，則不再為罪的宣告。詳參閱林山田著，刑法通論下冊，2000年12月增訂七版，頁464至頁470。

11.請參閱曹顧齡著，交通事故業務及一般過失致死罪之探討─以台北地院刑事判決書為例，警學叢刊，第27卷5期，86年3月出版，頁37至頁57。

12.請參閱張麗卿著，酗酒駕車在交通往來中的抽象危險─評台北地方法院八十八年度北簡字第一四八四號等判決，月旦法學雜誌，第54期，1999年11月出版，頁173至頁180。

甚至有人因為喝了一口酒，或者服用某些藥物、健康食品，在酒測時超過法務部所訂頒之標準，而必須繳納三到五萬元不等的易科罰金，這麼一來，委實冤枉。

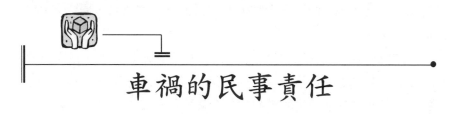

車禍的民事責任

關於信賴原則的適用[13]

信賴原則是德國判例所形成的刑事上過失認定標準的法理，也就是，駕駛人因為認為其他交通關係人[14]也會遵守交通規則。但其他人卻在突發狀況發生時有所舉動，致使駕駛閃避不及或者是應變不及，而造成了交通事故。

信賴原則其實是為了要因應近代汽車機車行駛上速度加快，而且必須在運送過程或者其他具有時效性的活動擔負重要角色，以及一般大眾必須遵守交通規則的法理，期待一般社會大眾都能遵守交通規則並且採取適當行動，所以，將因為高速而產生的風險平均分攤給所有駕駛人。

在我國的實務見解上，雖然並不曾見到過明確說明適用信賴利益原則的判決，但是，曾出現過依據危險分配的法理，以及信賴原則所為者，例如最高法院在五十六年曾經做出的一號判決中，曾適用信賴原則，否定駕駛人的過失。

但信賴原則只能適用在因為駕駛人遵守交通規則，而且本身並沒有過失的情形，假如駕駛本身也有疏忽，應認為是過失相抵層面的問題，並不能以之主張過失責任的減免。

關於碰撞

前後車碰撞

通常情形下，後方車輛碰撞到前方車輛時，萬一發生事故，應該由後方車輛負責；但是在特殊情形，也有例外的由前方車輛負擔損害賠償責任。

例如：駕駛人為了檢查煞車是否完善，而在快車道上緊急踩煞車，但後方車輛因隨行在後而措手不及，致使追撞前車。在這種特殊情形發生時，二車碰撞的損害責任應由前車負擔。

直接碰撞與否

在一般情形，車輛如果沒有觸碰到被害人的身體，應該不構成過失；但是在後方車輛過於接近前方車輛，而使前方車輛駕駛因驚慌失措而跌倒受傷者，此時前方車輛的駕駛也應該負損害賠償的責任。

所以，車輛駕駛人因為駕駛時反常或不正的措施，而造成被害人受傷或死亡者，即使並未對被害人有身體上的直接接觸，有時亦應負過失責任。

13.請參閱黃榮堅，交通事故責任與容許信賴—評最高法院八十六年度台上字第二四六二號判決，月旦法學雜誌，第50期，1999年7月出版，頁178至頁189。

14.也就是其他在路上通行者，包括所有的駕駛人以及路上的行人。

侵權行爲損害賠償

　　侵權行爲的意義是對因故意、過失而遭到不法之侵害者，其被害者得向加害者對於因該項侵害所增加的支出請求損害賠償，而對被害者的損害加以填補[15]。

　　一般的侵權行爲案件中，侵權行爲的成立與否必須先檢視是否該當民法第一百八十四條關於侵權行爲的一般原則性規定，假如該當，再於民法第一百八十五條制一百九十一條之三的特別規定中找尋是否有足以適用者。

　　若無特別規定則適用第一百八十四條，若有所適用，則依據該特別規定。然而，在交通事故中，通常有民法第一百九十一條之二的適用。

　　民法第一百九十一條之二是針對動力車輛駕駛人責任作規範，本條是侵權行爲的特殊型規定。本條規定，汽車、機車或其他非依軌道行駛的動力車輛，在使用中加損害於他人者，駕駛人應賠償因此所生之損害，但於防止損害之發生已盡相當之注意者，不在此限。

　　同時，民法第一百九十一條之二中，要求行爲人即肇事駕駛必須使用非依軌道行駛的動力車輛，例如汽車、機車就算是此處所稱的動力車輛。而且必須是在使用動力車輛時造成損害的結果，意即受害者生命、身體或財產上的損失，須是因使用動力車輛而造成；並使用該動力車輛的行爲與損害結果的發生，必須具有相當因果關係。

　　且該侵害行爲必須是不法行爲，也就是沒有任何阻卻違法事由[16]存在，重要的是行爲人必須具有責任能力，也就是行爲人必須是年滿二十歲，有能力負擔侵權行爲損害賠償責任的成人，然而在行爲人主觀上，也要求必須具有故意或過失。

侵害生命權的損害賠償範圍

　　民法第一百九十二條第一項關於侵害生命權的損害賠償中規定：不法侵害他人致死者，對於支出醫療及增加生活上需要之費用，或殯葬費之人亦應負損害賠償責任。

　　在這方面的規定中，賦予加害者必須對生命權遭到侵害之被害人負擔損害賠償的責任，而且賠償範圍包括了一切在發生侵權行為後所增加之費用，殯葬費用也包括在內。上述的損害賠償請求權人，是被害人的家屬，此種請求權是財產上的請求權[17]，並不是非財產上的請求權。

　　民法第一百九十二條第二項規定：「被害人對於第三人負有法定扶養義務者，加害人對於該第三人亦應負損害賠償責任。」本項的規定中，請求權人是被害人對其負有法定扶養義務者，例如被害人之妻子、兒女或者父母，因為被害人對其負有扶養的義務，卻因為加害者對其生命上的侵害，致使其不能受到扶養，所以將此扶養的責任轉嫁給加害者，由其負擔該義務。

　　此外，對於被害人之父母、子女及配偶尚有非財產上的損害賠償請求權，這一項請求權是規定在民法第一百九十四條，該條規定不法他人致死者，被害人之父母子女及配偶雖非財產上之損害，亦得請求賠償相當之金額。

　　這是因為被害者與其親屬間基於一定的血緣關係，內心在親屬死亡時會產生的痛苦，例外賦予其該項請求權。

15. 詳請參閱邱聰智（中華民國八十九年九月），新訂民法債邊通則上冊，頁149至頁153。

16. 在民法的規定中，阻卻違法事由是指權利遭到不法侵害而情況急迫時法律例外允許權利人的自力救濟。其中包括民法第一百四十九條的正當防衛，第一百無十條的緊急避難，以及第一百五十一條的自助行為三種。詳請見施啓揚著，民法總則，八十九年四月增訂九版，頁396至頁405。

17. 財產上的損害賠償請求權得以由被害者之繼承人繼承，而向加害者請求，但非財產上的損害賠償請求權，多具有一身專屬性，不得由被害者之繼承人繼承。

侵害身體健康的損害賠償範圍

民法第一百九十三條第一項規定：「不法侵害他人之身體或健康者，對於被害人因此喪失或減少勞動能力或增加生活上之需要時，應負損害賠償責任。」本條規定，適用對象當然是遭受到侵權行為侵害者，並且其為身體健康有受到侵害，並非死亡者，例如受傷或生病。

在這種情形發生時，被害者往往必須就醫治療，治療過程中所支付的必要費用，例如：包紮或者門診的掛號費，在這個部分得以向加害者請求賠償，但是其他非必要的部分，例如購買營養品，則不能請求。

在治療的過程中，有的人因為傷勢嚴重而無法繼續工作；關於無法工作而造成的損失，加害者必須負擔，例如：未受傷時被害者每天工作所得為新台幣二千元，但在治療的過程中，受害者有三十天未能出門工作，加害者必須賠償該部分新台幣六萬元的損失。

此外，關於生活上需要的增加，例如：因侵害行為而造成肢體傷殘，治療後，仍必須使用助行器，在助行器的支出亦得請求賠償。

對於財物損失的賠償的範圍

民法第一百九十六規定：「不法毀損他人之物者，被害人得請求賠償其物因毀損而減少之價額。」關於本條的適用，也必須是在侵權行為成立的情形下，方有適用的餘地，例如：某甲在侵入某乙家時，為了進入，而將乙家的玻璃打破、門鎖撬壞，某甲得向某乙請求賠償玻璃及門鎖的損失。

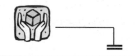

車禍的行政責任

交通管理處罰條例中涉及之條文

汽車部分

對於相關規定的修正，在民國九十年一月十七日增訂道路交通管理處罰條例第三十條之一，以及修正第三十條。

本條例第三十一條第一項規定：汽車行駛於道路上，其駕駛人或前座乘客未繫安全帶者，處駕駛人新台幣一千五百元罰鍰。

第三十一條之一第一項規定，汽車駕駛人於行駛道路時，使用手持式行動電話進行撥接或通話者，處新台幣三千元罰鍰。

本條例第三十五條為酒精檢測之相關規定。

本條第一項規定汽車駕駛人之測試檢定標準，酒精濃度超過規定標準，以及吸食毒品、迷幻藥、麻醉藥品及其相類似之管制藥品者，處新台幣一萬五千元以上，六萬元以下罰鍰；並當場禁止其駕駛，及吊扣駕照一年；因而肇事致人受傷者，並吊扣其駕照兩年，致人重傷或死亡者，吊銷其駕駛執照，並不得再考領。

本條例第三十五條第二項，是再犯的規定。其規定在前項所規定吊扣期間而有再犯之情形者，處新台幣六萬元之罰鍰，並吊銷其駕照；如肇事致人重傷或死亡者，吊銷其駕照，並不得再考領。

本條例第三十五條第三項，規定拒絕接受酒精測試之行政責任。拒絕酒測者，必須處新台幣六萬元罰鍰並吊銷其駕駛執照。

本條例第三十五條第四項，是拒絕接受酒精測試之處理。萬一駕駛拒絕接受測試，應由交通警察或依法令執行交通稽查任務之人員將其強制移由受委託之醫療或檢驗機構，並強制對其實施血液或其他檢體之採樣及測試檢定。

本條例第六十二條係駕駛人肇事後處理不當之處罰。本條第一項規定要求駕駛人肇事致人受傷或死亡時，應馬上採取救護或其他的必要措施，並向警察機關報告；最重要的是，不得駛離現場；違者吊扣其駕照三個月至六個月，逃逸者吊銷其駕照。

機車部分

本條例第三十一條之一第二項規定，機器腳踏車駕駛人行駛於道路上時，使用手持式行動電話進行撥接或通話者，處新台幣一千元罰鍰。

本條例第七十四條第一款規定，慢車駕駛人不服從執行交通警察指揮，或不依標誌、標線、號誌之指示者，處一百元以上二百元以下罰鍰，或施一至二小時之交通安全講習。

案例解析

案例

小明平日愛騎快車，還經常因為沒戴安全帽被警察開罰單。某日，他突然心血來潮在回家的路上放慢速度，卻因為闖了紅燈遭到一名酒後駕車的駕駛迎面撞上。車禍發生後小明當場死亡，而搭他順風車的同學也因為重傷在醫院加護病房住了十天，機車全毀。

案例解析

就刑事處罰規定作爲討論

是否具有殺人罪的適用餘地作爲探討

本案例中，小明遭到一位駕駛衝撞而死亡，在行爲客體上，因爲小明是一個出生以後，死亡以前的人，所以他完全符合殺人罪中客體的要求。小明在遭到衝撞之後死亡，所以該駕駛衝撞小明的行爲算是殺人的行爲。

但是，在殺人罪中還要求必須具有殺人的故意，即實現殺人罪構成要件的故意，但在本案例中，並未出現類似字樣，故推定該駕駛不具有殺人故意，故本案例事實中，並無殺人罪的適用餘地。

至於小明闖紅燈以致遭到衝撞，因爲被害者本身有無過失並不在於本罪構成要件中有所要求，所以小明的過失行爲並不影響到本罪構成要件的該當，至多在刑度的判斷上有所影響。

衝撞小明的駕駛，因爲酒後駕車而肇事，因爲行爲人本身的精神狀態並不在本罪構成要件要求的範圍，所以不予論述。

關於過失致死罪方面的探討

在本案例事實中，依據上開關於殺人罪部分的論述，我們可得而知該駕駛衝撞小明的行爲該當殺人罪的客觀構成要件，但是因爲主觀構成要件的不該當，所以不該當殺人罪，然而卻在過失致人於死的情形，也許會有不同的結果。

在一般的情形下，駕駛必須負有注意義務，也就是必須在路面上安全的駕駛，而不造成他人生命身體財產上的損失。然而在本案例事實中，該駕駛因酒後駕車使自己陷於無法安全駕駛的情形，所以對於安全駕駛的注意義務有所違反，故推定其對於肇事具有有認識之過失。

關於過失傷害罪、重傷罪

在本案例事實中，該名搭小明便車的同學與小明同時受到該駕駛的衝撞，所以兩者間所遭受到侵害的行為態樣相同，但是該同學僅受重傷，並在加護病房治療，出院後並無發生其他關於器官機能減損的結果，所以，在重傷害的成立並無可能。關於過失傷害罪的成立，因為該駕駛對於注意義務的違反，再加上傷害的行為故有成立的餘地。

關於酒後駕車的部分

在本案例中，該肇事駕駛因為酒後駕車，依據現行的標準，假如在肇事後，接受警察酒精檢測的結果超過標準值，則其有成立刑法第一百八十五條之三的可能。

關於民事方面的評析

關於信賴原則

本案例中，小明闖紅燈而被該駕駛衝撞，原則上來說，因為他不遵守交通規則，所以衝撞他那位駕駛，原則上應該有信賴原則的適用，而得以免除責任。

但是該名駕駛本身已經酒後駕車，所以對他來說，基本上應該不能主張信賴原則而免除責任，充其量只能主張小明本身也有過失，兩人間因為過失相抵而降低損害賠償的額度。

關於追撞、碰撞的問題

在本案例中，因為，小明是受到該駕駛的迎面撞擊，在損害賠償責任的歸屬很清楚明確的應由該駕駛負擔，對於前後車碰撞或者是間接碰撞都沒有適用的可能。

關於侵權行為

在本案例中，小明遭到該酒後駕駛的衝撞，該駕駛是駕駛汽車而肇事，所以他是使用非依軌道行駛的動力車輛；而且他的行為造成小明的死亡以及小明同學嚴重的傷勢，已經顯然的對於受害者的生命身體造成了損失。

更何況該損害是因爲加害者酒後過失而造成，具有相當因果關係[18]。

還是因駕駛本身之過失而造成，且無正當防衛或者緊急避難的阻卻違法事由可阻卻其違法性而免責，所以該駕駛之行爲應該當民法第一百九十一條之二的規定，必須負擔動力車輛駕駛人之侵權行爲損害賠償責任。

侵害生命權的損害賠償範圍

在本案例中，小明車禍當場死亡，依據上述關於侵權行爲構成要件的部分，我們可得而知，該行爲已經構成了不法侵害他人致死的行爲，所以該駕駛對小明的家屬必須負擔民法第一百九十二條以及第一百九十四條的損害賠償責任。

在民法第一百九十二條第一項的部分，因爲小明係當場死亡，所以對於醫療以及增加生活上的必須費用者應該不存在；而對於殯葬費用方面，殯葬費用是指收殮及埋葬費用。

在實務見解上，認爲棺木以及屍體的處理費用，還有其他諸如壽衣、喪葬用品、以及誦經祭典的費用，都應包括在此範圍中。而對於這些項目所能請求的費用，並不能毫無限制的向加害者請求，而是必須以一般的標準請求之。

在民法第一百九十二條第二項，扶養費用損害賠償權的規定，因爲小明目前還是學生身分，就一般通常的情形來說，多半不具有任何需要扶養之長輩或家屬，故應無人得據本條規定而向加害者請求。

關於民法第一百九十四條之請求權，小明的父母得向該肇事駕駛請求賠償，是毫無疑問的。

18.相當因果關係係指該加害行爲在一般情形下，皆能發生損害結果的連鎖關係。詳請見邱聰智著，新定民法債編通則上冊，2000年9月新定一版一刷，第165頁至第168頁。

假如小明係由祖父、祖母扶養長大，雖然在法條規定上小明的祖父、祖母，並不具有非財產上的損害賠償請求權，但是基於該條之立法理由，係為保護基於一定血緣及身分關係者而作規定，故應有類推適用之可能，而得向加害者請求非財產上的損害賠償。

侵害身體健康的損害賠償的範圍

本案例中，搭乘小明順風車的同學，也因為該駕駛的衝撞而遭池魚之殃，在加護病房住了十天。

依據條文規定，他住院的費用以及出院後生活上需要的增加，該駕駛應負擔該部分支出。倘若該同學利用課餘時間打工貼補家用，則因為受傷期間未能打工而造成收入上減少者，該部分亦得請求駕駛的賠償。

在訴訟程序實際進行上，通常被害人在提起民事訴訟時，必須舉證其曾經有過的支出。為了訴訟上的便利，當事人在進行相關費用的支出時，最好保留收據或是發票，以供日後證明之用。

對於財物損失的賠償的範圍

在本案例中，車禍發生後，小明的機車全毀，故在前述事實已知侵權行為成立的大原則下，該駕駛必須賠償小明機車因損毀而減少之價額。

假如小明的機車經過修理還能使用，在實務上，多半由加害者負擔修繕費用；另一個方面說來，假如該機車已無修繕之可能，則加害人必須負擔該機車之現有價值，關於現有價值係為該機車折舊後之價值。

關於道路交通管理處罰條例中可能涉及之行政責任

本案例中之肇事駕駛，因其為酒後駕車，故其負有接受交通警察進行酒精檢測之義務；若在接受酒測後，其酒精濃度超過標準值，且因其已肇事，故其駕照會遭到吊銷，並且不得考領。

在肇事後其負有妥善處理之義務，即對被害人採取救護或其他必要措施，且向警察機關報告，並不得離開現場。

　　萬一其在開車過程中亦有使用手持式行動電話，或未繫安全帶之行為，則必須連帶接受處罰。萬一不服舉發之事實者，應提出陳述並聽候裁決。

　　小明違規闖紅燈，已觸犯道路交通管理處罰條例之規定，故亦須負擔行政責任。

結論

　　國內交通的亂象，於國際社會當中，已蔚為奇觀。造成台灣高車禍死亡率的原因除了駕駛人守法能力太差外，主要是政府的公權力不彰及交通、車禍與道路相關法規、制度、組織的不健全。政府未嚴格取締交通違法如酒醉及超速，道路經常開挖、凹凸不平，交通工程草率形成危險路段，政府交通宣導不夠等；另外交通罰則太輕，車禍現場採證制度不健全，車禍鑑定制度缺乏專業及公正性，車禍過失致人於死傷刑法過輕，車禍民事賠償金額過低......等等因素，都直接或間接造成高車禍死傷率。

　　車禍事故後，政府制度及組織的不當處理，如警方現場採證不足、緊急醫療救護不夠專業、車禍鑑定制度欠缺公正及專業、車禍肇事者法律制裁過輕、司法審判的不公等等，更對受難者家屬形成二次、三次傷害。民眾的不守法加上整個車禍相關的法規制度都出了問題，造成了很多社會不幸，使得整體社會正義及公平都受到扭曲[19]。

　　若說法律是保護人的權益，但是此種權益的保護，是站在消極的報復手段。例如，刑法當中所規定的種種刑責，即是對於受害人一種報復的方式，民事法令中的賠償規定，也是歸屬於一種報復方

式。車禍與犯罪案件同樣，發生時都會讓許多幸福家庭頓時有破碎的可能，但較之犯罪，車禍的發生，無特定對象的選擇性，也就是一般人隨時都可能遭到受害。此種，恐遭受害的畏懼程度是較高於一般犯罪案件。

　　雖說法律的功能之一在於平復受害者內心的傷痛，因為法律中規定對於加害人的處罰規定，例如刑法中對於加害人禁錮，以及刑事法令中被害家屬精神上損害賠償請求權。但此些規定，是否意味著受害傷痛就此平復？相信這是無人可保證的。這或許是法律無法面面俱到的隱痛，因所謂的受害的痊癒，並非以鈔票的多寡來衡量的。

　　法律的制訂緣由經常是，一件不幸的事情發生爾後，為解決此種不幸再度發生，所以才有法的制訂。因此，在一個法律制訂之前，可以推察得知先前有許多不幸受害發生，才有後來公理（法律）的產生。因法皆有不溯其既往要件，先前受害的例子，其受害人也只有自我走出受害的陰霾。

　　雖說法是為處罰犯罪人而定，但是受害人在以往法令當中，可以說是被忽略的一群。目前司法制度的趨勢是朝向法律制訂與被害者學之兼顧，我國在近幾年亦制訂了「犯罪被害人保護法」。但「犯罪被害人保護法」的規定，仍是侷限於金錢賠償方式，關於被害後創傷痊癒方式，法律似乎無深入涉略，或許這也是法所無法觸及人性深層的一面。

　　目前酒醉駕車造成車禍例子許多，除了造成輪下冤魂無數外，也使許多人頓時喪失最親愛的家人，心中感到無限傷痛。在大肆談論車禍的刑民事罰則、賠償責任之餘，被害者學等相關「修復型司法」應優先考慮，如此才能真正保護弱勢受害人，被害人的權益才能依此得到真正的保護。

19. 同註1。

房屋租賃問題之初探

Chapter 5

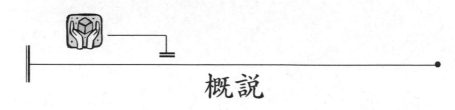

概說

　　租屋對於許多社會或大學的新鮮人來說，幾乎是人人必須面對的同一個課題，尤其大專學生年紀尚輕，加上自己隻身在外，對於一般社會上的陷阱懵懂無知，在人生地不熟的情形下，因租賃而引起的種種關係更值得重視。

　　大部分的大學都有宿舍不足的問題，在這種情形下，學子們不得不往外發展，而且，大多數同學都是在上大學後，才第一次面臨租賃的問題。在此時，常常發生大學新生在租屋時狀況頻頻，且面對因租賃而引起的種種困擾，也不知如何是好，再加上一些學長姐曾有過的不愉快的租屋經驗，以訛傳訛，常讓這些初次踏進租屋市場的新手們傷透腦筋。

　　遇見租屋的難題時，只有在暗處飲泣，並非是處理事情的好方法。應先了解在整個法律體系中，租賃關係是如何規定的？房東和房客間，具有什麼樣的權利義務？等等的基本常識後，或許租賃就不再是惱人的問題了。

租賃關係的發生

　　首先我們要先討論租賃關係發生的問題：

　　民法第四百二十條對租賃如此定義：租賃是指當事人約定一方以物租與他方使用收益，而他方支付租金之契約。而租金得以金錢充之。

　　也就是，所謂租賃契約，出租人與承租人約定，以出租人所有之房屋租與承租人，並取得租金的契約。

　　至於不動產之租賃契約其期間逾一年時，應以字據訂之，未以字據訂立者，視爲不定期限之租賃（民法第四百二十二條的規定）。本條文是指，超過一年的房屋租賃契約必須在訂立時有書面的約定，而萬一沒有用書面爲約定時，則視爲不定期的租約。此需要注意。

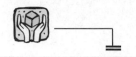

租賃關係的存續

出租人對租賃物的義務

出租人應以合於所約定使用、收益之租賃物，交付承租人，並於租賃關係存續中，保持其合於約定使用、收益之狀態（民法第四百二十三條）。

出租人交付給承租人的租賃物，也就是房東交付給房客的房屋，必須適合於租約履行，例如：房東與房客約定要租賃一棟五樓的花園別墅，房東交付給房客的房子必須是五樓的花園別墅。萬一房東交付給房客的屋子是一間公寓，或者是，所交付的別墅沒有花園，這都是違反民法第四百二十三條的規定，算是債務不履行的一種。

買賣不破租賃

關於買賣不破租賃這一項原則是指，在出租人將租賃物交付後，承租人佔有中，即使出租人將租賃物的所有權讓與他人，其租賃契約對受讓人而言，依舊存在（民法第四百二十五條）。也就是說，房東和房客訂立租賃契約，並且將租賃物交付給房客後，即使房東將租賃物賣給他人，該租賃契約在房客與新的屋主間，依然有效。但是，在未經法院公證的租賃契約，而且其租賃期間超過五

年，或者未定租賃期限時，該種契約不具有買賣不破租賃原則的適用。

出租人之納稅義務

出租人與承租人間，假如在事先未有約定的情形下，常會為了一些因為房屋所引起的開銷產生爭議，引起房東與房客間的不快。

為了解決這項爭議，民法第四百二十七條規定，就租賃物應納之一切稅捐，由出租人負擔。用法律的方式，明文規定由房東負擔房屋所生之一切稅捐，例如：土地稅、房屋稅，該部分應由房東負擔。但若是租賃他人的房屋以作為營業之用時，關於營業稅、貨物稅的繳納，則應由房客負擔。因為此類稅金並不是因為該房屋的存在所生，而是基於承租人的營業產生，所以，應由承租人繳納該部分的稅金。

出租人之修繕義務

房東和房客間在租賃關係存續中，容易產生爭端的事由之一是在房屋產生毀損的時候。在這種情形發生時，一般說來，有的狀況則是會雙方在事前約定，萬一發生損毀時，應由房東或房客負責修繕。如出租人和承租人間未曾在事先有所約定，而且，在租賃契約發生地不曾有對於類似事件的習慣時，民法第四百二十九條規定，該修繕費用由出租人負擔，也就是說，房東必須負責對房屋的損壞進行修繕。

然而，法律在對出租人課予義務的同時，也對承租人課予一項義務，承租人必須忍受出租人對於保存租賃物的必要行為（民法第四百二十九條第二項）。簡單的說來，當出租人要對作為租賃標的

的房屋進行修繕等保存租賃物價值的行為時，承租人不得拒絕出租人進行該項行為。

在租賃關係存續中，假如該租賃物有修繕之必要時，如果應由出租人負擔修繕的義務，承租人可以定相當的期限，要求出租人修繕。承租人自行修繕的品質，應該以能恢復原來供使用收益的程度為限，承租人不可以照自己的意思做過份的修繕，為了避免雙方對修繕費用金額多少發生不必要的爭執或是費用舉證的困難，承租人修繕價額應合乎一般的交易行情，並保留各項費用單據。

當修繕完成以後，應盡快通知出租人修繕費金額，並表示有意抵付那期租金，同時附上費用單據影本，則將可使雙方的法律關係更明確，最好以存證信函通知，可防止不必要的紛爭。若出租人在期間內不盡其修繕義務，承租人為保障其權益得終止契約，或者是在自行修繕後，請求出租人負擔該部分之費用，萬一出租人依然不願意支付時，承租人得於租金中扣除之（民法第四百三十條）。

承租人的支出

承租人就租賃物所支出的有益費用，假如因而增加租賃物之價值時，如出租人知其情事而不曾做出反對的意思表示時，在租賃關係終止時，應償還其有益費用。但應償還之範圍，以其現存之增加價額為限（民法第四百三十一條第一項）。

民法第四百三十一條第一項之法條規定的意義主要在於，當房客為該房屋做一些增加房屋價值的工作物時，例如：加裝遮陽棚、在浴室安裝按摩浴缸、加裝冷氣........等，因為承租人的這些支出而使租賃物的價值增加，在安裝時房東知悉房客的行為，而不曾加以做出反對的意思表示，在租賃關係終止時，應依照終止時所存在的價值，返還承租人其價值。

此外，民法第四百三十一條第二項則規定，承租人就租賃物所增設的工作物得取回之，但應回復租賃物之原狀。也就是說，房客

加裝的冷氣在租賃關係結束時，得取回其所增設的工作物，例如：加裝的浴缸、冷氣，這些都可以拆下來帶走，但是，拆下來以後，如果原來在該位置裝有抽風機，或者原先是一面牆，則房客應該把原來的抽風機裝回去，或者是把牆補好，這是對法律房客的要求。

承租人的保管義務

承租人對其租賃物，應該以善良管理人[1]的姿態盡其保管義務（民法第四百三十二條）。

究竟何謂善良管理人義務？簡單的說來，就是用保管自己物品的態度，以及注意，對於他人因一定事由而交付的物品進行保管、照顧。

房客對於所租賃的房屋，必須如同自己所有的房屋般的保管，不可以蓄意破壞，或者是其他侵害該房屋完整性，或減損其價值的行為。

若承租人違反前所述善良管理人的保管義務，最後導致租賃物毀損、滅失時，承租人必須負擔損害賠償責任；若依照約定之方法使用，卻導致租賃物有變更或毀損時，仍應由出租人負損害賠償責任（民法第四百三十二條第二項）。也就是說，因為房客的故意或過失，而違反其善良管理人的保管注意義務，造成租賃物毀損或滅失時，應由房客負擔該項賠償義務；但是，房客在盡其善良管理人之注意義務後，仍無法避免造成損害結果時，依然由房東負損害賠償義務。

1. 參閱邱聰智著，新訂民法債編總論上冊，2000年9月新訂一版一刷，頁173至頁176。

租賃物的損害

　　民法第四百三十三條規定，在租賃關係存續中，如果是因為承租人的同居人，或因承租人允許為使用收益之第三人，基於其應負責之事由而造成租賃物毀損、滅失時，應由承租人負擔損害賠償之責。

　　簡單的說來，與房客同住的同居人，或者是房客的同學、朋友、家人，經過房客的允許，而使用其租賃的房屋，此時，雖然不是房客本身的過失，但是為求法律關係的簡單與清楚，就由房客負損害賠償責任；至於該行為人所造成的損害，房客可以依照不當得利[2]向其請求賠償。

　　民法第四百三十四條規定，倘若在租賃關係存續中發生火警，如果是因為承租人的重大過失而導致租賃物毀損或滅失，承租人必須對出租人負損害賠償責任。在租賃關係存續中，房客因為抽煙或是使用電器而造成失火的結果，如果房客還因為重大過失而使災害發生，此時，由房客負損害賠償責任。相反的，如果火勢是因為鄰居的房屋著火而延燒，則該損害應由房東負擔。

　　當租賃物有修繕之必要，且應由出租人負擔時，例如：屋頂漏水、牆壁有裂縫………等情形；或者因防止危害有設備之必要，或第三人就租賃物主張權利時，例如：為了避雷而加裝避雷針、第三人主張該房屋為其所有，則房客就負有向房東通知之義務。萬一承租人不為此項通知，而致出租人不能為即時之救濟時，應賠償出租人因此而生之損害。例如：租賃之標的屋頂漏水，承租人未即時通知出租人，最後導致該標的的原木地板完全泡水，則因完全泡水而生之損害應由房客負擔。

2..詳請見註一所揭書，第104頁至第115頁。

租金

　　關於租金支付的時間點，一般說來，通常在租賃契約締結時就會有所約定，在這種情形下，承租人就負有依其約定之期間交付租金與出租人之義務。

　　契約訂定時，若未曾就租金給付的時間點作約定，應在租賃期間屆滿時支付其租金。如租金為分期給付者，則在每期期間屆滿時給付（民法第四百三十九條）。

　　承租人對於其應給付的租金遲延給付時，依照民法第四百四十條的規定，如果租賃的標的為房屋，在遲付租金的總額已達兩個月以上的情況下，出租人得定相當期限，催告承租人支付租金，萬一承租人在該期限內仍不為支付，出租人得終止契約。因此，容易丟三忘四的人要小心了！如果在房子租金的繳納時間屆至後，超過兩個月還未繳，房東要求在某特定時間內應補繳又未繳，這種情形下，房東是可以把這種房客趕出門的。

　　有的房東常會調整房租，最後，房客因無法負擔高額的租金，只好另覓吉屋。然而，依照民法第四百四十二條的規定，租賃物為不動產時，因其價值的升降，當事人得聲請法院調整其租金，但租賃定有期間者，不在此限。也就是說，如果房東和房客間的租約未定期限，房東或房客的其中一方可以因地價的升降，或房屋價值的漲跌，聲請法院調整其租金。

　　在租賃關係存續中，依據民法第四百三十五條，因不可歸責於承租人之事由，導致租賃物之一部份滅失者，承租人得按滅失的部分，向出租人請求減少租金；甚至，承租人就其存於部分不能達租賃之目的者，得終止契約。

　　但是再配合民法第四百四十一條關於不得減免租金的規定，承租人若因為自己之事由，致不能為租賃物之全部或一部為使用收益時，不得減免其支付租金之義務。

轉租

　　有的房客為了要省點房租，所以當起了二房東（也就是把租來的房子一部份再轉租出去，或是租約未到期，就已經覓得新屋，原來租的房子就再租給其他同學朋友）。但實際上依民法第四百四十三條的規定，原則上，未經出租人同意將房屋轉租，出租人可以將契約終止的。依據該條規定，承租人非經出租人承諾，不得將租賃物轉租於他人；但租賃物為房屋者，除有反對之約定外，承租人得將其一部份轉租於他人。

　　簡單的說來，當二房東並非不可，而是將其範圍限定在將該租賃物的一部份轉租出去，而且是在契約締結時，出租人與承租人間，並沒有禁止將該租賃物轉租於他人的約定。所以，租的房子房間太多，用不完時，可以把用不完的部分轉租給其他適合的人；但是，萬一是在租約未到期的情形下，將承租物整個整個轉租給他人時，出租人得將契約終止。

　　或許有人會產生一種疑問，在轉租的情形下，出租人與原來的承租人，是否還具有法律關係？

　　依據民法第四百四十條對於轉租效力的規定，承租人如果依照民法第四百四十四條的規定將房屋轉租給他人，承租人與出租人間的租賃關係仍為繼續。因此承租人應負責任之事由所生之損害，由次承租人負賠償責任。易言之，合法而有效的轉租，出租人和二個承租人發生租賃關係，也就是和出租人發生法律關係的承租人，包括二房東和二房東找來的房客，所以法律上就沒有二房東的稱謂存在，一律都是承租人。

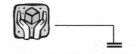

公寓大廈管理條例[3]

公寓大廈管理條例概說

　　為因應我國從獨門獨戶到公寓群居之新型居住型態，立法院特別在民國八十四年六月制定了公寓大廈管理條例，並在八十九年四月修正了第二條。

　　公寓大廈管理條例中之幾項特別的立法原則，主要是將敦親睦鄰法律化，用法律的方式，明文規定要求住戶們必須敦親睦鄰；以及，管理組織民主化，在公寓大廈管理條例中，明文規定在每一個公寓大廈中，住戶們應成立管理組織，也就是管理委員會。

　　此外，最特別的是將私法關係行政化和罰責化。公寓大廈住戶間主要會發生的關係是私法關係，也就是人民與人民間的關係，而不是人民和政府間的關係。

　　在公寓大廈管理條例第四十條規定：「依本條例所處之罰鍰，經通知限期繳納，屆期仍不繳納者，移送法院強制執行。」一般說來，罰鍰是行政罰，例如：違規停車、超速的罰鍰就是行政罰，在公寓大廈這種私人間的關係，卻有行政機關的介入，以及罰責的訂立，也算是立法上的一大改變。

3.關於公寓大廈管理條例部分，詳請參見王澤鑑著，民法物權（1）通則、所有權，2001年4月修定版，頁245至頁280。

　　顧名思義，公寓大廈管理條例所管理的就是公寓大廈，在該條例第三條第一款中定義的公寓大廈是指：「構造上或使用上或在建築執照設計圖圖樣標有明確界線，得區分為數部分之建築物，及其基地。」凡是這一類型的房屋，都會受到公寓大廈管理條例的規制。

　　公寓大廈的管理機關，在該條例第二條中有明確說明，公寓大廈的主管機關，在中央是內政部，直轄市是直轄市政府，縣市則為縣市政府。

住戶的義務

　　依據公寓大廈管理條例第六條的規定住戶在維修修繕專有部分約定專用部份或行使其權利時，不得妨害其他住戶之安寧、安全及衛生。例如：住戶某甲再重新裝潢時，不可以故意在半夜鋸木頭，讓其他住戶無法休息，或者，把垃圾堆在走道上，妨害其他住戶的出入，並有礙觀瞻。

　　其他住戶為了要修繕維護專有部分或設施管線，而必須進入其專有部分或約定專有部分時，不得拒絕進入，但是，進入或使用它人之專有部份或約定專有部分時，必須用損害最小的方法或處所為之。

　　例如：為了要抓屋頂的漏水，而請求樓上住戶某特定房間的地板讓他進行工程，但是，如果只需要打一間房間的地板，就不能超過一個房間，並且，因打地板所造成的損失，必須負損害賠償責任。

　　管理負責人或管理委員會因維護、修繕共用部份或設置管線，必須進入或使用其專有部份或約定專有部分時，不得拒絕。以上三項住戶的義務，如果經過協調仍不履行時，得按其性質向主管機關或訴請法院為必要之處置。

公寓大廈之周圍上、下外牆面，樓頂平台及防空避難室，非經法令規定或經所有權人會議之決議，不得有變更構造、顏色、使用目的、設置廣告物。違反此規定者，管理負責人應予制止，並報請主管機規處以罰鍰，罰鍰後住戶應在一個月內，予以回復原狀。

此外，住戶不得任意棄置垃圾，排放各種污染物、惡臭物質，或發生喧囂、震動及其他與此相類似之物質。住戶亦不得於防火巷、防火間隔、樓梯間共同走廊避難設備等場所堆置雜物設置柵欄門扇等營業使用，或違規設置廣告物，或私設路障及停車位侵占巷道妨礙出入。

關於飼養寵物的問題也是經常發生。住戶飼養動物時不得妨礙公共衛生、公共安寧及公共安全，但法令或規約另有禁止飼養之規定時，從其規定住戶違反此規定時，管理負責人或管理委員會應予制止，或按規約處理，必要時得報請地方主管機關處理。

住戶於公寓大廈內依法經營餐飲、瓦斯、電焊，或其他危險營業或存放有爆炸性或易燃性物品者，應依中央主管機關所定保險金額投保公共意外責任險，其因此增加其他住戶投保火災保險之保險業者，並應就其差額負補償責任。

投保公共意外責任險經催告於七日內仍未辦理者，管理負責人或管理委員會應代爲投保，其保險費差額補償費及其他費用由該住戶負擔。

管理委員會

依據公寓大廈管理條例第一條的規定，管理委員會是指住戶爲了執行其區分所有權人會議[4]決議的事項，以及公寓大廈管理維護工作而由住戶間互選若干管理委員之管理組織。

至於管理負責人，則是指未成立管理委員會由區分所有權人及住戶[5]互推一人爲負責管理公寓大廈事務者。管理負責人及管理委

員會，兩者之間所負責的任期皆爲一年，而連選得連任。且管理委員會及管理負責人所應執行的職務皆爲相同。

管理委員會的職務包括：共有[6]及共用[7]部分之清潔、維護、修繕及一般改良，簡單的說，就是維護共有及共用部分的機能，而使其得以正常使用；住戶違反應遵守事項之協調；住戶共同事務應興革之事項；住戶違規情事之制止及相關資料之提供。

收益公共基金及其他經費之收支保管及運用；區分所有權人會議決議事項之執行；規約、會議記錄、使用執照謄本、竣工圖說及有關文件之保管；管理服務人之委任僱傭及監督；會計報告、結算報告及其他管理事項之提出及公告；其他管理規約[8]所定，管理委員會所應執行之事項。

此外，管理委員會應向區分所有權人會議負責，並向其報告管理委員會會務。

4. 區分所有是指，由數人區分依建築物而各有其專有部分，並就其共用部分，按其應有部分有所有權。易言之就是指公寓大廈的住戶。
而區分所有權人會議則是指，在公寓大廈中，由各區分所有部分之所有人所組成，每年至少召開一次定期會議的管理組織。

5. 在公寓大廈管理條例第一條的規定中，住戶是指公寓大廈之區分所有權人、承租人或其他經區分所有權人同意而爲專有部分之使用人。

6. 共有部分是指公寓大廈的專有部分以外之其他部分，及不屬於專有部分之附屬建築物，而供共同使用者使用。

7. 共用部分則是指公寓大廈專有部分以外之其他部分，及不屬專有之附屬建築物，而供共同使用者。

8. 規約是指，公寓大廈區分所有人爲增進公共利益、確保良好生活環境，經區分所有權人會議決議之共同遵守事項。

公寓大廈的使用

專有部分

專有部分是指公寓大廈之全部或一部,具有使用上之獨立性,且為區分所有之標的者。就是指一個社區中的一棟獨棟樓房,或者是一棟公寓中的一間。

區分所有權人除法律另有限制外,對其專有部分得自由使用、收益、處分並排除他人干涉。也就是說,公寓的所有人可以將其產權自由買賣,或者是將其租賃與他人。

專有部分不得與其所屬建築物共用部分之應有部分,及其基地所有權或地上權之應有部分分離,而為移轉或設定負擔。簡單來說,專有部分的買賣必須和該建築物的共用部分,及基地所有權相互結合,例如:某甲要出售其所有之公寓一間,在產權的移轉時,必須附帶其基地之所有權,和其他的公共設施使用權。

區分所有權人對專有部分的利用,不得有妨害建築物之正常使用,以及違反區分所有權人共同利益之行為。例如:樓下的住戶為了要看星星,用鞭炮把天花板炸穿,這樣造成樓上住戶的地板不見,是妨害建築物的正常使用。

共用部分

各區分所有權人按其共有之應有部分比例,對建築物之共有部分及其基地有使用收益之權,但另有約定時,從其約定且住戶對其共有部分之使用,應依其設置目的及通常使用方法為之。

違反上述規定者,管理負責人[9]或管理委員會應予制止,並得按其性質請求各該主管機關或訴請法院為必要之處置,如有損害並得請求損害賠償。

也就是說,如果住戶在使用其公共設施時,用不當的方法,例如:只能乘坐二人的翹翹板,卻坐了十個人,造成翹翹板損壞時,管理負責人或管理委員會得向其請求損害賠償。

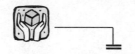

租賃關係的終止

承租人的契約中止權

在租賃關係存續中，如因租賃物有瑕疵，而危及承租人或其同居人之安全或健康，承租人雖於締約時已知該瑕疵，或已拋棄終止契約的權利，仍得終止其契約（民法第四百二十四條）。

簡單的說，房客承租的房屋如果有瑕疵，例如牆壁裂縫、地基鬆動的情形時，且對承租人或其同居人的居住安全產生危害，不論承租人已知其瑕疵，或者在契約締結時已用口頭或書面的方式，拋棄其終止契約的權利，房客仍然可以依此為由向出租人要求，終止該契約。

專有部分、約定專有部分之修繕、管理、維護，由各該區分所有權人或約定專用部分之使用人為之，並負擔其費用。

共用部分、約定共用部分之修繕、管理、維護由管理負責人或管理委員會為之。其費用由公共基金支付或由區分所有權人按其共有之應有部分比例分擔之。其修繕費用係因可歸責於區分所有權人負擔。

上開所述，共用部分約定共用部分之管理維護費用，區分所有權人會議或規約另有規定者，從其規定。

共用部分及其相關設施之拆除、重大修繕或改良，應依區分所有權人會議之決議為之。而該費用由公共基金支付，或區分所有權人按其共有之應有部分比例負擔。

租約到期

租賃契約的期限不可超過二十年，超過二十年者，縮短爲二十年（民法第四百四十九條第一項）。

也就是說，A和B約定租賃甲屋直到南北韓統一的那天，但因依目前韓國的政治狀況，可能南北韓統一需要一段時間，因此，該租賃契約就自動縮短爲二十年，而不是遙遙無期一直存續，直到南北韓統一之日。

租賃契約定有期限時，其租賃關係於期限屆至時消滅。未定期限之租約，各當事人隨時終止其契約；但有利於承租人之習慣者，必須從其習慣。終止契約時，應依習慣先行對承租人通知，民法第四百五十條規定之。

例如：甲與乙訂立的租賃契約，其期限爲一年，在一年的期限屆至時，其契約就告終止，而且，在契約終止前，出租人必須告知承租人其契約即將到期。

但不動產之租金其支付以星期、半個月或一個月定期支付之期限者，出租人應以曆定星期、半個月或一個月之末日爲契約終止期，並應至少於一星期、半個月或一個月前通知之。

例如：某甲與某乙間訂立的契約，租金約定爲每個月支付，一年爲期，所以，在契約終止前一個月，出租人某甲必須通知承租人某乙契約即將到期。

然而，定有期限的租賃契約，如果在契約訂定時，約定當事人之一方在期限屆滿前得終止其契約者，其中一方在欲終止契約時，應依民法第四百五十條第三項之規定，先期通知他方（民法第四百五十三條）。

簡單的說，如甲乙訂立契約時，曾約定當事人之一方得在租賃契約期滿之前，終止該契約，則承租人某乙或出租人某甲，在欲提前終止該契約時，必須依照民法第四百五十三條的規定，若租金以一個月爲期計算時，在終止契約前一個月，通知他方當事人。

租賃關係終止的效力

租賃契約終止後，若出租人已預先受領契約終止後才到期的租金，出租人應返還該部分的價金（民法第四百五十四條）。

依此規定，只有可能發生在契約未到期前而終止，或者是，因承租人死亡而造成契約終止的結果，在因這二種事由而終止契約時，房東必須返還事先預收的租金。

在租賃契約終止後，承租人必須返還出租人租賃物（民法第四百五十五條）。

在該法條的規定中，則是要求承租人在租賃契約終止時，必須依照原先出租人交付的租賃物原狀返還給出租人。例如：原先出租人交付給承租人的有電視、冰箱、洗衣機，在租賃關係終止時，房客返還房東的租賃物中，必須將這三項物品完整無缺地還給出租人，物品不可以短少，也不能有所毀損。

租賃契約終止後，出租人得就租賃物所受之損害，向承租人請求賠償；承租人對於租賃物支出的有益費用，以及工作物取回的請求權有兩年的除斥期間。而兩年的期間在出租人方面，自租賃物返還時起算；就承租人而言，則是自租賃關係終止時起算（民法第四百五十七條）。

就房東而言，在租賃關係結束後，如果租賃物有所損害，例如：電視破一個洞、屋頂被鞭炮炸穿了……等，房東必須在租賃物返還後兩年內，向房客請求損害賠償，如果超過二年未加以請求，就不可向房客請求。

就房客而言，承租人就租賃物所支出的有益費用，因而增加租賃物之價值時，或者是對租賃物增設了工作物，例如：承租人對租賃物重新裝潢，或者是在頂樓加蓋了鐵皮屋…….等，在租賃契約結束後二年以內，若房客沒有向房東請求，房客就不能對房東請求。

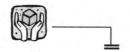

案例解析

案例

寧靜軒是小A、小B、小C和小D一起租賃的公寓。自與房東訂立契約起,大大小小的事令她們四人焦頭爛額,除了房東的契約令人難以理解,因訂契約當時房東說好要給她們廚具、窗簾、冷氣機、冰箱、電視、洗衣機,但在搬進去之後,卻是一間空蕩蕩的空殼屋,也就是只有牆壁、窗戶和隔間。小A四人對房東抗議,但房東卻說契約上並沒有說明要附上述家具,不肯給她們原本說好要給的家具。

小A四人因開學時間已迫在眉睫,又找不到適合的房子,於是只好硬著頭皮花了一筆錢搬入,等她們搬進去住之後發覺了種種不方便的地方,例如網路線都必須要自行設備,此外還必須加裝第四台,否則不能看到清楚的電視畫面。最令她們受不了的是,隔壁王太太加入了soho族,在家裡開始自己裁縫事業的第二春,就在房屋外牆上掛了一大排的招牌,除讓整棟公寓的外觀十分不雅外,也擋住了陽光,最後她們還是發動了管理委員會才讓王太太把招牌拆下來,處在公寓裡的寧靜軒,可真是不寧靜!

案例解析

　　小A等四人在外租屋而居，在其租賃開始時，其與房東的契約必須有書面的約定，在此書面約定中，必須將雙方之約定明確書寫在契約中，最好將該契約拿到法院的公證處公證（關於公證事項請參考以下參考資料）。

　　關於房屋租賃契約之公證的手續，可依照國內司法院的網頁資料參考之[10]：

　　關於公證程序是，房屋出租訂立書面契約，經過公證之後，對於承租人交還房屋，給付租金及違約金，出租人返還押租金等事項，不須訴訟就可請求法院強制執行。雙方權利獲得保障，糾紛也可避免，聲請手續如下：

1. 向各地方法院公證處服務台、聯合服務處或員工合作社購買公證請求書一份，每份新台幣（下同）二元。
2. 請求書的填寫方式：
    1. 填明請求人即出租人、承租人雙方（承租人覓有保證人時，填在承租人之後），姓名、年籍、身分證統一號碼及地址。
    2. 請求公證之法律行為或私權事實」欄內，僅須填寫「當事人間訂立房屋租賃契約，請求公證」。
    3. 「約定逕受強制執行」欄內，分別寫明需要強制執行的標的，「租賃期滿交還房屋」、「給付房租金及違約金」、「返還押租金」等。
    4. 最後由請求人雙方簽名蓋章，並記明年月日。
3. 請求書寫好後，交公證處收件登記，分由公證人辦理。
4. 請求人（保證人也是請求人）、代理人均應攜帶國民身分證及印章，出租人並要帶房屋稅單（須最近一期，並備影本一

10. 司法院網站，http://www.judicial.gov.tw/8-1-22.htm，2002年7月11日造訪。

分存卷）。請求人如係公司、商號或法人，請攜帶公司執照、營利事業登記證或法人登記證書（複印本亦可）、負責人身分證及印章，公司、商號或法人之印章。

5. 請求人（公司、商號、法人之負責人）本人不能到場，可以委任他人代理，但要提出經請求人本人簽章之授權書。授權書應以下列方式證明其真正：

　　1. 經公證人認證。

　　2. 經戶籍機關、警察機關、商會或當地村、里辦公室，或中華民國駐外館處或其他公務機關證明；如為外國證明文件，並得由該外國人本國駐中華民國館處證明。

　　3. 附具請求人本人，公司、商號或法人之印鑑證明書原本一份。

6. 所需租賃契約書，請求人如有自備至少攜帶三份，如未準備，可利用公證處印製的契約，每三份三元。

7. 依公證法第二十六條，公證法施行細則第十九條第五款規定，公證人認為必要時須至房屋所在地實際體驗。

8. 公證費用由公證人依法核定，附有強制執行效力之公證書，依公證法第六十條規定，應依作成公證書之費用，加倍徵收費用。

　　公證手續完成後，房東在將租賃物交給房客時，必須將在契約中約定的所有物品，合乎其效用的交給房客，原本說好要給她們廚具、窗簾、冷氣機、冰箱、電視、洗衣機，在搬進去時，房東就必須將其約定好的所有物品，如數且符合使用品質的交給小A他們。

　　萬一，房東未將其如數的交給房客時，房客有權向房東要求交付，否則，可以向法院聲請要求房東履行契約。

　　鄰居王太太加入了soho族，在家裡開始自己裁縫事業的第二春，依據公寓大廈管理條例，如要在外牆上掛招牌，必須經過管理委員會的同意或主管機關的同意，但是王太太未經同意就將招牌掛上去，管理委員會有權將其拆除，並由住戶負擔拆除費用。

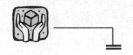

結論

　　隨著社會進步，人與人間的關係相形複雜，往昔農業社會之日出而做日入而息，自給自足的生活，幾乎在現代社會已是不可能。在人際關係複雜的社會中生存，除最基本的相互尊重，以及相互了解外，充分的了解在各式各樣的人際活動當中，有無法律規範的介入？最重要的是，是否有抵觸法律之事？因切身守法是人際互動中重要的一環，有這一環，才能在各個領域的人際互動中，都能輕鬆愉快。

　　在租賃的問題當中，房東與房客之間的關係，經常是因不當的法律詮釋，而發生了不愉快。尤其是目前各大專院校大肆招收學生，造成學校宿舍嚴重不足，學生在外租賃而居時，發生租賃方面的問題經常可見。

　　我曾在南部某一個私立科技大學任教，同時也擔任行政職的法律諮詢的工作。記得當時處理的學生法律糾紛問題當中，以租賃問題為多，其次則為車禍問題。

　　舉一個房東與房客衝突的例子來說，現代的學生較崇尚個人隱私，多數希望擁有自己的空間，不喜有陌生人擅自進入房間，即使是租賃之屋亦是如此，但有許多房東則是認為，雖然房屋出租，但房子的所有權仍是在自己本身，所以可隨自己意欲處理。在此點觀念的不一致之下，房東與房客的衝突極容易發生。此外，一些契約上的不一致，導致房東房客互相攻訐，甚至對簿公堂之事更是多不勝舉。

　　房東不希望碰到惡房客，房客沒有苛刻的房東，二者都不希望自己的權益受損。租賃關係會有最圓滿的經營，現在的法律已有契

約公證制度以及完善的法律規定來保障二者權利。但以另一個角度
來說，人與人相處，長久之下，有時亦會產生些許磨擦，但如能以
互相體諒的態度並熟知箇中法律的技巧來處理二者之磨擦，相戰法
場的尷尬，或許不會再有。

★ 參考資料

租賃契約書版本一　　　　崔媽媽版租賃契約書[11]

立契約書人：
　　出租人　　　　　　　　　　　　（以下簡稱為甲方）
　　承租人　　　　　　　　　　　　（以下簡稱為乙方）
茲因房屋租賃事件，雙方合意訂立契約，約款如下：
第一條：租賃標的所在地、使用範圍及使用目的
　　1.房屋座落：　　　　縣（市）　　　　鎮（鄉市區）　　　里鄰路（街）
　　　　　　段　　巷　　弄　　　號　　　　樓
　　2.使用範圍：右述房屋全部＼房間　　間＼套房　　　間
　　3.使用目的：住家＼營業＼其他（　　　　　　　　　）
第二條：租賃期間
自民國　　年　　月　　日起至民國　　　年　　月　　　日止，計　　年月。
第三條：租金及押租金
　　1.租金每月新台幣（以下同）　　　　　　　元整。乙方應於每月日前給付甲方。
　　2.押租金　　　　　元整。
　　　乙方應於簽訂本約之同時給付甲方。甲方應於乙方返還房屋時無息退還乙方。
第四條：稅費
　　1.就本租賃物應納之一切稅費，如房屋稅、地價稅等，皆由甲方自行負擔。
　　2.租賃期間因使用本租賃物所產生之電費＼自來水費＼除另有約定外，應由乙方
　　　負擔。
第五條：轉租
未經甲方之同意，乙方不得將租賃權轉讓與第三人，亦不得將房屋轉租與第三人。
第六條：修繕及改裝
　　1.房屋因自然使用所產生之耗損而有修繕之必要時，應由甲方負責修繕，不得拖
　　　延。
　　2.乙方如有改裝設施之必要，應取得甲方之同意，但不得損害原有建築結構之安
　　　全。
第七條：房屋之使用
　　乙方不得將房屋供非法使用或存放危險物品影響，若造成甲方之損害，願負一切
責任。如租賃物所在地之公寓大廈住戶間就房屋及相關設施之使用有規約或其他決
議者，乙方亦應遵守之。
第八條：違約之效果
　　1.乙方積欠租金達兩個月以上，經甲方催告限期繳納仍不支付時，甲方得終止本
　　　租約。
　　2.乙方於終止租約經甲方定七日以上催告搬遷或租期屆滿已經甲方表示不再續
　　　約，而仍不交還房屋，自終止租約或租賃期滿之翌日起，乙方應給付甲方按房
　　　租貳倍計算之違約金。
第九條：租賃物之返還
　　租賃關係消滅時，乙方應即日將租賃房屋回復原狀遷空返還甲方，不得拖延。
如租賃房屋之改裝係經甲方之同意者，乙方得以現狀遷空返還。
第十條：管轄法院
　　如因本約所生紛爭，雙方同意以台灣地方法院為管轄法院。

第十一條：誠信原則

　　本約如有未盡事宜，雙方應本誠實信用原則，依民法等相關法令辦理。

第十二條：特別約定事項：（雙方得自行議訂之特別條款）

　　1.乙方得提前終止本約，但應於壹個月前通知甲方，並應另行給付甲方相當於個
　　　月之租金金額。

　　2.

　　3.

　　4.

恐口無憑，特立本契約書一式貳份，雙方各執乙份爲憑。

　　　　　　　　　　　　立契約書人：
　　　　　　　　　　　　甲方：
　　　　　　　　　　　　戶籍住址：
　　　　　　　　　　　　身份證號碼：
　　　　　　　　　　　　出生年月日：

　　　　　　　　　　　　乙方：
　　　　　　　　　　　　戶籍住址：
　　　　　　　　　　　　身份證號碼：
　　　　　　　　　　　　出生年月日：

　　中　　華　　民　　國　　　　年　　　　月　　　　日

注意事項：

1.本注意事項僅促請訂約雙方注意，並非本約之一部份，無約束雙方之效力。

2.訂約時務必詳審契約條文，由雙方簽名、蓋章或按手印，並寫明戶籍住址及身份證號
　碼，以免日後求償無門，請特別注意。

3.訂約時應先確定訂約者之身份，如身份證或駕照等身份證明文件之提示。如立契約書人
　有一方爲未成年人，應得法定代理人同意。

4.應注意房東是否爲屋主或二房東，可要求房東提示產權證明如所有權狀、登記簿謄本或
　原租賃契約（應注意其租賃期間有無禁止轉租之約定）。

5.本約第十二條第一款之數額，應以相當於一個月租金之金額爲適宜。

6.依土地法第九十七條第一項之規定，城市地方房屋之租金，以不超過土地及其建築物申
　報總價額年息百分之十爲限。另依土地法第九十九條之規定，押租金以不得超過二個月
　之租金總額爲宜，超過部份，承租人得以超過之部份抵付房租。

7.交屋時可拍照存證租屋狀況，以供返還租屋回復原狀之參考。如租屋附有傢俱，以列清
　單註明爲宜。

8.在交付押租金或租金時，亦應要求房客簽寫收據或於房東所持有之租賃契約書上記明收
　記爲宜。同時房東返還押租金於房客時，亦應要求房客簽寫收據或於房東所持有之租賃
　契約書上記明收記爲宜。

房租收付款明細

租期自　　年　　月　　日至　　年　　月　　日

押租金金額	收付款日期	收款人簽收
所屬月份及租金金額	收付款日期	收款人簽收

租賃契約書版本二　　　元智大學所提供[12]

房　屋　租　賃　契　約　書（範本）	
立房屋租賃契約出租人	（以下簡稱甲方）
承租人	（以下簡稱乙方）
乙方連帶保證人	（以下簡稱丙方）
茲經雙方協議訂立房屋	
租賃契約條件列明於左：	
第一條：甲方房屋所在地及使用範圍：	
第二條：租賃期限經甲乙雙方洽訂爲　　年　　個月即至民國　　年　　月　　日起至民國　　年　　月　　日止。	
第三條：租金每個月新台幣　　　　元正（收款付據）乙方不得藉任何理由拖延或拒納（電燈費自來水費及　費另外）	
第四條：租金應於每月　　以前繳納，每次應繳　　年　　個月份乙方不得藉詞拖延。	
第五條：乙方應於訂約時，交於甲方新台幣　　萬　　仟元作爲押租保證金、乙方如不繼續承租，甲方應於乙方遷空、交還房屋後無息退還押租保證金。	
第六條：乙方於租期屆滿時，除經甲方同意繼續出租外，應即日將租賃房屋誠心按照原狀遷空交還甲方，不得藉詞推諉或主張任何權利，如不即時遷讓交還房屋時，甲方每月得向乙方請求按照租金五倍之違約金至遷讓完了之日止，乙方及連帶保證人丙方，決無異議。	
第七條：契約期間內乙方若擬遷離他處時乙方不得向甲方請求租金償還、遷移費及其他任何名目之權利金，而應無條件將該房屋照原狀還甲方，乙方不得異議。	
第八條：乙方未經甲方同意，不得私自將租賃房屋權利全部或一部份出借、轉租、頂讓或以其他人使用房屋。	
第十條：房屋不得供非法使用或存放危險物品影響公共安全。	
第十一條：乙方應以善良管理人之注意使用房屋，除因天災地變等不可抗拒之情形外，因乙方之過失致房屋毀損，應負損害賠償之責。房屋因自然之損壞有修繕必要時，由甲方負責修理。	
第十二條：乙方若有違約情事，致損害甲方之權益時願聽從甲方賠償損害，如甲方因涉訟所繳納之訴訟費、律師費，均應由乙方負責賠償·	
第十三條：乙方如有違背本契約各條項或損害租賃房屋等情事時丙方應連帶負賠償損害責任並願拋棄先訴抗辯權。	
第十四條：甲乙丙各方遵守本契約各條項之規定，如有違背任何條件時，甲方得隨時解約收回房屋，因此乙方所受之損失甲方概不負責。	
第十五條：印花稅各自負責，房屋之捐稅由甲方負擔，乙方水電費及營業上必須繳納之稅捐自行負擔。	
第十六條：本件租屋之房屋稅、綜合所得稅等，若較出租前之稅額增加時，其增加部份，應由乙方負責補貼，乙方決不異議。	

第十七條：租賃期滿遷出時，乙方所有任何傢俬雜物等，若有留置不搬者，應視作廢物論，任憑甲方處理，乙方決不異議。

第十八條：本租金憑單扣繳由甲、乙方負責向稅捐稽徵機關負責繳納。

上開條件均為雙方所同意，恐口說無憑爰立本契約書貳份個執乙份存執，以召信守。

立 契 約 人（甲方）		
簽名蓋章		
身 分 證 號 碼		
立 契 約 人（乙方）		
簽名蓋章		
身 分 證 號 碼		
乙方連帶保證人（丙方）		
簽名蓋章		
身分證號碼 地　　　址		
中華民國　　　年　　　月　　　日		

11.由財團法人崔媽媽基金會所提供的線上房屋租賃契約書格式，
 http://www.tmm.org.tw/framelaw/chap_9-4.htm，2002年7月11日造訪。

12.http://www.yzu.edu.tw/yzit/st/StdLifeSup/rent/sample.htm，
 2002年7月11日造訪。

契約之面象

Chapter 6

◆

概說

◆

關於契約

◆

定型化契約

◆

契約之類型

◆

案例解析

◆

結論

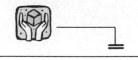

概說

契約概說

　　人的日常生活與契約締結有很深的關係。舉凡租賃、旅遊，甚至婚姻關係都與契約有關。

　　前一章我們介紹了有關房屋租賃相關常識的問題，從這裡，我們不難發現，房屋租賃與契約相關常識的理解度有相當大的關連性。因此，針對契約的面象，我們在此作一個詳細的介紹。

　　雖說人的生活與契約間關係相當密切，但古代的我國契約締結方式與現代有很大的不同。往昔，契約的締結，當事人雙方多以口頭承諾，並且是個人交情優先，對於當事人雙方來說，契約的締結，有時是雙方交情的一種憑證。這是外國人與國人行事觀念中最為迥異的一部份。歐美人等國國民，個人交情與法律上的交會是完全平行之事。雖對國人來說，歐美人處事態度似乎無情，但中國人的「動之以情」的理念在契約締結的關係上，雖然可見情感的光輝，但因契約的受害，中國人也受之最深。

　　契約的訂定，如以情感優先，許多形式上締結契約的要件會因「情」字而省略，這些所被省略的要件往往是在自我權益當中最為重要的部分。國人重「情」之方式雖可在契約訂定當時雙方氣氛和睦圓滿，但受害之時，當事人雙方因此友情可能會造成永久之創。

　　社會的變遷，國人對於契約締結方式已不如以前「情」優於

「理」。但對於契約遭到法律上難題的國人為數仍是許多。許多人與業者締約後，才發現自己受騙了，因業者在書面契約與口頭約定間有所出入，例如以買賣車位為例，原本雙方約定是A車位的買受，但事後業者卻提供B車位，此時，如買受人向業者提出抗議，業者通常以書面契約之記載不同為由，拒絕交付，這是因契約吃虧的例子中，最為典型的。此外，再以醫療為例，患者送醫後，醫生以患者無力支付保證金為藉口，拒絕提供醫療服務，或者是有不肖醫生，手術失敗後，為規避責任，以手術前曾簽定同意書為由，拒絕負擔損害賠償責任，諸如此類，亦是契約方面的問題。

現代人的生活中，無論衣食住行都會和契約發生連動關係，因此，身為現代人，契約於法律相關規定，例如，契約的性質、契約的構成，以及定型化契約的相關規定，是現代生活中所必須具備之常識。

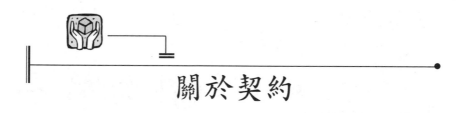

關於契約

契約的意義

契約，廣義來說，是指雙方當事人基於發生民法上關係所為的意思表示合致；其中，包括了身分上的契約，債權契約以及物權契約。

狹義的契約則專指以發生債之關係為目的的意思表示合致。本篇所討論的，則是專指狹義的契約，而非廣義的契約。

　　契約其實是廣泛存在於我們的日常生活中。就拿最簡單的例子來說，每天早上到早餐店，告訴老闆要買一個蛋餅、一杯奶茶，這也是一種締結契約的要約；當老闆得知這項要約後，說「好」時，就是締結契約的承諾，就在要約與承諾相一致時，契約就算成立，也就是我們和早餐店老闆之間，買早餐的契約也就算成立。

　　這樣整個流程下來，就算是一個契約關係的產生；契約發生的最初，它是一個以發生債之關係為目的的意思合致，買早餐的契約因此成立並且生效。

　　再論契約的成立與否有什麼實益呢？

　　在民法債編的規定中，契約、無因管理、不當得利及侵權行為都是債發生的原因之一。而債之關係發生後，雙方及互相負有給付義務。也就是說，必須給付價金的一方，負有義務要使他方能得到價金，另一方則有義務使對方受領到原來約定的客體。

契約的要件

　　契約的要件中，最重要的是必須有當事人、標的，意思表示三者，以下分別敘述之：

當事「人」

民法上的人分成自然人和法人。自然人是指始於出生，終於死亡，並具有權利能力之人；法人是在法律上賦予其權利能力之組織。自然人具有權利能力。也就是可以享受權利、負擔義務的能力，又稱作是人格；依據民法第六條的規定，人的權利能力始於出生，終於死亡；而對於胎兒的權利能力，則以將來非死產者為限，視為既已出生（民法第七條）。

然而，締結契約並不僅具有權利能力即可，還需要具有行為能力，也就是必須具有獨立為有效法律行為[1]的能力。

在民法上規定，年滿二十歲為成年，所以，必須是年滿二十歲的人，才具有完全的行為能力；但是，已經結婚的未成年人具有完全行為能力。

若成年人發生心神喪失或是精神耗弱的狀況，致使不能處理生活上相關事務，他本人、配偶或最近親屬二人，可以向法院聲請宣告禁治產。禁治產人不具有行為能力，而無行為能力人，由其法定代理人代為或代受意思表示；而且在禁治產的宣告原因消滅後，應撤銷該項宣告，而恢復他的行為能力。

但關於未成年人的行為能力則有所限制，未滿七歲之未成年人，是無行為能力的；對於滿七歲之未成年人來說，他的行為能力是受到限制的，也就是說限制行為能力人在做意思表示，以及接受他人的意思表示時，必須得到他的法定代理人同意。

倘若未成年人在未得到法定代理人允許的情形下，該行為的法律效力未定，但契約的相對人，也就是與該限制行為能力作意思表示的另一方，可以定一個月以上的期限，催告其法定代理人給予確定的答覆。

假如在期間內並未答覆則視為拒絕承認，但是，在限制行為能力人的限制原因消滅後，對該意思表示的承認將與法定代理人的承認具有相同的效力。但若是為滿足未成年人年齡及身分上日常生活所須所締結的契約，則例外的具有法律效力（民法第七十七條但書）。

而且，在民法第八十四條中，法定代理人可以將部分的財產，允許限制行為能力人自由使用，在所允許使用的財產範圍內，限制行為能力人得自由處分。

1.法律行為是指以意思表示為要素，並依據其內容而發生一定法律上效果的行為。詳請參閱施啟揚著，民法總則，89年4月增訂9版，頁196至頁199。

此外，假如限制行為能力人的法定代理人允許其獨立營業，則該限制行為能力人對於其營業的範圍內，有行為能力。但限制行為能力人就其營業假如出現不勝任的情形，法定代理人可以撤銷或限制他的行為能力，但這項撤銷或限制，不可以對抗善意第三人[2]（民法第八十五條）。

標的

原則上來說，法律上的權利客體都算是契約的標的。權利客體也就是指受到權利主體[3]支配的對象，其內容包括了三個部分，有「物」、「權利」以及「勞務」三部分。

在一般契約的情形當中，通常是以「物」作為契約的標的，例如房屋的買賣契約。其他，以「勞務」作為契約標的者，例如像僱傭契約就是其中的一種。以「權利」作為契約標的者，例如抵押權、典權都算是其中的一種。

「物」是指人的身體外，凡是能被人力支配，可以獨立滿足人類社會生活需要的有體物或者自然力。

雖在一般情形來說，「物」多半具有形體，例如：桌子、椅子，但是在某些情形下，物並不一定具有形體，例如：空氣等氣體、電力。

依據不同的切入觀點，物可以做好幾種分類

依據可移動與否，物可分為動產與不動產；不動產係指土地以及定著在土地上的物，例如：房屋、鐵軌，動產則是不動產以外所有的物。

2.善意第三人是指，因不知該限制行為能力人之行為能力已遭限制，而仍與其發生法律關係者。

3.在法律上，唯有權利主體才能行使他的權利能力，也就是說，具有作為權利主體的地位者，才會擁有權利能力。見註1所揭書，頁65。

然而，依據物的效用，可以分爲主物以及從物；主物是具有主要效用，而可單獨作爲權利客體的物，從物則是次要以及具附屬效用的物，例如：窗戶、門。

區分主物與從物的最大實益在於處分[4]時效力所及的範圍，因依民法第六十八條第二項規定：主物的處分及於從物，因此，在買賣房屋時，附著在房屋上的窗框、窗戶、門必須一併交付給買受人。而出賣人在沒有特別約定的情形下，不可以把門或者窗框拆下來，認爲它是自己所有，而拒絕交付。

而依據得爲買賣客體與否，可分爲融通物與不融通物。融通物是指可以作爲私法上交易流通的客體，不融通物包括爲國家行政或財物等目的使用之物，也就是政府機關爲公務所使用之物；以及供大眾使用之物，例如公園裡的板凳、公立學校的設施；還有宗教上使用之物，以及法律上禁止流通之物，例如：毒品、槍械。

意思表示

把想要發生一定私法上法律效果的意思表現在外的行爲，叫做意思表示。例如：把想要購買早餐的意思告訴老闆。

意思表示中，表意人必須知道其正在從事的行爲，而且，知道該行爲具有法律上行爲的意義，表意人還願意受到意思表示的拘束。

然而，在契約上除了必須在相對人間具有意思表示外，當事人的意思表示必須一致，契約才能成立，這是依據民法第一百五十三條第一項所做出來的合理推論。

4.處分是一種法律上的特定概念，與現實中的處分有所差異。處分行爲是指直接使權利發生變動的行爲，例如：拋棄、出賣；而處分行爲也是直接發生法律效果的行爲，且該法律行爲具有絕對的效力，也就是說，其變動的效力對於所有人皆爲有效。見註1所揭書，頁206。

在意思表示合致的方法上，除了可以用明示的意思表示外，還可以藉由默示的意思表示達成。「明示」就是用語言、文字或是其他一般人常用的方法直接表示；「默示」則是用其他足以推定其具有效果意思的舉動，代替明示的方法作爲意思表示。

如當事人間沒有特別約定沉默可以作爲意思表示的情形下，例如：當事人間約定，若未取消原有的約定，則該契約成立，此時，當事人的沉默可以作爲意思表示的方法，但是，在未有特別約定時，沉默並不得作爲意思表示的方法。

意思表示一致的途徑有三種

第一種就是當事人一方向另一方作締約的意思表示，而另一方答應締約，兩者之意思表示趨於一致而締結契約，這也是在日常生活中最常見的。

另外一種就是當事人雙方互爲相同內容的意思表示，例如：某甲作出想要買a股股票十張的意思表示時，在股票市場上正好有十張同股股票待售，兩者間的意思表示剛好一致而締結契約；但是以此種方式締結的契約中，雙方當事人並不一定了解另一方是誰。

最後一種則是在當事人之一方提出要約[5]，在要約生效後的相當時間內，因出現了足以認爲是承諾的事實，契約即成立；要約的受理人不用再進一步對要約進行承諾，通常在依習慣無須通知，或者依事件的性質而承諾不用通知，又或要約人預先聲明無須作該項意思表示時，足以適用（民法第一百六十一條）。

5.要約是指以訂立契約爲目的，而喚起相對人承諾的意思表示。承諾則是要約售領人以訂立契約爲目的而同意要約的意思表示，且承諾的內容必須和要約一至否則應視爲新要約。邱聰智著，新訂民法債編總論，2000年9月新訂一版一刷，頁49至頁54。

契約的履行

契約的履行

契約的履行必須依據誠信原則

債務人[6]必須擔保其債務的實現，同時這也是債務人的責任，否則，債權人可以依據法定程序聲請法院強制執行而得到價金，但是這種擔保責任也是有限度的，假如，在非債務人所能避免的範圍內，即使發生了無法履行債務的事實，仍然不用負擔債務不履行的責任。

依據民法第二百二十條第一項規定，債務人就其故意或過失的行為應負責任，也就是有過失才須負擔責任的表現。這種觀念在實務上的表現，也就是說責任應該由有過失的人負擔，雖在消費者保護法中有無過失責任的相關規定，但在民法體系中仍然是以過失責任為標準。

誠信原則的意義為何？雖然在法律學說上有所爭論，但原則上來說，它是依公平正義的理念，在債權人及債務人雙方利益上作衡量，而不是過於保護其中之一方的利益。然而，誠信原則的適用必須是在所有法規中都找不到相對應的規定時，才能有所適用的餘地，否則若這一個不確定的法律概念常常適用，將會破壞了整個法律體系的規定。

情事變更原則的適用，主要是在法律關係發生後，其所存在的環境或是原因，在法律效力完結之前，因不可抗力或者是無法歸責於雙方當事人之事由，而發生了變更，如果貫徹原本的法律效力顯失公平，而且，有背於誠信原則時，其法律效力可以變更。情事變更原則，也算是誠信原則的另外一種表現。

6.自法律上的權利義務關係觀察，在契約中，得請求他方為特定行為者，為債權人；另一方則為債務人。見註4所揭書，頁3。

契約不履行

債務不履行的型態有三種

一種叫做給付不能,另一種叫做給付遲延,第三種叫做不完全給付。

給付不能就是在契約成立後,因為發生可歸責於債務人之事由,造成了不能依照債之標的履行的結果。

給付遲延就是債務人有給付之可能,但是在應該給付的時期,卻因為可歸責於債務人的事由,而造成未為給付的結果。

不完全給付,也就是說債務人雖然給了給付,卻因為可歸責於債務人的事由,造成了不符合債之本旨的結果,例如:甲乙雙方約定買賣雞隻,乙卻交付給甲生病的雞,造成甲在交付後,雞隻多數死亡的損失。

債務不履行的效果也有三種

第一種是解除契約,在解除契約後雙方都負有回復締約前之原狀的義務;第二種是損害賠償,也就是有過失之一方必須賠償他方因為債務不履行而造成的損失;第三種就是減少價金。

例如:甲和乙約定買賣古董花瓶一個,價金新台幣三十萬元,但在交付時,花瓶卻出現了一個裂縫,某甲在收到花瓶時,可向某乙提出減少價金的要求,因為雖然該花瓶仍然具有原本的效用,所以並沒有解除契約的必要,但該花瓶在價值上已造成減損,所以此時某甲應該可以用減少價金的方式,填補其損失。

契約的保全

契約訂定後,雙方必須依照契約的內容履行,但是為了防止契約當事人不履行契約,所以,法律上特別規定兩種確保契約的方式:一種是定金,另一種則是違約金。

定金

　　定金是爲了確保契約的履行，由契約的一方當事人交付他方金錢或其他代替物。然而，交付定金也是一種契約，但這種契約是從屬原本的契約而存在，倘若原本的契約無效，定金契約一樣是無效的。

　　交付定金後，假如當事人沒有另行約定應如何處理定金時，必須依照民法第二百四十九條規定處理，依照這種方式處理下，在契約履行時，定金應該返還他方或者是作爲給付價金的一部份。

　　契約因給付定金之當事人造成的過失而無法履行時，定金不得請求返還；但因契約可歸責於接受定金之當事人的事由，造成不能履行的結果時，該當事人應加倍返還所受之定金。但因契約不可歸責於雙方當事人之事由，造成無法履行時，定金應該返還。

違約金

　　違約金是雙方當事人在契約內容中約定，債務人不履行債務時應支付的金額（民法第二百五十條第一項）。然而，在民法第二百五十條第二項中規制了違約金的效力，當契約不履行時，違約金應作爲損害賠償的總額。並且，若約定債務人不在適當時期或不依適當方法履行債務時，即須支付違約金者，債權人除得請求債務履行外，違約金應視爲所生損害之賠償總額。

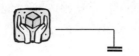

定型化契約

定型化契約的意義

　　定型化契約，在消費者保護法第二條第七項的定義中，是指企業經營者為與不特定多數人訂立契約之用，而單方預先擬定之契約條款。

　　簡單上說來，定型化契約在我們的日常生活中受到廣泛的適用，不論是和保險公司締結契約，約定加入保險，或者，和建築公司訂立買賣房屋的契約，都是定型化契約的適用。

　　定型化契約，是為了企業經營者與一般人民大量締約的需要，事先擬定的契約條款。通常都是由提出定型化契約的那一方提供契約條款，使另一方被動的接受。而且，這種契約是單方擬定後，再提出和相對人締約。重點在於，當事人雙方並沒有對契約條款的內容進行磋商，另一方也就是接受條款的那一方只能對其表示接受與否。

　　因定型化契約原則上來說，對接受契約條款的人是一種不平等的契約，所以，使用的人必須將定型化契約的條款提示相對人，並提供合理的機會讓相對人了解條款內容和意義，最重要的是，相對人應同意將條款作為契約的內容。

定型化契約的解釋

消費者保護法第十一條第一項規定，企業經營者在定型化契約中所使用的條款必須依照平等互惠的原則。

依據該項規定，我們可以得到一個推論，就是在定型化契約的解釋時，也必須遵照平等互惠原則，來保護雙方當事人的利益，這也是誠信原則具體化的表現。

消費者保護法第十一條第二項規定，定型化契約的條款如有疑義，應為有利於消費者的解釋。也就是說，在定型化契約中，要對語焉不詳的部分做解釋時，如有數種不同的結果，我們必須採用傾向於保護消費者的解釋結果，而不是保護該企業，這也是平等互惠的另一種表現。

萬一口頭的承諾與書面契約互相牴觸時，依據消費者保護法第十五條的規定，定型化契約中一般條款牴觸非一般條款之約定者，其牴觸部分無效。也就是，個別約定優先原則的規定，依據這項規定，如在雙方締約時，曾經有過與書面契約不符之口頭約定，在契約的履行或解釋上，應該以該約定為準，而排除書面契約條款的適用。

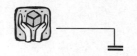

契約之類型

關於金融契約

關於利息的計算

曾有銀行對於存款戶一年發放利息的天數一律是一年三百六十天，這是在銀行業存放款計息辦法中，所訂立的規定。

但在民法第一百二十三條第二項的規定中，月或年非連續計算者，每月為三十日，每年為三百六十五日，兩者之規範為相衝突。

但為何銀行業者能夠肆無忌憚的僅發放三百六十日之利息呢？這是因為在大多數的存款約定書中，曾有存款利率依照銀行之規定而計算的條款，所以，銀行業者才會有這樣的舉措。然而，依據消費者保護法的規定，關於定型化契約訂定時，必須讓接受者了解條款內容的規定，所以銀行必須讓存款戶了解到有該項規定的存在。萬一在和銀行締約時，銀行未主動提供該項資訊，則存款戶不妨向銀行爭取該部分利息的差額。

關於存款遭盜領

在典型的提款業務中，存款遭盜領有兩種不同的狀況：

第一種是盜領者利用竊取來真正的印章與存摺向銀行提款，第二種則是盜領者用真正的存摺與盜刻的印章提款。

在這兩種情形中處理的方式有所不同，在第一種情形，因銀行辨識上有所困難，通常應由存款戶負擔該損害；第二種情形，因銀

行必須負擔善良管理人的義務，所以，在銀行盡其善良管理人義務後，仍無法避免損害時，才由存款戶負擔損害。

在現代，多數人都是利用金融卡處理轉帳、提款、查詢餘額及存款的業務。提款卡雖然可以節省時間，卻引發了新的犯罪型態，一般來說，假如金融卡的密碼遭截錄或者金融卡遭竊取而發生盜領時，因為此係為存款戶本身的疏失，所以，原則上由存款戶負擔損害。但在基於銀行本身作業或保全的疏失而造成盜領時，則應由銀行負責任。目前為了鼓勵大眾使用金融卡，多數銀行採取銀行與存款戶互相負擔損失的方式。

另外一種變相的盜領，也就是盜領者偽造金融卡而盜領，這種情形應由銀行負責。

關於信用卡

信用卡遺失後遭到冒用的機率遠比金融卡來的高，因金融卡有個人密碼足以防盜。但信用卡只要擁有相仿的簽名即可使用，再加上信用卡背後已經有簽名式樣可以模仿，所以在相關的責任歸屬上，信用卡如遭第三人冒簽，理論上持卡人似乎不用負責任。

商店接到冒簽的帳單時，銀行除非知悉商店與盜用人間具有惡意的串通，否則仍會付款。但是為了分擔風險，銀行將以保險的方式分擔。

在我國的發卡機構中，大多數銀行在與持卡人的契約中多半約定，在掛失前二十四小時所發生的損失，即由銀行負擔，所以，持卡人必須及早發現信用卡的遺失以維護權益。

信用卡的利息為何會比一般貸款利息為高？這是因為信用卡是銀行一種短期而且不具有任何擔保的放款，而且持卡人並無提供任何擔保品減低銀行的風險，所以銀行只好用提高利息的方式分擔風險，以及吸收因呆帳而產生的損失。

但是，信用卡的循環利息仍然不可以超過民法第二百零五條對於最高利率的限制，也就是年利息不可超過百分之二十。超過該利率限制之範圍者，銀行不具有請求權，也就是銀行不可向持卡人請求清償該部分超過年利率百分之二十的利息。

醫療契約

關於醫療的強制締約[7]

依據民法上契約自由的原則，當事人間可以決定締約的對象以及締約的內容，但為避免具有經濟上強勢能力者濫用其締約自由，反而侵害到他人權利，所以衍伸了強制締約。

強制締約，也就是個人或企業負有應相對人的請求，與其訂立契約的義務。

強制締約的類型主要有三種，第一種是公用事業的締約義務，這也就是說郵政、電信、鐵公路等事業，除非有正當理由，否則不可拒絕客戶締約的請求。

第二種是出現在耕地三七五減租條例第二十條，這一條規定耕地租約期滿時，除非所有人[8]依據本條例收回自耕外，如承租人願意續租，應續訂租約。

第三種也就是醫療契約，法律為了對生命健康的重視，所以課與醫師、獸醫師、藥師、助產士如不具有正當理由，不得拒絕締結醫療契約，也就是不可以拒絕病患提出治療的要求。

關於手術同意書

醫院在實施手術時，應取得病人或其配偶親屬或關係人之同意，並簽署手術同意書及麻醉同意書。並且說明手術原因、成功率或者可能發生的併發症，以及危險。醫師必須在病患或其配偶親屬或關係人同意下才能進行手術，但如情況緊急，仍得以進行手術（醫療法第四十六條第一項）。

7. 詳請見王澤鑑著，債法原理（一）基本理論債之發生，2001年3月4刷，頁84至頁86。
8. 即擁有該土地所有權之人。

醫療法第四十六條的規定，主要目的是在尊重民眾知的權利。也就是民眾在開刀前，有權得知其親屬或自己所將可能面臨到的危險，以及結果。然而，在手術後萬一醫院與病患間發生醫療糾紛，院方不得以該同意書作爲免除責任負擔的依據。

醫生是從事醫療業務的人，假如因爲他的過失造成病患在手術過程中死亡者，得處五年以下徒刑，或者拘役；還得以併科三萬元以下罰金（刑法第二百七十六條第二項）。此外，在民事上仍需負擔損害賠償責任，而且若發生過失者爲公立醫院的醫師，同時還會遭到行政上的懲處。

運送契約

關於遲延

許多人都有因爲想要搭乘的車輛誤點，但通常都是在和對方，也就是提供運送勞務那一方抱怨後不了了之。正因法律對於遲延並沒有特殊的規定，所以，對方會以此爲由推卸責任。

在購買車票時，雙方已經締結運送契約，對方就負有依原定時間開車，並準時安全送達的義務。

所以，對於因誤點所造成的遲延，運送者應負有損害賠償的責任，然而，對於因不可抗力而造成的損害，例如：地震，對方亦應負責。但是在對方能夠證明，縱然車輛能夠準時不遲延，損害仍會發生時，業者應該不用負擔損害賠償責任。

假如，運送人交給旅客的車票、收據或其他文件上有免除或限縮運送人責任的表示時，除非運送人能證明旅客對於該條款有明示的同意，否則，該條款不生效力（民法第六百五十九條）。因此，對於運送者發生的遲延，除旅客有所同意其可以免除責任，否則即使運送者訂立再多免除遲延責任的條款也是枉然。

關於品質的減損

購票搭車是屬於旅客與運送者間運送契約的關係，運送者必須依照購票時所約定的內容履行該項契約。假如，它所提出的給付與原本的契約內容不符，或者缺少了原本保證的品質，在這個情形下，就叫做不完全給付，旅客可以依據民法第二百二十七條，向運送者請求損害賠償。

旅遊契約

簽訂旅遊契約時應注意的事項

簽訂旅遊契約時最重要的，還是必須慎選旅行社。

旅行社分為三種，綜合、甲種與乙種。三者所經營的業務範圍也有所不同。

綜合及甲種旅行社皆可自行組團辦理國內外旅遊，其中甲種旅行社尚可代理綜合旅行社招攬國內外出團業務。

乙種旅行社可自行辦理國內旅遊或代理綜合旅行社招攬國內旅遊團體業務，所以，在旅客簽約前必須對簽約的旅行社係屬何種性質有所了解，萬一發生糾紛時也可避免權益受損。

旅行契約必須為書面契約，且載明公司名稱、地址、負責人姓名、執照字號以及註冊編號。若洽談的旅行社係受綜合旅行社委託，代理招團者，應以該綜合旅行社的名義締約。如因人數不足或其他原因欲將業務移轉它旅行社辦理時，必須得到已簽約旅客的書面同意；未經同意者，旅客有權解除契約，並要求回覆原狀，例如：原本繳交的訂金應該連同利息一併返還。

團費應包含的項目

依據旅行業管理規則第二十四條，國外旅遊契約書中，團費也就是旅遊費用，除了雙方另有約定外，應該包括代辦出國手續費，如簽證以及護照的費用。

交通運輸費，也就是旅程中所需的各種交通運輸費用；以及餐膳費住宿費，旅程中所列一切遊覽費用，包括入場門票、導遊費；接送費，也就是旅遊期間機場與旅館間一切接送費用。

行李費，也就是團體行李往返機場與旅館間的接送費，此外行李接送人員的小費也包括於此。

若行李有超重，應由旅客另行補上。稅捐的意思，包括了機場稅及團體餐宿稅捐；隨團服務，也就是協助旅客旅程之出入境手續、交通、食宿、遊覽等事務，不得向旅客索取額外的費用。

但一般旅遊費用因包括了旅程中未表明的開支，以及旅客個人費用，例如：私人交通費、購物費用、行李超重的費用、旅程中未列入之簽證、機票及相關費用，以及得由旅客視旅途中服務情況自由給予的小費，還有其他未列於團費中的開支，因此，欲參加旅行團之旅客預先繳交給旅行社的團費包括上述的費用，但上開所列予以排除的費用，則應由旅客自行負擔。

航空公司超售機位時旅客可得的賠償

航空公司為了避免預先訂票的旅客臨時取消，造成機位浪費，而且影響其他旅客的登機機會，通常都會超售機位。

假如，超售標準的預測準確，使所有已訂機位的旅客都能順利登機時，將不會產生任何問題，但是預測不準確，致使旅客無法登機。航空公司必須負擔損害賠償的責任。

目前，在台灣地區有航班的航空公司，是以自行訂定的台灣地區OAA航空公司旅客被拒登機賠償作業實施要點作為賠償之依據。所以，在由台灣啓程之班機中，未能登機而持有有效的旅遊文件，並持有有效機票，且機位狀況註明OK，且航空公司訂位系統存有旅客訂妥之訂位紀錄，並完成機位確認手續，又按照規定時限辦理機場報到手續，得請求損害賠償。此外，航空公司提供之替代班機到達目的地時間超過原訂班機六小時或四小時者，亦得請求損害賠償。

關於賠償，航空公司多數會以自選賠償金的方式，徵求自願放

棄機位者,如無足夠之自願放棄機位,而致使非自願放棄機位,航空公司必須對其作出賠償。賠償金額以搭班機機票正常經濟艙票價二分之一計算,最高不可超過五千元。但是目的地如非美加、紐澳、中東、歐洲、非洲者,最多僅賠償兩千元新台幣,孩童票者僅賠償上述金額之二分之一,嬰兒票者僅陪一成[9]。

除賠償金,航空公司還會免費核退被拒航段機票,並安排替代班機,以及用非現金方式提供旅客原前往目的地之電話、電報或傳真服務,並提供遲延期間之餐飲及必要之住宿。

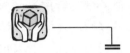

案例解析

案例

小A、小B、小C和小D四個好朋友一起賃屋而居,她們最近不約而同都發生了一些不幸的事。小A是個敗家女,因家境優渥,她經常到購物中心購物。這陣子因適逢打折時期,她的信用卡一口氣刷爆三張,銀行寄來帳單金額高得可怕,買東西的小A竟然也自我反省說三個月不敢出門買東西。小B最近時運更是不濟。她最近因盲腸炎到醫院去開刀,開刀時簽了手術同意書,同意書中的條款竟然嚴苛的可怕。好不容易恢復健康,甫出院就發現自己銀行的存款遭盜領,銀行的利息又少給了,甚至連查詢

9.關於頭等艙之損害賠償若一概而論則有失公平。因為依據艙位不同,機票的票價就會有所差異,如果頭等艙的乘客依然用經濟艙的票價做賠償,對頭等艙的乘客而言,有失公平。

手續都要付費，她不禁感嘆荷包連連大失血。小C放假回家時都需要搭乘客運巴士。中秋假期她準備購買車票準備返家時，發現原來的大巴士換成了小巴士，她為了早點回家，想說就將就一下。沒想到小巴士誤點了三個多小時，途中還發生了車禍，造成了小C身上多處的擦傷。小D喜歡旅行，一有假期就會到國外旅遊。她最近參加了某旅行社的東歐旅行團，沒想到旅行社竟然在出發前說，該團並非其所承辦業務範圍內能辦理者，也就是旅行社之性質並非可出國外團，結果小D的東歐之行只好放棄。小D心有不甘，於是打算自己以自助旅行的方式，沒想到她自己想航空公司定好機位，卻因航空公司重複出售機位，小D擔心導致東歐之旅不能成行。

案例解說

關於小A信用卡的問題

小A一口氣刷爆三張信用卡，這種行為是不值得效法的。

在銀行寄來的帳單中，若循環利息年利率超過百分之二十，在超過的部份中，銀行不得向小A請求，並且，超過的部分也不能聲請核發支付命令或是聲請強制執行。但在本金以及年利率百分之二十以內的部分，銀行仍然可以向小A請求。

關於小B遭盜領以及醫療契約的問題

先談談遭盜領的部分

小B存款的利息，一年銀行只給付三百六十日，可是在民法關於利息計算的規定中，一年是以三百六十五日計。

所以此時須追溯到與銀行締結存款契約時，銀行是否有告知一年利息是以三百六十日計算。若銀行並未告知，小B可以向銀行請求給付該部分利息的差額。

小B的存款遭到盜領。如是因她的疏失而造成盜領的結果時，例如：他的存款簿與印章遭到他人盜用，或是金融卡密碼遭到他人

竊取，此時應由小B自行負擔損失。但如是銀行本身的疏失，或是他人使用偽造的信用卡盜領時，應由銀行負損害賠償責任。

再論醫療契約的問題

小B盲腸炎到醫院開刀，依據醫師法第二十一條的規定，醫師假如沒有正當的理由，例如：醫療設備不足時，不可以拒絕醫治。另外，若小B經濟能力上有所困難，醫療機構亦不得以之為由拒絕醫治。

小B對手術時簽訂的同意書內容大可以放心，因醫院與醫師並不可以因同意書的簽訂而免除在發生醫病糾紛時必須負擔的責任。但在手術進行前，小B須詳閱同意書的條款，並確實了解到將會面臨什麼樣的危險，如此才不會將自己推進危險當中。

關於小C的運送契約問題

小C回家時搭乘的客運巴士誤點了三個多小時，原則上來說，客運公司應該負擔小C因班車遲延所產生的損害。如小C除了搭乘巴士之外，又要轉搭火車，此時因客運公司的遲延而錯過原訂好的接駁車班，此時所造成的損失亦應由客運公司負擔。

此外，小C原本所要搭乘的巴士應該是大巴士，這是在契約訂定，也就是買票時所約定好的契約內容。但運送者卻將大巴士換成小巴士，此時如乘坐大巴士與小巴士的票價是有差異時，也就是大巴士的票價比小巴士為高時，客運公司應該補償小C該差額。

關於小D的旅遊契約問題

小D在出遊前夕受到旅行社推卸責任的說法，關於旅行社是否應負擔賠償責任，抑或是小D在締約時的過失，必須回溯到契約締結時來審視。

若在締約時小D知該旅行社之性質（係綜合旅行社或甲種旅行社），但卻還是參加其旅行社所主辦的旅行團，致使權利受到侵害，此時，應為小D本身的過失，並不能主張損害賠償的請求。但如小D不知情的話，可主張損害賠償的請求。

此外，小D向航空公司預定機票，卻出現航空公司重複出售問題。此時，她除了可以請求自願放棄機位，而讓航空公司替她另行安排機位，並取得損害賠償外，也可以被動的等待航空公司對於非自願而未能登機者，所作的處理。以上兩種情形都會顧全到旅客的權益，而且讓旅客依然能夠安全的到達目的地，所以，小D不用擔心會因此而使原本計劃好的旅行泡湯。

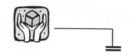

結論

契約以不同的面貌出現在民眾日常生活的週遭，如同是我們一個個不同姓名、不同相貌的鄰居。雖契約的型態相異，並還具有不同的生活習慣，但它們的本質幾乎相同。也就是，各種契約的型態都離不開「當事人」、「標的」、「意思表示」三項要件，並脫不開「誠信原則」、「公平互惠」以及「情事變更原則」的束縛。更重要的是，契約通常會要履行，如無法履行，就可依救濟的程序申請賠償。

「你花錢，所以我存在。」這句話來形容契約形成的模式是最恰當不過了。不論是企業僱用員工，或者是向商家買一杯飲料，都是一方支出金錢，另一方付出勞力或產品的法律行為。也就是契約與我們日常生活當中是非常密切的。

許多人對於契約的制訂以及詮釋有很大的迷惑，但如依循著上述所介紹的概念，以及平等互惠原則，去思考每一個契約的處理，我想每個人都不再認為契約的訂定是一件麻煩事。

債權債務契約之公證[10]

公證法對於可以強制執行的標的，範圍甚廣，除給付金錢、代替物、有價證券外，特定的動產，租借期滿交還房屋或土地辦理公證之後，債務人若不履行，無須訴訟就可請求法院強制執行，聲請手續如下：

1. 向各地方法院公證處購買公證請求書一份，新台幣（下同）二元。
2. 訂立契約雙方的當事人保證人都是請求人。依次序將姓名、年籍、身分證統一編號、住址填入請求人欄內，如有見證人填入證人欄內。
3. 請求書「請求公證之法律行為或私權事實」欄內，填明聲請的事由，如買賣、贈與、借貸、雇傭、承攬、委任、合夥等事件訂立契約，請求公證。
4. 在「約定逕受強制執行」欄內，寫明強制執行的標的，請求書末尾由請求人簽名或蓋章，並記明年月日。
5. 請求書填好後交公證處收案登記，分由公證人辦理。
6. 請求人（保證人、證人都算是請求人）、代理人均應攜帶國民身分證及印章親自到場請求人如係公司、商號或法人，請攜帶公司執照、營利事業登記證或法人登記證書（複印本亦可）、負責人身分證及印章，公司、商號或法人之印章。
7. 請求人（公司、商號、法人之負責人）本人不能到場，可以委任他人代理，但要提出授權書，授權書應以下列方式證明其真正：
   1. 經公證人認證。
   2. 經戶籍機關、警察機關、商會或當地村、里辦公室，或中華民國駐外館處或其他公務機關證明；如為外國證明文件，並得由該外國人本國駐中華民國館處證明。
   3. 附具請求人本人，公司、商號或法人之印鑑證明書原本一份。

8.各種法律行為契約書，除公證處有印好的例稿之外，由當事人自備。至少須三份，一份由公證處存卷。

9.公證人依公證法第二十六條規定，於必與時得對公證之標的物實際體驗。

10.公證費用依標的金額或價額計算，約為千分之一，須強制執行者加倍計算。

10.司法院網站，http://www.judicial.gov.tw/8-1-27.htm，2002年7月11日造訪。

校園意外事件與民事賠償

Chapter 7

◆

概說

◆

校園意外與刑事責任

◆

校園意外與國家賠償責任

◆

校園意外與民事責任

◆

案例解析

◆

結論

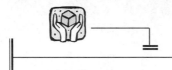

概說

　　校園是求知的殿堂，也是一個人奠定未來生活規劃方向的地方。人類之所以別於動物，是因爲人類可受教育，並可藉由教育改善個人心性。

　　以目前多數人都已完成大專教育來計算，一個人平均的校園生活約有十五年至十六年之多，雖十數年的校園生活在數十年漫漫人生當中，僅爲一時。但校園教育卻是影響一個人最多的地方，這是無庸置疑的。

　　教育活動是人類特有的活動，是一種繼續不斷的歷程；在教育活動中，永遠存在著兩個「重心」，一個是個人的發展，一個是社會的進步。適當的、成功的教育，可以從個人發展出發，但最後還得歸於社會的進步；也可以從社會進步出發，但是也不能不顧及到個人發展。因此教育的目的在充實生活、扶植生存、發展生計、延續生命，然而教育活動能否順利的進行，端賴「安全」條件的維繫

　　如果安全條件充分，教育的各項活動就比較能循序漸進，是以教育成果的效標之一，即是「安全生活」的創造[1]。或許是一種迷思（myth）的心態，大多數人認爲校園定是最爲安全之地，因此，許多人對於校園內。因此，每每校園意外事件發生時，一般人都非

1.陳寶山，校園意外事件和校園安全，http://www.nioerar.edu.tw/basis3/14/gh5.htm，2002年7月26日參訪。

常震驚。其實，校園也屬於一個公共場所，只要是公共場所，並非百分之百的安全。加上校園內有許多供學生玩樂的遊樂器材，因使用人大多是未成年人，在安全方面未免有殊於一般成年人，如稍有不注意，可能引起遺憾終身的災難。

校園絕非是安全之地。人與人的互動，以及人對於「物」的利用關係，經常會使「安全」產生許多變數。雖然，校園的安全已受到學校當局普遍的重視，然而，許多的事故總是在沒有防備的時候發生，因此，對於校園安全，除了公共設施硬體的安全之外，一般的犯罪預防、以及相關法律常識也是需要隨時教育學生。因此，所謂的校園安全，應是多面向的實施，而並非是單方面的進行。

校園意外與刑事責任

校園意外事件與刑事責任的關連性，除了前述的刑事法學當中已提到的「構成要件相當」的條件之外，行為人的年齡也是一項很重要的要素。因人的學齡已從現代婦女需外出工作，使得兒童提早入學之外，也因終身學習的理念，使得學生的年齡層大幅提升，尤其是「長青大學」的學生，多半是六、七十歲以上的老年人。

因此，可以說，在校園活動的學生，年齡層的範圍從最小的二、三歲，已至七、八十歲，可說是範圍相當大。

已達成年的年齡層之人，例如已滿二十歲的學生，或許在處理校園的刑事案件時，會比較明確化，但如果未成年人在校園中發生了刑事案件，例如二個三歲小孩在幼稚園中推擠，其中一人因為同伴的不小心而墜樓身亡，推人的小孩會因此坐牢嗎？這就是我們以下要探討的問題。

刑事責任年齡

刑法第十八條的規定中：「未滿十四歲人之行為，不罰。 十四歲以上未滿十八歲人之行為，得減輕其刑。」

簡單的說，刑法規定十八歲以上為成年，十八歲以上之人在觸犯刑法條文時，必須對其行為負完全的責任，由法官依據法條的規定量刑。

但未滿十八歲的時候，要分成二部分來探討。

刑法第十八條規定，「未滿十四歲人之行為，不罰」。就是說，未滿十四歲之人所為的行為，即使違反了刑法的規定，依然不會受到刑法的評價，不會有觸犯刑法的可能性存在。

十四歲以上未滿十八歲人所為之行為，雖然其尚未成年，但其行為仍然會有刑法評價的餘地，只是在刑的度量上，為了憫恕其年紀尚輕、智慮未純，所以法官得以依照其情節而酌減其刑。

傷害罪與校園意外

刑法第二百七十七條中所謂「傷害罪」的規定中，關於「傷害」的定義是，傷害人的身體或健康。

傷害罪的客體是指「身體」或「健康」。「身體」是指有生命的肉體；「健康」觀念比較抽象，就是指所謂身體強健的狀態。對於健康的傷害，也就是對身體為有形力的不法行使。此時因加害人的主觀意識上也想加害於被害人，也就是希冀加害人「受傷」的結果，因此傷害罪首重為要求發生傷害的結果。

也就是，有使他人受傷之故意，並有進行此「故意」之行為，並且造成他人傷害的結果時，就算構成傷害罪。例如：甲與乙素來不睦，有天，甲見到乙站在樓梯上，遂心生歹念將乙推下樓，造成乙的右手骨折，即為典型的傷害罪。

此外，所謂傷害的「結果」是指，對於「機能的減損」或者是「身體的完整性與否」。以一般實務見解，採「機能減損」說，因若採身體的完整性與否之論調，將使傷害罪可能成立的範圍會無限制的擴張，故採「機能減損說」較為恰當。

傷害罪中，除一般（普通）傷害罪之外，另有重傷罪之規定。

刑法第二百七十八條所規定之重傷罪是指，出自於己身的故意，想讓被害人受重傷，而進行傷害行為，並且造成被害人重傷的結果時，就算構成傷害罪。

關於重傷之意義，須參照刑法第十條第四項的規定。依該項規定，所謂的重傷為構成人體主要機能之一，即是。例如毀敗一目或二目之「視能」、毀敗一耳或二耳之「聽能」、毀敗「語能」、 「味能」或「嗅能」、毀敗一肢以上機能、毀敗生殖之機能；或其他於身體或健康有重大不治或難治之傷害等。

此外，所有構成傷害之行為，而引起上述各項重傷型態之結果者，都可能構成重傷罪。在此需釐清一個概念是，如不具造成對方重傷故意時，並不構成重傷罪。例如，有二女在樓梯行走時相遇，因一女體型過於龐大，二女在擦肩而過時，造成其中較為瘦小的女士絆倒，並傷至脊髓造成半身不遂。此時，絆倒他人的胖女士如可證明並不具有造成瘦女士重傷的故意，就不構成重傷罪。

造成校園意外較多的是過失傷害罪。過失傷害的規定在刑法第二百八十四條。該法條規定因過失傷害人者，以及致重傷者，皆構成該罪，其他對於構成要件的要求，皆與傷害罪相同，二罪名僅在主觀構成要件上有所差異。

此外，傷害罪當中有一項較為特別的，為「加工自傷」罪（刑法第二百八十二條），條文規定為：「教唆或幫助他人使之自傷，或受其囑託，或得其承諾而傷害之，成傷者或致死者。」。

簡單來說，如某甲學生告訴同班同學某乙學生說他想自殺，某乙非旦不勸阻，反而還對他說：「自殺或許能讓你解脫，我覺得安眠藥不會讓你痛苦，你可試試。」結果，某甲真的用安眠藥自殺，並且自殺成功。

　　教唆他人自傷的意思是，他人原本無自傷之意，卻因行為人的行為，而誘發其想要自我傷害的念頭，讓他想要自傷，並進而決議自傷[2]。

　　幫助他人自傷是指，他人原有自傷之意，行為人（上述案例中的某乙）從旁幫助他，無論是精神上或是實質上的協助，都算是幫助其自傷。例如：用言詞上鼓勵他人行使自傷的行為，或者是積極幫助他買安眠藥等等的狀況下。

　　關於傷害罪也有告訴乃論的規定。本規定在於刑法第二百八十七條。依此規定：「第二百七十七條第一項、第二百八十一條、第二百八十四條及第二百八十五條之罪，需告訴乃論。」因此，在第二百七十七條第一項、第二百八十一條、第二百八十四條及第二百八十五條所規定之罪，必須要被害人主動向法院啟動整個訴訟程序，法院才會開始整個訴訟程序的進行，否則，法院不會主動干涉這個案件。

2.詳請見林山田著，刑法各罪論上冊，2000年12月二版二刷，頁117至頁118。

校園意外與國家賠償責任

　　一般情況而言，校園通常是公立學校居多，公立的幼稚園、國中小以及高中大學，但是目前私立學校的數量也漸漸增加，所以在賠償責任的歸屬上，如果是因為物的設置維護有瑕疵，導致學生受傷時，學校公私立的劃分，會具有他的特別意義。

　　在該種因為物的使用狀態有瑕疵而造成傷害時，如果是公立學校，因為國家是學校的所有人，學校為全國人民所共有，所以必須用國家賠償法請求賠償；如果在私立學校，因為，擁有學校者為私人，所以在理賠上，必須由該學校之擁有者，也就是學校本身，自行負賠償責任。

公有公共設施與管理欠缺

　　國家賠償法第三條規定：「公有公共設施因設置或管理有欠缺，致人民生命生命、身體、財產受損害者，國家應負賠償責任。前項情形，就損害原因有應負責之人時，賠償義務機關對之有求償權。」

　　本條文之規定，其所針對的理賠對象是，因使用公共設施而受到損害的人民。例如，到故宮參觀文物，卻在離開時因為階梯有不正常的高低絆了一跤，並摔斷了腿。因摔斷腿的醫療費用支出，以及其他因為摔斷腿而無法工作減少的收入，都可以向國家請求賠償。

然而，國家並不是只針對受傷的民眾負賠償責任，其他對於讓民眾發生損害的原因必須負責之人及機關，例如，負責該部分工程的包商，國家對其亦有權利請求損害賠償。

也就是，因承建校舍的包商不遵照設計圖安全規格興建校舍，最後因此有學童摔傷，或者在施工時，有螺絲未栓緊，造成窗戶掉下來打傷學生等等，在這樣的情形下，因為損害的發生必須由該承建的包商或施工單位負責，因此，國家對可對其請求損害賠償。

此外，因管理的欠缺而造成人民生命、身體、財產受損害。例如，學校的地板因打蠟過於光滑，使學生在下雨天滑倒。或是實驗儀器已經產生損害，學校未加以維修，造成學童因故受傷的情形，也可以請求國家賠償。

國家賠償的方法

依照國家賠償法第七條規定：「國家負損害賠償責任時，應以金錢為之，但以回復原狀為適當者，得依請求回復發生前之原狀。」

日前有一位女士在高屏大橋斷裂時受傷，並造成半身不遂。之後，她向政府要求一千餘萬的國家賠償金，並且得到勝訴。

因民事法當中所要求的損害賠償，是以「恢復原狀」為原則[3]，「金錢賠償」為輔。但因多數狀況，「恢復原狀」是相當困難。例如在此案例中，因為受傷的女士因已造成半身不遂。以當今醫學科技是無法回復其損害發生前之原狀，也就是幫助受傷的人恢復行走能力，因受限於事實上的不能，所以國家賠償主要是以金錢賠償為主。

3.也就是如把一人的鉛筆盒弄壞，即賠償其人同樣之鉛筆盒。

　　因國家賠償法為特別法的關係，因此在損害賠償的計算與進行上，如國家賠償法有漏未規定時，需回歸到民法的規定適用。此外，依國家賠償法第六條的規定，國家進行損害賠償時，如在國家賠償法及民法以外之其他法律有特別規定時，就適用其他法律。

請求國家賠償的時效

　　國家賠償法第八條為請求國家賠償的時效規定。

　　該條第一項規定：「賠償請求權，自請求權人知有損害時起，因二年不行使而消滅；自損害發生時起，逾五年者亦同。」也就是，國家賠償的時限是在，「被害人知損害發生後二年內，且不超過損害發生五年後的時間」。

　　例如：某甲因路面崎嶇，且未加以標示，摔了一跤，但他並不知可向國家請求損害賠償，一直拖到損害發生後的第四年，才知道可向國家請求。若他即刻向國家提出請求，因尚在時效規定內，因此，某甲依然可以向國家請求。如某甲遲延到第六年時才提出申請，因為已經超過了五年的期限，因此無法申請賠償。

　　該條第二項的規定：「第二條第三項、第三條第二項及第四條第二項之求償權，自支付賠償金或回復原狀之日起，因二年間不行使而消滅。」

　　這一項的規定，是針對國家要向應負賠償責任之人請求賠償時，不得超過二年的期限才為請求。

　　例如：甲騎士因路面崎嶇而摔車，並已向主管機關請求損害賠償。但事實上，是因承包路面工程的A公司的過失，主管機關可向A公司要求對甲騎士負擔賠償責任。但主管機關對甲騎士支付賠償後，超過二年才向A公司請求賠償，因已超過二年的時效，因此主管機關的請求權自動消滅，所以不得向A公司請求。

國家賠償的義務機關

依據國家賠償法第九條的規定：「依第二條第二項請求損害賠償者，以該公務員所屬機關為賠償義務機關。依第三條第一項請求損害賠償者，以該公共設施之設置或管理機關，為賠償義務機關。前二項賠償義務機關經裁撤或改組者，以承受其業務之機關。無承受其業務之機關者，以其上級機關為賠償義務機關。不能依前三項確定賠償義務機關，或於賠償確定之。其上級機關自被請求之日起逾二十日不確定者，得逕以該上級機關為賠償義務機關。」

該條的規定中，是在界定賠償的業務機關。也就是如因公務員在執行勤務當中，造成人民權益受損時，由該公務人員所屬的機關為賠償機關。

例如：警察在取締超速時，為了追趕超速的駕駛，不小心撞倒道路邊行走的行人，此時，警察為執行勤務當中，因此，應負責賠償的義務機關，就是他的所屬機關，也就是他職務所屬的警察局。

此外，因公有公共設施的設置或管理有所不當，致人民生命、身體、財產受損害時，人民必須向設置或管理該設施之機關，作為賠償義務機關。

例如：在公園散步時，路燈突然掉下來把頭打破了，此時，需負損害賠償責任的義務機關，就是公園的主管機關，也就是當地縣市政府。

請求賠償的程序

關於向國家申請賠償時有幾項需要注意：

1. 依國家賠償法的規定，請求損害賠償時，應先以書面向賠償義務機關請求。

2. 接到民眾對國家賠償的申請時，賠償機關不可以積壓公文，將應處理的申請遲延辦理。

3. 賠償義務機關對於人民提出的請求，應立刻和請求權人開始進行協議的程序，協議成立時，應作協議書，表示雙方已達成協議。如賠償機關怠於履行協議，或拒絕賠償時，該項協議書得為執行名義，向法院申請強制執行。

但如申請人將申請書向賠償義務機關提出後，當機關拒絕賠償，或自賠償提出請求之日起逾三十天不開始協議，或自開始協議之日起，逾六十日協議不成立時，請求權人得提起損害賠償之訴。

但已依行政訴訟法規定，附帶損害賠償時，就同一原因事實，不得更行起訴。此項也就是法律上的「一事不再理」原則，也就是，「就同一事件，如果法院已三審定讞，或者是已作出處理時，就同一事件，法院不會再做出審判」。此為申請人須注意之事。

依國家賠償法第十一條第二項，「請求損害賠償時，法院得依申請為假處分，命賠償義務機關，先支付醫療費或喪葬費用」。也就是說，提起對國家的損害賠償之訴時，可向法院申請提出假處分，要求行政機關先行支付醫療或喪葬費用。

國家賠償中，損害賠償之訴除依國家賠償法規定外，適用民事訴訟法之規定，進行其訴訟程序。

國家賠償與平等互惠原則

國家賠償法於外國人為被害人時，依條約或其本國法令或慣例，中華民國人得在該國仍享受同等權利者為限，適用之。

也就是說，當外國人在我國欲向我國政府申請國家賠償時，必須依條約或其本國法令或慣例，中華民國人民在該國仍享受同等權利者，該名外國人才能向我國政府申請國家賠償，這就是平等互惠原則。

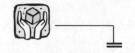

校園意外與民事責任

　　因校方的設施不當在校園中發生意外，如是在私立學校所發生的話，因為私校性質並非與公立學校一樣為公有公共設施，因此不能依照國家賠償法申請損害賠償。此時可依照民法中關於工作物所有人的責任的法律根據獲得理賠。

侵權行為與校園意外

　　民法第一百八十四條中規定，「因故意或過失不法侵害他人之權利者，負損害賠償責任」。也就是說，如基於故意或過失而用不正當的方法侵害他人的權利時，必須負擔損害賠償的責任。

　　所謂侵害他人的權利，權利的範圍包括生命權、財產權、身體權、貞操權……等之權利；不正當的方法，也就是指任何侵害他人權利的手段。

　　侵害他人權利有二種阻卻違法的事由，也就是正當防衛和緊急避難。正當防衛是針對人所引發的緊急狀況，為了避免自己或他人生命身體自由或財產上急迫之危險，所做的行為。緊急避難則是基於物所發生的緊急狀況，所引起的險所做的避免。

　　正當防衛的例子是，一個精神異常的人，將A醫師幻想為惡魔，因此拿刀追殺A。A為了避免被該精神病患砍傷，故拿棍棒把該病患打昏，此算是正當防衛。但防衛行為不可過當，打昏該病患為已足，若將其打死，則為防衛過當，依然需負賠償責任。

　　緊急避難的狀況是：例如家中失火，為躲避猛烈的火勢，只好將牆壁鑿破，逃到隔壁鄰居家，這是為了躲避因火災所引起的危險，所以，算是緊急避難。但為躲避火勢到隔壁家時，不慎打破隔壁珍藏多年的多數古董，此為避難過當，對於避難過當部分所引起的損害，依然需要負擔損害賠償責任。

校園意外與法定代理人責任

　　民法第一百八十七條規定，「無行為能力人或限制行為能力人不法侵害他人之權利時，以行為時有識別能力為限，與其法定代理人連帶負損害賠償責任。行為時無識別能力者，由其法定代理人負損害賠償責任」。

　　也就是說，當七歲以下的無行為能力人，或七歲以上未滿二十歲的限制行為能力人，對他人為侵權行為時，假如，該限制行為能力或無行為能力人有識別能力，則由法定代理人與其對該損害賠償負連帶責任。

　　反之，如果該限制行為能力或無行為能力人無識別能力，則由法定代理人對該損害賠償負責。

　　例如，托兒所中如有二個三歲的小孩打架，其中一個把對方眼部打傷，傷者花了一萬元醫藥費的案例中，因為三歲小孩沒有識別能力，所以，必須由其法定代理人負損害賠償責任。但如果事件的主角二個國中生，這個時候因為當事人已經有了識別能力，但因未滿二十歲的關係，因此由該限制行為能力人與其法定代理人負連帶責任。

　　但前述情形中，也有法定代理人不用負連帶責任的狀況，也就是「如果法定管理監督並未疏懈，或加以相當之監督而仍不免發生損害時」，如此種狀況時，該法定代理人不負賠償責任。

在以目前實務的狀況，因上述之「如果法定管理監督並未疏懈，或加以相當之監督而仍不免發生損害時」，而對於法定代理人的責任免除，其認定上是相當嚴格的。此外，就算行為人舉證其對事情的發生無過失，但是，只要有損害的結果發生，仍要負擔賠償責任，這也就是實務上偏向所謂「無過失責任」的主張。也就是，受害人只要申請賠償，法院則依「無過失責任」，得斟酌行為人及法定代理人之經濟狀況，令行為人或其法定代理人為全部或一部之損害賠償。

也就是說，目前我國實務見解，對於受害人的部分相當保護。因法律有規定，在法定代理人監督並未疏懈，或加以相當之監督而仍不免發生損害時，該法定代理人不負賠償責任的情形下，造成被害人無法獲得損害賠償之結果時，法院依然斟酌行為人及法定代理人之經濟狀況，令行為人或其法定代理人為全部或一部之損害賠償。因此，這是需要注意之處。

工作物所有人之責任

民法第一百九十一條規定：「土地上之建築物或其他工作物，所致他人權利之損害，由工作物之所有人負賠償責任；但其對設置或保管有欠缺，或於防止損害之發生，已盡相當之注意者，不在此限」。

也就是說，如學童因為學校設施有所不當，例如：鞦韆的繩子沒綁緊，學童蕩了以後，從鞦韆上摔下來；或是，應該定期維修保養的遊戲器具，沒有按時保養，造成學生受傷等等的狀況下，此時須由工作物設置之人，也就是校方負損害賠償之責。不過此是限於私立學校的狀況，公立學校則依國家賠償的程序進行，此已在前述有說明。

但前述損害之發生，如別有應負責任之人時，賠償損害之所有人，對於該應負責者，有求償權。也就是，雖然上述意外的發生，學校調查之後發現是廠商的因素，例如：鞦韆的繩子沒綁緊，是因為遊戲器材商的疏失；或者，應該定期維修保養的遊戲器具，因廠商的負責人員怠惰沒有保養時，此時，校方就可以向該負責維修或設置的承包商請求賠償。

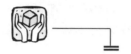

案例解析

案例 1

A國中三年一班是全校中問題最多的一班，除了班際的整潔秩序比賽中，一向是包辦倒數第一名之外，打架鬧事的事樣樣都來，使得此班導師與校長相當頭大。三年一班班長小中和他的哥倆好小華，經常在學校閒逛。有天，他們想爬進一班女生班中，結果因女生班的窗戶沒掛緊，被窗戶砸到頭，兩個人雙雙頭破血流，送到醫院縫十針。

案例解析 1

小中及小民因女生班窗戶沒掛緊，被窗戶砸到頭，兩個人雙雙頭破血流，送到醫院縫十針的例子當中。如果，A國中是公立學校，因此砸到小中他們的窗戶就算是公有公物，如無證實是人為因素（例如是女生班學生有人討厭小中，知道小中會潛入教室，因此為故意陷害他把窗戶沒掛好）之故，學生可以依照國家賠償法向國家求償。

　　但此項案例如是發生在私校的狀況，砸到人的窗戶就是私有的工作物，小中和小華二人就要依民法向學校求償，但如果可證實是人為因素，則此人須負損害賠償之責。

案例 2

　　三年一班的小民號稱化學小博士，他平時最喜歡上化學實驗課，而且喜歡發明新的實驗結果。因他沒有錢買化學藥品作實驗，因此常常溜到實驗室偷藥品私作實驗。某天，倒楣的小民拿錯了藥品，導致突然爆炸，小民全身百分之五十是三級灼傷，狀況相當危險。

案例解析 2

　　小民因拿錯了藥品，造成實驗中的藥品突然爆炸，炸得全身百分之五十是三級灼傷。

　　小民的發生損害事由，是因偷拿學校化學藥品加進實驗的關係。此時，老師如在課堂中告誡學生不可偷拿學校物品，或者告誡學生不可擅加藥品是以免意外傷害時，也就是此師「已經盡其督導之責」，因此小民不可向學校申請賠償，反而是，學校因小民的案子此發生損失，學校可向小民索賠。

　　在此，因小民尚為國中生未滿二十歲，因此，民事上的損害賠償責任，應由小民及其法定代理人負連帶責任。如小民如果未滿七歲，那麼就由其父母負損害賠償之責；萬一小民已成年，就由小民自己負損害賠償責任。

　　在刑事責任上，如果小民未滿十四歲，那麼刑事責任就無發生之可能；如果，小民十二歲以上未滿十八歲，那麼他就必須依少年事件處理法得程序進行；如果小民已成年，他就必須負擔因傷害所引起的刑事責任。

案例 3

三年一班的火爆浪子—小國,和他班上死對頭—小毛,平時就喜歡上演全武行,把教室裡的桌椅打得缺胳臂斷腿。脾氣暴躁的小國一日突發奇想,在小毛坐下前突然把椅子挪開,小毛坐了個空,屁股著地,結果因傷及脊髓,使他一輩子都無法走路。

案例解析 3

小國的惡作劇而造成小毛半身不遂,是用不正當的手段,因此是過失侵害小毛的健康權,所以在民事上,小國須負擔對小毛的損害賠償責任。因小國未成年,其法定代理人,也就是小國的爸爸媽媽,也要負連帶責任。

在刑事上,因為小國使小毛雙腿的機能毀敗,無法行走,因此構成刑法第二百七十八條的重傷罪。所以,在小毛父母向法院啟動訴訟程序時,如果小國是十二歲以上而未滿十八歲,他將會依少年事件處理法處理,如果小國已滿十八歲,則同一般成年人依刑法的制裁。

案例 4

小江和小陳是躲避球場上的二員大將,一天,因為球場上的糾紛,打了一場很暴力的躲避球,許多同學紛紛掛彩,瘀血的瘀血、慘叫的慘叫,直到回了教室,這場戰爭還無法平息,演變成了二人打架,最後是因為班長小中的勸解才結束這一場戰役。後來驗傷的結果,小江腦震盪住院一週,小陳臉上縫三十針。

案例解析 4

小江與小陳的暴力的躲避球賽中,造成許多同學紛紛掛彩。因躲避球是一項運動,一般來說,因運動而受的傷害,法律評價的先

決條件是：「事前已經過當事人的同意」，因此，一般以正常的運動方式受的傷，除非當事人有並不會受到法律的評價。但是，如運動員為比賽獲勝因此身上夾帶小刀，乘機刺傷對方。此時受害的一方依然可以依民法上的侵權行為，請求損害賠償。

本案中，二人回到教室後還繼續打架，後來，造成一方腦震盪住院一週，另一方臉上縫三十針的情形。在此，可成立刑事上及民事上的責任問題。但雙方都是未成年，因此刑事方面無太大的處罰，但如以民事賠償的著眼點來看，因是雙人互毆，因此，如可蒐集到「誰先動手」之證據，就知道應由何人負損害賠償責任。

案例 5

小王是三年一班中最乖的學生，晚上他經常留在教室讀書。有天，當他準備從學校騎車回家時，突然從天而降一個不明物體，打昏了他。事後經調查才知道是位女士，因感情問題跑到學校大樓跳樓自殺。

案例解析 5

本案中小王被一個外來客撞成腦震盪，雖然這件事是在學校發生，但是在法律上，因為這件事的當事人與學校方面毫無關係，雖然，可以歸類為校園意外的一種，但是，在法律上，是該名自殺者與小王間，發生民事與刑事上的關係。

該名自殺者如本人未死亡時，則由本人支付賠償，如已死亡則由其家屬代為補償。此時，除應該賠償小王在治療期間所支付的費用，還應該賠償此人精神上的損害，這是民法第十八條的規定。但因精神上的損害賠償是無法以民法中的「回復原狀」理賠，因此依民法第二百十五條的規定，以金錢賠償之。

假如，該名自殺者已經受到禁治產宣告，而成為無行為能力人時，則依據民法第一百八十七條，在有識別能力的情況下，由其與法定代理人負連帶責任，無識別能力的情況下，由其法定代理人負賠償責任。

　　至於刑事責任，若該自殺者在心神喪失的情況下跳樓，則其行為不會受到法律的評價，若為精神耗弱，則其行為得減輕其刑，此為刑法第十九條的規定。

結論

　　許多人認為校園應該是最安全的地方，孕育學子們的安全搖籃，但是，因為人與人間的互動，所以這個搖籃的安全，產生了更多的變數。

　　一般關於校園的意外案件，因受害人多是未成年人的關係，因此校園事件的發生，多數人會以一種較為關懷的立場去討論這個問題。

　　關於校園意外的發生，如果是自然的災害所致，就無法與法律的賠償問題有所交集。但，校園意外的發生，多數仍是以人為因素為主。如以人為因素為主的話，法律上的賠償問題，將是相當重要的一環。

　　校園意外這個專有名詞，是專指一切發生在校園的意外事件，事件的主角是學生、是老師、是學校，也可能是毫不相關的第三人，事件發生的時間可能在上課中，也可能在放學後，當然也可能在假期時，唯一不變的，只是發生事情的地點是在學校而已。

　　許多人在校園意外發生後，經常會同聲韃伐為何老師沒有照顧好學生，或者是，學校的門禁形同虛設，讓不相關的人進校園，或是，針對被害人的受害背景大大探討一番，但最重要的受害預防的問題，或許多數人都容易忽略。

　　校園也是一個社會，只是校園所富含的宗旨是單一化「教育輔

導」的關係，比起多元化的一般社會而言，校園確實是個較爲安全的地方。這也是一般人容易忽略校園的安全。

在多元化的現在，校園意外事件已非往昔僅止於不良少年鬧事互毆等刑事傷害案件性質。目前爲使將來就職容易，許多學生多擇技術院校就讀，因別於一般大學，技術性的大專院校因偏重現場實習操作的課程，因此「課業上所發生的意外事件」，或許會逾越目前刑事傷害案件爲主的校園意外案件，未來的校園意外案件，民事賠償的問題，或許是未來的主流。

我們永遠無法預估災難的發生，只因事前的安全預防總是有些疏失的地方，因此，事後的法律輔助將是保護當事人權益的重要之事。校園意外案件的發生，因涉及當事人是未成年的關係，因此，在法律上年齡的分界點問題將是本章中特別重要的部分，這是學習者需要注意的事。

★ 參考資料

校園事件通報管理系統實施要點[4]

85.12.28台（85）訓字第八五五二二六一四號訂頒

86.7.21台（86）訓字第八六〇八四四八一號訂頒

1. 為建立校園事件通報管理制度，掌握校園事件發生之資訊與
發展趨勢，以提升訓輔工作之效果，特訂定本要點。

2. 校園事件之通報管理，依作業內容區分為「即時通報」與
「定期彙報」：

　　1. 即時通報：指實際發生事件之學校，於事件發生後或於獲
　　　　　　　　知事件發生後，立即以傳真及電話方式通報主
　　　　　　　　管教育行政機關之通報作業。

　　2. 定期彙報：指主管教育行政機關定期將通報資料進行彙整
　　　　　　　　之作業事項。

3. 各級學校及幼稚園凡發生校園事件分類綱要（如附件一）所
列舉之學生意外事件、校園安全維護事件、學生暴力事件與
偏差行為、管教衝突事件及兒童少年保護事項等五大類之各
種事件，其程度達到校園事件程度劃分等級表（如附件二）
之重度以上者，須立即循通報系統通報主管教育行政機關。

4. 校園事件之即時通報流程，公私立大專院校及高中職校循軍
訓系統，公私立國民中小學及幼稚園循業務系統，說明如
下：

4. http://www.moe.gov.tw/displ/rules/H4-2.html，2002年08月05日參
訪。

學校層級		通報對象
大專院校	公私立大專院校	正本—傳教育部（軍訓處、省（市）、縣（市）立大學加傳所屬主管教育行政機關）
高中職校	國立高中職	正本—傳教育部（軍訓處）
	省立高中職	正本—教育廳（軍訓室） 副本—傳教育部（軍訓處）
	直轄市高中職	正本—教育廳（軍訓室） 副本—傳教育部（軍訓處）
	縣市屬高中職	正本—傳各縣（市）政府教育局—傳教育廳（軍訓處） 副本—教育部（軍訓處）
國民中小學	國立國民中小學	正本—傳教育部（國教司）
	省屬各縣（市）國民中小學	正本—傳各縣（市）政府教育局—傳教育廳（第四科）及教育部（國教司） 副本—教育部（國教司）（甲級事件）
	直轄市國民中小學	正本—教育局（主管科）—傳教育部（國教司） 副本—教育部（國教司）（甲級事件）
	金門連江地區	正本—傳教育局（主管科）—傳教育部（國教司） 副本—教育部（國教司）（甲級事件）
幼稚園	台灣省各縣市幼稚園小學	正本—傳各縣（市）政府教育局—傳教育廳（第四科）及教育部（國教司） 副本—教育部（國教司）（甲級事件）
	宜轄市幼稚園	正本—教育局（主管科）—傳教育部（國教司） 副本—教育部（國教司）（甲級事件）
	金門連江地區	正本—傳教育局（主管科）—傳教育部（國教司） 副本—教育部（國教司）（甲級事件）

即時通報限

1. 甲級事件之速報：各級學校及幼稚園遇有甲級（極重度）事件，應於事件發生時或獲知事件發生後，即以電話通報主管教育行政機關事件內容與處理概況，並依第四點通報流程，於十二小時內，填具通報表執行傳真通報程序，各縣（市）政府則應於接獲學校通報表十二小時內，填具核處情形，分別傳真教育部（國教司）及台灣省政府教育廳（台北市、高雄市僅傳教育部）。

2.乙級事件通報：各級學校遇有乙級（重度）事件，應於事件發生時或獲知事件發生後，依照第四點流程，於二十四小時內傳真通報主管教育行政機關（縣市立國民中小學乙級以下事件由主管教育行政機關彙處，免報教育部）。

3.丙級（中度）事件得免報，惟學校應定期彙整數據，陳報上級主管行政機關彙報教育部。

4.對於具有延續性質之各類事件，學校應依（一）、（二）項規定，即時通報處理概況，續以電話保持密切聯繫，並於事件處理終了時，詳實填具通報表進行真通報作業。

6.校園事件之通報以事件為單位，同一事件若涉及多項類別，則歸入最主要項目中（例如颱風災害造成設施倒塌傷及人員，應列為第二類校園安全維護事件中的○2颱風災害，而不列入第一類校園意外災害類別中）；若涉及多校學生共同參與，各校均應各自進行通報工作，上一級主管教育行政機關承辦人員於接獲通報後，應合併各校發生事例，歸併為同一事件，以單一事件進行處理。

7.各級主管教育行政機關應設立校園事件通報傳真專線或指定特定之傳真號碼進行通報作業，並將傳真號碼及聯絡人員名單，函知所屬學校及幼稚園並副知上級機關，遇有異動，應於業務交接後一週內或號碼更改後一週內，函知所屬學校、幼稚園並副知上級機關。

8.各級主管教育行政機關應將校園通報管理系統之資料按月彙整，每半年彙送上一級主管教育行政機關，逐級層報，由教育部（訓育委員會）彙整，陳報部長核閱。

9.教育部每年應就校園事件資料，指派專人進行整理或委託學者專家進行專案研究作成報告，擬具建議，提供主管教育行政機關及教育工作人員使用。

10.本項業務工作承辦人員應善盡保護當事人與學校之責任，除經指定之發言人對外發佈消息外，不得對外公開案情，

通報資料陳閱後應予編號，妥善歸檔保存。

11. 校園事件之處置若遇有學生身心調適問題，學校輔導人員應積極介入處理，以避免學生身心受到傷害。

12. 各級學校及幼稚園若查知違反少年福利法、兒童福利法、兒童及少年性交易防制條例之事例，除依本要點進行通報外，須同時依相關規定通報社政機關：國民中小學發現有未經請假未到校上課達三天以上之學生，即依國民中小學中途輟學學生通報辦法進行通報。

13. 各級主管教育行政機關得依實際需求，訂定緊急事件處理原則或要點，規範人員編組與作業程序，督促所屬學校切實執行，落實校園事件通報管理工作。

14. 本要點奉核定後實施。

校 園 事 件 分 類 綱 要			
主類(第一級)	次類（第二級）	分項（第三級）	說　　　明
1.學生意外事件	01車禍	01校園內車禍事件 02校外教學活動車禍事件 03學生在外活動車禍事件 04學生飆車車禍事件 99其他	學生所發生之意外與突發（非暴力）事件 校園內所發生之車禍 學校教學活動間發生之車禍 學生在外活動出遊車禍
	02溺水	01校園內車禍事件 02校外教學活動車禍事件 99其他	校內泳池、坑井溺水事件 學生校外玩耍、海釣等溺水事件
	03中毒事件	01食物中毒 02瓦斯中毒 03野外中毒 04其他氣體中毒 99其他	外訂便當、午餐不潔等因素 瓦斯設備使用不當 如毒蛇、野生植物毒人事件 工業氣體、垃圾廢氣等氣體

主類（第一級）	次類（第二級）	分項（第三級）	說　　　明
1.學生意外事件	04運動及遊戲傷害	01運動傷害 02遊戲傷害 03墜樓事件 04山難迷失事件 99其他	個人運動時不慎所致 學生遊戲活動不慎所致
	05實驗實習傷害	01實驗室傷害 02實習教室傷害 03校外實習見習傷害 99其他	如物化實驗操作不當或設施傷害 如工廠、家政、廚房等實習場所 如建教合作、參觀訪視實習活動
	06疾病身亡事件	01一般性疾病身亡 02突發性疾病身亡 03流行及傳染性疾病身亡 99其他	如一般疾病、癌症等病因 如心臟病、中暑等偶發性病因 如登革熱、猩紅熱等病因
	07自傷自殺事件	01校內自傷自殺事件 02校外自傷自殺事件 99其他	在校內發生之自傷自殺事件 在校外發生之自傷自殺事件
	08校園建築設施傷害	01工地整建傷人事件 02建築物坍塌傷人事件 99其他	屋舍、圍牆、看台等建築物
	99其他學生意外傷害		
2.校園安全維護事件	01校園火警事件	01校園人為縱火事件 02自然發生火警事件 99其他	外力危及或外人涉入校園公共安全事件 學生或外人縱火事件 電線走火等非人為事件
	02地震災害 03颱風災害		
	04水患災害	01天災引發之水患 02人為引發之水患	水患淹沒、浸泡設施 水患淹沒、浸泡設施
	05人為破壞事件	01辦公及行政單位破壞 02教室內器材設備破壞 03校園設施破壞 99其他	

主類（第一級）	次類（第二級）	分項（第三級）	說　　　明
2.校園安全維護事件	06校園侵擾事件	01外入侵入騷擾師長事件 02外入侵入騷擾學生事件 03畢業典禮校園騷擾事件 99其他	
	07校園失竊事件	01辦公及行政單位失竊 02教室內器材設備失竊 03校園設施失竊 99其他	
	99其他校園安全維護事件		學生(間)發生之偏差行為
3.發生暴力事件與偏差事件	01學生鬥毆事件	01械鬥兇殺事件 02幫派鬥毆事件 03一般鬥毆事件 99其他	
	02暴力犯罪事件	01殺人事件 02強盜搶奪事件 03恐嚇勒索事件 04擄人綁架事件 05妨害自由 99其他	
	03財產犯罪事件	01竊盜偷竊事件 02贓物罪案件 03詐欺背信重利事件 04侵佔罪案件 05經濟犯罪 99其他	
	04賭博犯罪事件	01一般賭博事件 02賭博性電玩 03六合彩、大家樂 99其他	
	05性犯罪（侵害）事件	01強暴強姦 02強姦殺人 03輪姦 04猥褻 05性侵（騷）擾 06不良書刊影片 99其他	
	06槍砲彈藥刀械違規事件	01私造事件 02攜帶持有 03販售事件 99其他	

主類(第一級)	次類(第二級)	分項(第三級)	說　　明
3.發生暴力事件與偏差事件	07麻醉藥品與煙毒濫用事件	01吸食使用持有事件 02製造運輸販售事件 99其他	
	08其他妨害案件	01妨害秩序 02妨害公務 03妨害家庭 99其他	
	09校園破壞事件	01縱火事件 02設施損毀破壞 99其他	
	10飆車事件	01飆車參與事件 02飆車傷人事件 99其他	
	99其他校園暴力或偏差行為		
4.衝突管教事件	01師生衝突 02親師衝突 03親生衝突		校園內發生之非學生間衝突事件 師長與學生間衝突 師長與學生間衝突 家長與學生間衝突
	04管教體罰事件	01疼痛性管教失當 02行為性管教失當 99其他	施以肉體疼痛之責打 不當施以罰站、跑步
	05學生抗爭事件	01個人抗爭 02集體抗爭 03聯合抗爭 99其他	少數個人個別抗爭行為 社團或學生群體抗爭 涉及校外人士團體參與
	06學生申訴事件	01個人事務申訴 02校務管理申訴 03師長行為不滿申訴 99其他	個人學業、品行、成績等申訴 學校行政、管教管理制度申訴 含師長之性騷擾、性侵害
	99其他管教衝突事件		
5.兒童少年保護事項(中學以下學校適用)	01個人事件	01在外遊蕩 02出入不正當場所 03離家出走(三日內) 99其他	違反兒童福利法少年福利法兒童及少年性交易防制條例超過三日者以中途報學案例通報
	02性交易(雛妓)防制案例	01強迫交易 02販賣人口 03誘拐引誘案件 99其他	
	03家庭事件	01長輩凌虐事件 02長輩亂倫行為 03長輩遺棄事件 99其他	

主類(第一級)	次類(第二級)	分項(第三級)	說　　明
5.兒童少年保護事項(中學以下學校適用)	99其他兒童少年保護事項		

校園事件程度劃分等級表

級別	通報要求及類型	一般性原則	一、學生意外事件	二、校園安全維護事件
甲級(極重度)	速報 以電話速報並補送書面傳真(十二小時內)	1.人員死亡、瀕臨死亡、準死亡。 2.十人以上集體或全校性事件 3.重大財產損失。 4.觸犯重大刑事案件(如擄人勒贖綁架)。 5.可能引起媒體披露並足以引發輿論關切。	1.校內意外致人員(準)死亡。 2.校外教學活動意外致人(準)死亡。 3.集體性意外傷亡。 4.大規模傳染性疾病。	1.人員(準)死亡或瀕臨死亡。 2.天然或人為災害致嚴重損失需緊急救助。 3.重大災害損失金額龐大。 4.可能受社會關注安全維護事件。
乙級(重度)	即時通報書面傳真(二十四小時內)	1.人員傷害或傷殘。 2.幫派結群事件。 3.具體財產損失。 4.觸犯法律者。	1.校內意外致人員傷害或傷殘。 2.校外教學活動意外致人員傷害或傷殘。 3.小規模傳染性疾病。 4.集體性災(山)難迷失。	1.人員傷害或傷殘。 2.天然或人為災害破壞致相當之具體損失。
丙級(中度)	得免報學校自存按月彙總定期陳報	1.觸犯校規但未造成人員傷害。 2.輕微財產損失。 3.非刑事案件但造成民事糾紛者。	1.具傷害威脅之事件且致人員輕微受傷。 2.意外事件及時處理未引發其他負面效應。	1.人員輕微傷害。 2.受天然或人為災害破壞致具體損失但金額不大。
丁級(輕度)	免報	1.觸犯校規但未造成人員傷害。 2.觸犯校規未受具體懲戒。 3.其糾紛衝突未達民事衝突。	1.具傷害威脅之事件但未致人員受傷。 2.意外事件及時處理未引發任何負面效應。	◎受天然或人為災害破壞無具體損失。

校園事件程度劃分等級表

級別	通報要求及類型	三、學生暴力與偏差行為	四、管教衝突事件	五、兒童少年保護
甲級（極重度）	速報 以電話速報並補送書面傳真（十二小時內）	1.人員（準）死亡或瀕臨死亡。 2.觸犯重大刑案者。 3.集體性（十人以上）犯罪且造成傷亡。 4.嚴重性犯罪事件。	1.人員（準）死亡或瀕臨死亡。 2.嚴重衝突與抗爭足以引發社會不安。 3.衝突事件可能引發社會關切者。	◎人員（準）死亡或瀕臨死亡。
乙級（重度）	即時通報書面傳真（二十四小時內）	1.人員傷害或傷殘。 2.觸犯法律犯刑事案件。 3.集體性（十人以上）違規犯罪。 4.性犯罪事件且造成傷害者。	1.人員傷害或傷殘。 2.衝突致教師傷害。 3.外力介入學生抗爭。	1.人員傷害或傷殘。 2.家庭或犯罪事件，足致心理重創者。
丙級（中度）	得免報學校自存按月彙總定期陳報	1.觸犯校規且造成人員輕微傷害。 2.猥褻性騷擾未造成傷害者。 3.偏差行為致民事糾紛者。	1.衝突致輕微傷害。 2.衝突致民事糾紛者。	◎個別與其他事件符合社政機關及法令要求通報者。
丁級（輕度）	免報	1.觸犯校規但未致人員傷害。 2.觸犯一般違反校規行為。	◎衝突發生但未致人員傷害。	◎具有跡象但未明確發生。

（　　　學校）校園事件即時通報表　通報日期：　　　年　　　月　　　日						
學校代碼：□□□□□□						

事件類別 （主類別）	事件類型及程度		時間	地點	人數	主要人物（姓名、年級、性別）
□1.學生意外事件 □2.校園安全防護事件 □3.學生暴力事件與偏差行為 □4.管教衝突事件 □5.兒童少年保護違反事件	嚴重程度 □甲級 □乙級 □丙級		年　月 日　午 時　分			

事件摘要	
事件原因及經過（按時間先後條列）	
處理情形（條列式）	
具體檢討與改進（措施條列式）	

備 註	一、甲級事件之速報，應即簡要摘述（基本資料、事件摘要、初步處理情形），公私立國中小學校及幼稚園速傳縣市政府教育局（國立國中小逕傳國教司）及教育部國教司（02-23976922），再由縣市政府教育局填具核處情形後再次傳教育廳（台北市、高雄市僅傳教育部）、教育部；高中職應同時逕傳教育部軍訓處（02-23224404）及教育廳（局）；公私立專科以上學校則直接電傳教育部軍訓處（02-23224404），省市縣市大學加傳主管教育機關；學校及縣市政府教育局並應於事後或接獲通報後十二小時內完成傳真或再傳真通報。 二、乙級事件學校必須於二十四小時內完成傳真通報。丙級得免報，惟教育局必須併入定期彙報表中填報。 三、各級主管教育行政機關通報主管科、課電話及傳真機號碼另以附件詳列。

校長：　　　單位主管：　　　承辦人：　　　聯絡電話：

主 管 教 育 行 政 機 關 核 示	會 簽 意 見	擬　　　　辦

罪與刑的索思
《關於刑事法令》

　　多數法律人將法律學當成唯一聖典，深覺人生種種疑難皆可循依解決。此種法律人崇畏法律的心態，不難理解。綜觀我國大學入學分數當中，理學領域以醫學爲上，文學領域中法學科系略比其他科目佔上風。入學制度成就了典型優劣人種取別的基本劃分法，令多數法律人深覺自我處在不可高攀領域，言語措辭也需艱深難解，如此才不會違反天賦聰穎的定理。

　　法律一物，原是人類創設解決紛爭的利器。爲求愼重，法律人在行使此利器前需將使用方法充分理解，也就是法條內容的理解程度將會左右法律人日後運用的順適。因此，法律人多數認爲，修習法學的重點乃在於暗背法條，不默背法條者，將被視爲異類。法律人皆可琅琅上口法條，除令人讚嘆外，也有鎮攝他人的保護作用。暗記法條一事，確實不易，因此許多法律人皆傲稱自己的腦爲「電腦」。有「電腦」的法律人所創設修訂的法條，豈不是可尊稱爲「電腦程式」？再端其「電腦程式」內部組織架構，如不實際運用，則無法得知其效力如何？因此，法的功能雖可在優質法律人的制訂、修正時達到近似完美，但仍有極限。

　　現代刑罰學的先驅貝加利亞（Cesare Beccaria，1738-94）在「犯罪與刑罰」一書中指出，現代國家不同於神權國家，其權力建基在以契約論爲基礎的政治學說上，自然人爲了避免長期處在人與人的爭鬥狀態，遂想到要讓渡一部分的權力與自由出來，以形成國家主權。國家刑罰機制的設立，便是爲了確保此一契約能不受任何侵害。但其刑罰的行使有其先天條件，也就是不可逾越自然人所讓渡的權力之外，「脫逸於這個基礎之刑罰的行使，全都是刑罰權的濫用，是不正常的事。」

　　凡人類所創的制度，不可能臻於至善，司法制度亦然。例如以死刑制度而言，如發現執行死刑有所錯誤，將無以彌補。只是司法

制度的循環，遺憾之事，似乎無法避免，只因法律制度如何完善，人為的錯誤往往是無法避免。

犯罪行為的處罰必須具備有責性。亦即處罰的對象必須具備「意思能力」，並且在自由意志之下所實施的意念及行為，方可接受法律評價。傳統刑事理論立足於以下假設：「人是意思自由的，所以必須為其自由意志下的行為負責。但在科學進步神速之下，現代心理學、行為科學、生物學、基因醫學、生命科學、犯罪學等等，早已證實人類的意志和行為在在受到遺傳和環境的深遠影響」。亦即，人類並非如現行刑事理論所主張的處於絕對自由意志狀態。每一個體皆是一具錯綜復雜的文化復合體。而其意志和行為是自然和文明的綜合產物。千百年前的事跡或人物的言行都可能衍化為某一個體的特定意志或某一行為。人類看似在「履行自己的行為」，其實是在執行特定時空影響之下的反射意念及行為。因此，個體無須亦不能為其本身行為負完全責任。反之，社會和人類文明必須擔負相當的責任。進之，對於犯罪人的譴責，除其本身以外，尚須包括蘊育犯罪人的自然及社會環境。例如，不良的教育環境；殘缺的社會福利制度導致貧窮和品質低落的成長環境；甚至污染的自然環境等。同理，在犯罪行為的處遇上，必須採取責任分攤方式，而不可由「不完全自由」的犯罪人全般負責。例如，社會必須付出成本，對社會化不良的犯罪人實施再社會化教育[1]。

國內一有名的刑法學者曾在其論著中如此描述：

「國家以刑罰對付犯罪人，對於犯罪人本身以及社會大眾，究竟有什麼意義與目的？」這是永恆的刑事政策議題。

古老不落伍的想法是報應，以牙還牙，以眼還眼。比較古老的報應思想有漫無節制的復仇意味；十八世紀啟蒙運動以來，所謂的報應是指公正的罪刑均衡，刑罰的反應必須以犯罪所造成的罪害相當，講究的是重罪重罰，輕罪輕罰。這是理性的報應，刑罰自有格律之美。在報應思想底下，不會出現「治亂世用重典」的刑事政策。

有些人認為，處罰犯罪人是為了追求一個目的，預防犯罪的目

的。懲一警百，殺雞儆猴，此稱為「一般預防」。處罰犯罪人士為了讓社會大眾知道，國家有嚴肅貫徹刑罰的決心，任何人都不要心存僥倖，企圖成為漏網之魚。一般預防走極端，就可能演出治亂世用重典的刑事政策。重罪固然要重罰，輕罪也當重罰；這樣，輕罪不敢犯，重罪自然得以防止。

有些人認為，處罰，是為了去除犯罪人的在範圍顯性，使負歸社會，犯罪乃得預防。此稱為「特別預防」。刑罰的反應，應該依照再可能性的高低，犯罪人主觀的罪性是刑罰發動的基礎。...」[2]

所謂良心的苛責，是逸脫於刑法中的罪刑法定主義理論。此種自我譴罰，或許有虛幻不切實際的批判，卻是亙古警惕人心的最佳寫照。犯罪與刑罰，是人類文明化之後約束自我行徑的利器，其教化人心的功能不容忽略。但泛泛人生當中總是有些定理是無法歸屬於法律中的理論，尤其是刑法學所能掌握。這或許是說明了法非萬能，其極限仍有所在。

1.以上關於貝加利亞之三段文章論述，摘自於「死刑制度之正反意」之文，中國死刑觀察(www.chinamonitor.org) 觀點理論 轉載，2002年5月25日造訪。

2.摘自林東茂教授於成功大學法律學研究所刑法專題講座上課講義。

少年事件處理問題

Chapter 8

◆

概說

◆

少年法庭

◆

少年保護事件

◆

少年刑事案件

◆

案例解析

◆

結論

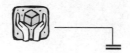

概說

　　青少年如同是一道道燎原的野火，他們精力旺盛，有如野草般春風吹又生。

　　目前我國社會狀況相當富庶，食衣住行等人生幾樣大事完全不令青少年煩憂，加上社會資訊進步與社會的發達，使得青少年們提早進入社會，接觸社會的一些事物，這樣的過程，我們稱為「社會化的過程」。

　　因社會化的過程加速，現代許多青少年享受了許多科技上的方便，他們外觀上看似成熟，實際上內心的成長卻尚未完全。如此狀況可從一般青少年的處事態度，以及犯罪行為的樣態當中可窺視得出。例如，犯罪學當中有一個叫做「次級文化」的名詞[1]經常印證於少年犯罪當中，也就是，一般青少年多是思慮不周、熱血沸騰，他們有時為了口中的朋友道義，願意為了不相熟識的人赴湯蹈火、兩肋插刀，除誤觸法網以外，也常遭幫派份子利用，當為犯罪實行的工具。

　　為體恤青少年智慮未純，漫長人生還有許多的空白等著他們彩繪，倘若因年少一時失足，就讓大好前程成為泡影，實在是過度嚴苛，因此，我國與世界其他國家一樣，紛紛設置了少年事件處理法的規定，對青少年加以更周密的保護，而不是過度的限制。

　　在此需注意的是，少年事件處理法（簡稱少事法）事實上是一套對於青少年事件處理的程序法規定，並非實體法[2]；同時，也是針對特定對象，也就是十二歲以上，未滿十八歲的少年所制定的特

別法，所以在規定未臻周全的情形下，依然要回歸到一般法，也就是刑法或刑事訴訟法，適用相關規定。

此外，少事法除了針對觸犯刑法的少年予以懲戒外，還對於可能觸犯刑法的虞犯[3]少年加以保護，讓他們遠離犯罪的可能，並不只是針對少年的非行行為予以懲戒。

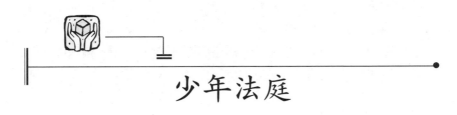

少年法庭

少年法庭的管轄

對事的管轄範圍

就管轄的事項而言，少年法院所處理的事件分為「非行行為」，也就是少年觸犯刑法法律的行為，以及「虞犯行為」，也就是少年有觸犯刑罰法律之虞的行為。

一般少年有觸犯刑罰法律之虞的情形，包括：

1. 所謂的次級文化理論就是指某些人認同其同輩團體或小團體特有之價值體系，而這些特有價值體系與一般社會所能接受的價值體系不僅有異，且不容於一般社會。亦即這些人僅隨著周遭同輩團體之 價值體系發展其特有之價值概念，而未接受整個大社會之價值標準。參閱蔡德輝、楊士隆（2001/06），犯罪學，五南出版社，頁100-101。
2. 關於實體法與程序法的規定，請查閱本書第一章與第二章。
3. 即是未來有觸犯刑罰法律之虞。

1. 少年經常與有犯罪習性之人相處。
2. 經常出入少年不應該進入的場所，例如：舞廳、酒吧；
3. 經常逃學或逃家。
4. 參加不良組織，例如：加入賓拉登的蓋達組織，或加入幫派，成為幫派的一分子。
5. 無正當理由經常攜帶刀械者。
6. 吸食或施打煙毒或麻醉藥品以外之迷幻物品者，例如：安非他命、搖頭丸、強力膠。
7. 有預備犯罪或犯罪未遂而為法所不罰者，例如：預備在公共場所賭博，卻因為人數不足而作罷，等七種。

對人的管轄範圍

如少年於當兵期間，因犯罪而依法應受軍事審判時，在某些情形下，仍然得由少年法院依照少年事件處理法處理；並不一定只要犯罪行為人具有軍人身分，就必須適用軍法而無例外。

在此特殊的是，在本法中也將適用範圍擴大到成年人身上。也就是說，將規範的對象擴張適用到少年的法定代理人，以及教唆幫助或利用未成年人犯罪的成年人身上。例如，少年是因法定代理人或監護人疏忽，觸犯本法時，其法定代理人或監護人少年法院得裁定其接受八到五十小時不等的親職教育。

在成年人教唆幫助或利用未滿十八歲之人犯罪或共同實施犯罪者，依其所犯之罪加重其刑至二分之一。這項裁定是由少年法院所作，但是效力即於一般法院。

假如七歲以上未滿十二歲之人有觸犯刑法法律的行為時，由少年法院適用少年保護事件的規定來處理，然而這項保護處分的實行也要參酌兒童福利法的規定。

少年法院的組織

　　少年法院的組織主要是依照少年事件處理法法條中第二章設置。但在少年事件處理法當中，並未特別予以規定的部分，所以少年法院應準用法院組織法中關於地方法院的規定。

　　關於少年法院的設置，在直轄市設少年法院；其他的縣市得視其地理環境、及案件量的多寡分別設立少年法院。假如在沒有設少年法院的地區，可以在地方法院中設立少年法庭，但是可以視其實際情形，而少年法庭的職務由地方法院原來編制內的人兼任，但是在職務的執行上必須依照少年事件處理法來處理，在高等法院及其分院應該設有少年法庭讓少年事件有上訴的機會。

　　關於人事組織方面，少年法院中也有院長、庭長、及法官。此外，在高等法院及其分院中，少年法庭的庭長及法官以及公設輔佐人。少年法院的輔佐人，除了必須具備一般法官庭長公設輔佐人的資格外，還須具備有少年保護的學識經驗及熱忱者方得為之。

　　此外，少年法院中的少年調查官及少年保護官二職，在一九九九年少年事件處理法修正前，其實合稱為觀護人。但是在修正後，觀護人的執掌二分成為少年調查官與少年保護官。

　　少年調查官必須調查蒐集關於少年保護事件的資料，而且對於少年觀護所、少年的調查事項、以及法律所訂的其他事務，這些都是他們職掌範圍中必須做到的；少年保護官掌理由少年保護官所執行的保護處分，以及法律所訂之其他事務，並且在執行職務時，少年調查官及少年保護官應服從法官的監督。

　　國內有學者認為這種職稱不如原先觀護人的職稱優雅[4]，並且認為觀護人工作的二分也是沒有必要的，因為少年法院的法官對該非行少年作出轉向的處分，也就是保護管束之前除了需要自己本身的專業素養外，還需要借重對於個案進行的調查報告，而調查報告通常是由少年調查官來做，但是在法官做出決定後，對於少年保護

管束的執行是由少年保護官來執行，在修法之前兩者的工作統合歸於觀護人執行，這樣來說對於少年犯的了解較深，保護管束的執行也較容易達到預期目的但是目前分工的結果恐怕會使兩者間工作的協調失去靈活。

此外，少年法院中所設立的調查保護處中的處長一職，通常是由少年保護官或少年調查官兼任。其職務主要是分配以及綜合處理少年調查及保護事務，假如該處的人員合計超過六人以上者，應該分組辦事，並且每組必須有一人兼任組長，襄助處長。

在少年法院中，分別設立刑事庭、保護庭、調查保護處、公設輔佐人室，同時，應該配置心理測驗員、心理輔導員及佐理員，心理測驗員、心理輔導員以及佐理員編制上是在調查保護處中，輔佐調查保護處職務的執行。心理測驗員、心理輔導員、書記官、佐理員及執達員，隨同少年保護官或少年調查官執行職務時，應服從其監督。

4.請參閱林東茂著，評少年事件處理法修正，月旦法學雜誌第50期，1999年7月出版，第141頁至第151頁。

少年保護事件

關於調查

　　少年保護事件一般情形來說，通常是由少年行為的或少年之住所居所所在地之少年法院管轄。

　　但是，少年法院就進行中的事件調查後，認為由其他具有管轄權的少年法院處理，將會使少年受到更適當的保護時，得以裁定移送到該管少年法院，但是，受移送的法院不得再行移送。

　　不論何人得知具有少年觸犯刑法法律之行為，或者有觸犯刑法之虞者，都可以主動向該管少年法院報告。檢察官、法警或法院在執行職務時，得知有類似事項者，亦應移送該管少年法院。少年有監督權人，或者少年目前所就讀之學校，或者是從事少年保護事業之機構，發現少年有觸犯刑罰法律之虞時，也得請求少年法院處理該事項。

　　少年法院接受少年事件之處理時，應先由少年調查官開始調查該少年與所遭請求處理之事件相關的行為，以及少年的品格、經歷、身心狀況、家庭環境、教育程度，以及其他必要的事項，並且提出報告，而且需要附具建議。但少年調查官調查的結果並不能作為法官認定事實的唯一依據，同時，少年法院在詢問關係人時，也就是少年的同儕、朋友時，書記官應該製作筆錄，作為證據。

　　少年法院的法官，或者少年調查官，對於事件調查時，得在必

要的範圍下，傳喚少年以及少年的法定代理人，或者現在保護少年之人到場。此項調查，必須在相當日期前，將調查的時間、地點通知少年的輔佐人。

對於少年的傳喚，應該使用通知書，記載被傳喚人的姓名、性別、年齡、出生地及居住所、傳喚事由、應到場的時間、地點。假如，少年以及少年的法定代理人，或者現在保護少年的人，無正當理由卻不到場者，得強制其同行。而且，最重要的是，通知書上必須有法官的簽名，假如，是由少年調查官傳喚時，應由少年調查官簽名，而傳喚通知書應送達於被傳喚人。

少年以及少年的法定代理人經過合法的傳喚後，沒有正當理由而不到場者，少年法院的法官可以依照職權，或者是依據少年調查官的請求，發給同行書，強制到場。但是，少年如遇有其犯罪嫌疑重大，而且無一定之住所或居所，逃亡，或有事實足以認為有逃亡之可能，或者有事實足以認為有湮滅、偽造、變造證據或勾串共犯或證人之虞者，或者所犯者為死刑、無期徒刑或最輕本刑為五年以上有期徒刑之罪，其中情形之一，而且少年法院法官認為必要時，得不經傳喚，逕發同行書強制到場。

同行書必須記載應同行人之姓名、性別、年齡、出生地、身分證字號、居住所，以及其他足以辨別之特徵[5]，以及需要同行之事由，還有應與執行人同行到達之處所，執行同行之期限，並且同行書必須經由法官簽名。

少年行蹤不明時，少年法院得通知各地區少年法院檢察官、法警機關協尋之。但不得用公告或登載報紙或者其他的方法，將少年的姓名公開。

協尋少年時，應該使用協尋書記載少年之姓名、性別、年齡、出生地、身分證字號、住居所，以及其他足以辨別的特徵。但年

5.假如上述事項不明者，得免於記載。

齡、出生地、身分證字號或住居所不明者，得免予記載。並且，在協尋書上要說明事件的內容、協尋的理由，以及應護送之處所。

少年經尋獲後，得逕行護送至應到之處所。萬一協尋的原因消滅，或顯無必要時，應即撤銷。

少年法院在必要的情形下，得對少年裁定責付。少年的法定代理人、家長、最近親屬，以及現在保護少年之人，或者其他適當之機關團體或個人，並得在事件終結前交付少年調查官，為適當之輔導。亦得將其收容於少年觀護所，但是必須在不能責付，或者責付顯然不當時，而須收容者為限。

少年觀護所收容少年的期間，調查或審理中均不得超過兩個月。但是有繼續收容的必要時，可以在期間未滿前，由少年法院裁定延長收容期間；但是，延長的期間不得超過一個月，而且，只能延長一次。假如，收容的原因消滅時，少年法院應將收容的裁定撤銷。

假如，少年法院依調查之結果，認為少年觸犯刑罰法律，而且，所犯之罪為最輕本刑為五年以上有期徒刑之罪，或者，事件發生後已滿二十歲者，應以裁定移送於有管轄權之法院檢察署檢察官。在此情形之外，少年法院依調查之結果，認為犯罪情形重大，參酌其品行、性格以及經歷，以受刑事處分為適當者，可以將其移送到有管轄權的檢察官。但是，少年犯罪時如果未滿十四歲，上開的規定都不適用。

再假設少年法院依調查的結果，認為沒有交付保護處分的原因，或者具有其他事由而不應付審理時，應該做不付審理的裁定。少年如果因心神喪失的話，可以要求他進入相當處所，實施治療。

少年法院依照少年調查官調查的結果，認為情節輕微以不付審理較適當時，可以做不付審理的裁定，並且轉介兒童或少年福利教養機構做適當的輔導。此外，或者是交付兒童或少年的法定代理人嚴加管教，或者告誡。這些處分都應該交由少年調查官執行，而且，在法官做出裁定前，可以斟酌情形，經過被害人的同意，要求

少年向被害人道歉，立悔過書，以及向被害人支付相當數額的慰撫金。關於慰撫金的支付，少年的法定代理人應該負連帶支付的責任。

少年法院依照其調查的結果，認為應該交付審理時，應該為開始審理的裁定。

再論少年輔佐人，少年輔佐人是指保障少年在程序上的權利，以及協助少年法院促成少年的健全成長的人。

一般來說，少年的輔佐人通常具有律師的資格。但是，假如選任者並非律師時，應該得到少年法院的同意。

少年或者是他們的法定代理人可以隨時選任少年的輔佐人，但是，犯最輕本刑為三年以上有期徒刑之罪，而未選任輔佐人時，少年法院應指定適當的輔佐人；其他的案件，假如有選任輔佐人之必要時，法院也應指定適當的輔佐人。

在審理方面，少年法院在審理事件時，應指定審理期日，並且應傳喚少年及其法定代理人，並通知少年的輔佐人，而且，指定期日時也要考慮到少年及其法定代理人準備審理所需要的期間。但是，經過少年及其法定代理人的同意後，可以立即開庭審理。

調查以及審理少年事件的過程不公開，但是，少年的親屬、學校教師以及從事少年保護事業之人，可以在場旁聽。審理過程中，應顧及少年年幼，法官因此應以和藹懇切的態度進行。此外，法官參酌事件的性質，和少年的身心環境狀態，可以不在法庭內進行審理。

審理或詢問少年時，應該給予少年的法定代理人或輔佐人陳述意見的機會，而且，審理時必須調查必要的證據。如法官認為有必要時，可以在少年陳述時，不令少年以外的人在場，而少年以外的人為陳述時，不令少年在場。

少年法院依照審理的結果，認為少年觸犯刑罰法律，而且符合移送地檢署的要件時，應做移送的裁定。如法官認為以受刑事處分較為適當時，也可以移送地檢署。反之，假如事件不應或不宜付保護處分時，應該裁定不付保護處分。

關於保護處分的執行

少年法院審理事件時，除了做出移送地檢署的裁定，或者不付保護處分的裁定，也可以用裁定論知少年保護處分。至於保護處分的方式，包括訓誡，並得予假日生活輔導；交付保護管束，並得命其為勞動服務；或交付安置於適當的福利或教養機構輔導；也可以令其入感化教育處所，施以感化教育。

假如，少年仍有煙毒、吸食麻醉迷幻物品成癮或酗酒者，也可以要求他實施戒治。此外，若少年的身體或精神狀態有缺陷，則可以令其進入相當處所實施治療。這種論知並不用通知少年，治療的期間與上述保護處分一併實施。

少年法院在決定是否做出保護處分，或者應做何種處分時，如認為有必要，則可以用裁定將少年交付少年調查官，做六個月以內的觀察。而是否觀察的裁定做出後，少年法院可以徵詢少年調查官的意見，把少年交付適當的機關學校團體或個人觀察，並且，接受少年調查官的指導。少年調查官應該將其調查的結果提出報告。

受到保護處分的少年，如果另外受到有期徒刑以上，刑的宣告確定時，為保護處分的少年法院，得以裁定將該處分撤銷。

假如，受到保護處分的人另外受到保安處分的宣告確定時，做保護處分的少年法院應該裁定其應該執行的處分。萬一受到保護處分的人又受到另外一件保護處分，兩件分別確定時，後處分的少年法院得以裁定，定其應執行的處分，假如，已經按照上述規定執行處分時，其他的處分無論是否開始執行，都視為撤銷。

當少年法院做保護處分，且發現並沒有審判權時，應該以裁定撤銷該處分。並且，將該案件移送於有審判權的機關。保護處分的執行機關，發現有足以認為做出裁定的法院並沒有關轄權時，應該立即通知該少年法院。

少年法院所做出的裁定，應該將正本送達少年及少年的法定代理人、輔佐人以及被害人，並且通知少年調查官。文書的送達，通常適用郵寄的方式。但是，在該少年事件中，不得用公示送達，以及因並未陳明送達代收人，而交付郵局以為送達，這是為了保障少年的權利而設的規定。

少年法院法官對少年的訓誡中，必須指明其不良行為，並告知他將來應該遵守的事項，同時應該要求立下悔過書。實行訓誡時，應該通知少年的法定代理人以及輔佐人到場。

少年的假日生活輔導通常是三到十次，由少年法院交付少年保護官於假日時進行。輔導視情況對少年實施特別或群體的品德教育，並且輔導他相關的課業，也可以要求少年進行勞動服務，讓他養成守法的精神。

關於假日生活輔導的次數，通常是少年保護官視輔導的成效而訂定次數。然而在假日生活輔導進行上，少年法院得依少年保護官的意見，將少年交付適當的機關團體或個人進行，但是仍然需要受到少年保護官的指導。

對於少年的保護管束，通常由少年保護官掌理。

少年保護官應該告知少年遵守的事項，而且和少年常保聯絡，注意他的生活習慣，以及行為，隨時得以進行糾正。

而且，可以就少年的教養、醫療、求職與改善環境進行相當的輔導。少年保護官因為執行職務，應該和少年的法定代理人進行必要的協商，少年法院也可以依少年保護官的意見，將少年交付給適當的福利或教養機構，或其他適合進行保護管束的，人對少年進行保護管束，但是，在進行時依然要受到少年保護官的指導。

保護管束和感化教育的執行期間都不能超過三年，少年轉介輔導處分及保護處分的執行最多到年滿二十一歲為止。

保護管束的執行已經超過六個月，有成效而且沒有繼續執行的必要時；或者，因為事實上的原因，以不繼續執行為宜者，少年保護官可以向少年法院聲請免除執行保護管束。

但是，少年在保護管束的執行期間，違反應該遵守的事項；而且，不服從勸導達到兩次以上；而且，有觀察的必要時，少年保護官可以聲請少年法院裁定，留置少年在少年觀護所中，予以五天之內的觀察。

少年在保護管束期間內違反應該遵守的事項，情節重大；或者曾經受到觀察處分後，再次違反應該遵守的事項，並且足以認為保護管束很難達到預期的矯正效果時；少年保護官可以聲請少年法院裁定撤銷保護管束，並且把所剩下來的執行期間要求他進入感化處所，實施感化教育，假如，所剩的時間不滿六個月，仍然應該執行六個月。

執行感化教育超過六個月，而且認為沒有繼續執行的必要時，可以由少年保護官或執行機關付具事實，聲請少年法院裁定免除或停止施行。

此種聲請也可以由少年或少年的法定代理人提出，而停止感化教育執行時所剩下來的時間，應該由少年法院裁定交付保護管束。

少年法院論知保護處分的裁定確定後，執行保護處分所需要的費用，可以斟酌少年，或者是對少年負有扶養義務之人的資力，裁定要求負擔所須教養費用的全部或者一部。但是，假如少年的家境清寒，無力負擔時得豁免。

抗告及再審

少年、少年的法定代理人或輔佐人對於少年法院的裁定有所不服時，可以提起抗告。

但是，輔佐人提起抗告，並不能和選任人明示的意思相反。而少年的被害人或者被害人的法定代理人，對於少年法院的裁定，亦可以提起抗告。

　　然而，被害人已死亡，或者有其他事實上不能的原因時，可以由他的配偶、直系血親、三等以內旁系血親、二等以內姻親6或家長、家屬提起抗告。

　　抗告時，以少年法院的上級法院為其管轄法院。

　　對於抗告法院的裁定，不可以再進行抗告，提起抗告的期間是十天，從裁定書送達後開始起算；但是，裁定宣示後送達前的抗告，也是具有效力的。

　　通知保護處分的裁定確定後，萬一所適用的法規顯然具有錯誤，並且足以影響裁定的結果，或者，因為發現了確實的新證據，足以認為受到保護處分的少年不應該交付保護處分時，而認為應該不交付保護處分者，少年保護官、少年以及少年的法定代理人或輔佐人，可以聲請少年法院重新審理。

　　少年受到保護處分的執行完畢後，因為重新審理的結果而需要受到刑事追訴者，其不利益不及於少年，也不用裁定將少年移送到有管轄權的法院檢察署檢察官。

　　經少年法院法官做出不付保護處分的裁定確定後，經過少年的自白，或者發現了確實的新證據，足以認為應該交付保護處分者，少年行為的被害人或者法定代理人，可以聲請為不付保護處分裁定的少年法院重新審理，然而，在諭知不交付保護的處分裁定確定後經過一年，不可提起再審的要求。

6.關於血親親等的計算，必須依照民法第九百六十八條的規定：「血親親等之計算，直系血親，從已身上下數，以一世為一親等；旁系血親，從已身數至同源之直系血親，再由同源之直系血親，數至與之計算親等之血親，以其總世數為親等之數。」稱姻親者，依據民法第九百六十九條，謂血親之配偶、配偶之血親及配偶之血親之配偶。
而民法第九百七十條則為姻親親等的規定：「姻親之親系及親等之計算如左：一血親之配偶，從其配偶之親系及親等。二配偶之血親，從其與配偶之親系及親等。三配偶之血親之配偶，從其與配偶之親系及親等。」

少年刑事案件

程序

　　關於少年犯罪的刑事追訴及處罰，以上述關於少年犯罪的移送為限。

　　刑事訴訟法中，關於自訴的規定，在少年刑事案件並不適用，本法對少年刑事案件的規定，只有在少年犯罪後，已經滿十八歲行為人才會有所適用。

　　和刑事訴訟相同，少年刑事案件的偵查，自檢察官受理少年法院移送之少年刑事案件開始。

　　檢察官依照偵查的結果，對於少年犯最重本刑五年以下有期徒刑之罪，經過刑法第五十七條關於科刑輕重之標準衡量後，認為以不起訴處分，而受保護處分較為適當時，得為不起訴處分，而移送少年法院，依照少年保護事件來審理。

　　應該起訴者，應向少年法院提起公訴。假如，是對兒童或少年有違反兒童福利法或少年福利法的行為，並觸犯刑罰法律的刑事案件，或者是對兒童及少年犯兒童及少年性交易防治條例或刑事案件時，應該向少年法院起訴。

　　但是，經過檢察官為不起訴處分者，則移送少年法院依少年保護案件審理。該案件如果再次受到少年法院裁定移送地檢署，檢察官不可以再次為不起訴處分，而移送少年法院，依照少年保護事件審理。

　　對於少年犯罪已經爲保護處分時，不得就同一事件再爲刑事追訴或處罰。但是，其保護處分已經因爲受到有期徒刑以上刑的宣告確定，或者因爲無管轄權而撤銷時，不在此限。

　　關於少年刑事案件的偵查與審判，準用關於少年保護事件的相關規定。

　　少年被告除非有不得已的情形，不得羈押[7]之。

　　少年被告被羈押時，應於少年觀護所行之；年滿二十歲時，則應移至看守所。少年刑事案件在少年法院調查中的收容，視爲未判決前的羈押，以一日抵有期徒刑或拘役一日，或者是折抵易科罰金一日的額度。

　　少年被告在偵查審判時，應該和其他的被告隔離。但是，在一般刑事案件分別審理且有困難，或者認爲有對質的必要時，可以不用隔離。

　　少年刑事案件的審判可以不公開，但是，少年的親屬、學校教師以及從事少年保護事業或者認爲相當之人，可以在場旁聽。

　　假如，少年或者少年的法定代理人請求公開審判，除非法律要求不得公開，否則法院不得拒絕。

7. 羈押是一種強制處分，爲剝奪被告身行動自由的侵害，是嚴重影響人民權益的處分。因此，刑事訴訟法限制羈押要件，必須在偵察中，經檢察官訊問後，認爲有羈押之必要者，應自拘提或逮捕之時起二十四小時內，聲請法院羈押之。而法院在訊問被告後，除非認爲有逃亡或有事實足認爲有逃亡之虞、有事實足認爲有湮滅、僞造、變造證據或勾串共犯或證人之虞，或所犯爲死刑、無期徒刑或最輕本刑爲五年以上有期徒刑之罪者，而且不予羈押，顯難進行追訴、審判或執行時，才可以羈押，否則法院是不可以任意羈押被告的。另外，被告涉犯刑事訴訟法第一百零一條之一第一項各款所列舉的罪，如果經法院訊問後認爲犯罪嫌疑重大，有事實足認有反覆實施的危險，並有羈押的必要時，法院也可以羈押被告。法院訊問被告後，雖然有上述情形，但是認爲沒有羈押的必要時，法院可以命具保、責付或限制住居。如被告有刑事訴訟法第一百一十四條各款情形時，除非被告不能具保、責付或限制住居的情形，否則法院也不能羈押被告。

　　法院審理少年刑事案件，對於少年犯最重本刑十年以下有期徒刑之罪，如果顯然可以憫恕，並且依照情形減輕其刑仍嫌過重，而以受保護處分較爲適當時，得免除其刑，而諭知其受到保護處分，並且適用上述關於保護處分的規定。

　　少年不得對其宣告褫奪公權及強制工作，少年受刑之宣告，經執行完畢或赦免者，適用關於公權力資格之法令時，視爲未曾犯罪。

　　假如，受到三年以下有期徒刑、拘役或罰金之宣告，並且未曾受有期徒刑以上刑之宣告，或者前受有期徒刑以上刑之宣告執行完畢，或赦免後五年內未曾受有期徒刑以上刑之宣告者，並認爲以暫時不執行爲適當時，可以宣告兩年以上五年以下的緩刑，而緩刑的期間自裁判確定之日起算。

　　對於少年犯受刑人在監獄中，未滿十八歲者應收容於少年矯正機構。收容中年滿十八歲而殘餘刑期不滿三個月時，可以繼續收容在少年矯正機構，受刑人在十八歲以上未滿二十三歲者，依其需要可以收容在少年矯正機構，直到完成教育階段。

　　關於少年受刑人的犯罪原因、動機、性格、學歷、經歷以及身心狀況，還有所有可供行刑上參考的事項，應該在入監時由指揮執行機關通知監獄，並且，應注意德育陶冶其品行，並施以社會生活所必須之科學教育及技能訓練。

　　少年在受到徒刑的執行，而有悔悟，並有實際證據時，無期徒刑執行七年後，有期徒刑超過執行期間三分之一後，得以假釋。

　　然而，少年在緩刑或假釋期間中，應交付保護管束，並且，由少年保護官執行。於此，保護管束的執行，準用上述保護處分執行的規定。

效果

　　基於對少年的保護，任何人都不得在媒體資訊或者用其他公開的方法，揭示有關於少年保護事件或少年刑事案件的記事或照片。如有違反此原則時，由主管機關依法予以處分。

　　少年受到轉介處分執行完畢兩年後、或受到保護處分刑的執行完畢、或赦免三年後、或受到不付審理、或不付保護處分，及裁定確定後，視為未受各該行之宣告。

　　少年法院在此項情形發生時，應該通知保存少年前科紀錄，及有關資料的機關，將少年的前科紀錄以及有關資料予以塗銷。而此資料以及紀錄非為少年本人之利益，或經少年本人之同意，少年法院及其他機關不得提供。

　　違反上述規定，而未將少年的前科紀錄以及相關資料塗銷，或無故提供者，處六個月以下有期徒刑、拘役或新台幣三萬元以下罰金。

　　外國少年受到轉介處分、保護處分或緩刑期內交付保護管束時，可以用驅逐出境代替。而此項驅逐出境得由少年調查官或少年保護官向少年法院聲請，而由司法警察機關執行。

案例解析

案例

阿火一群人是村子裡的八家將成員，上課的狀況不是翹課，就算到校也是打瞌睡混日子。阿清是八家將裡的頭頭，輟學兩年，家境清寒，為了過生活只好去機車店當學徒，白天他是乖巧的學徒，到了夜裡，他是搖頭舞廳裡的保鑣，常常為了工作的需要而傷痕累累。小黑是八家將裡的老二，輟學一年，因為家境還過的去，就留在家裡當米蟲，平常無聊就跟著隔壁的大哥收收保護費，是鄰里有名的惡少。綠頭和紅頭、花頭三兄弟，是村子裡最引人注目的逃學三兄弟，每次出門就騎著他們為了飆車而改裝的機車，拔掉消音器不說，還故意打破排煙管，讓鄰居都知道他們的行蹤，還在半夜進進出出，吵的大家不得安寧。

阿火是八家將裡身分背景最顯赫的，他的父親是黑道大哥，進出監獄是常有的事，號稱「天邊一條龍」；火媽是個私娼寮的老鴇，事業遍及檳榔攤、色情馬殺雞、辣妹紅茶店，她還說：「不論阿火日後要做私娼寮老闆，或是繼承他父親的衣缽，她一律支持。」一天，阿火在飆車時被另一群青少年攔下來盤查，為了怕自己的兄弟吃虧，那一票兄弟只好傾巢而出，把另一夥青少年打得半死，最後警察把他們全抓進警察局，一個都不漏。

案例解析

依據上開所述，阿火等一群國中的少年，都應是少年事件處理法所規制的對象，所以，在他們一群人的身上都有少年事件處理法的適用。

小黑跟著隔壁的大哥收保護費，因為收保護費行為有可能涉及恐嚇取財罪，所以嚴格說來，萬一那位大哥的行為構成了刑法上的恐嚇取財罪，那麼，跟著他的小黑也同時構成恐嚇取財罪，小黑應該用少年事件處理法中，關於刑事案件規定的程序處理。

綠頭三兄弟和阿火平日經常逃學，而且，在為了拯救阿火的經過中，大家開始打鬥，為此都進了警察局，所以，大家都必須依據少年事件處理法中的少年保護事件處理。

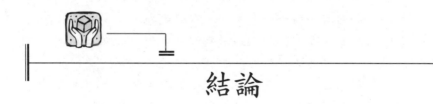

結　論

關於探討少年事件處理問題時，我想需要從少年犯罪的方向來思考。

少年犯罪一直是現今學術、實務人員所熱切探討的問題，甚至，把它歸納成一門獨學從事研究。

以目前少年犯罪手法日漸殘虐的狀況來說，少年犯罪確實是有從事其單方面研究的必要。現在的少年，喜好追求快樂，即使是短時間的快感，例如飆車，在那短短的時間裡，找到極致的解放與刺激，對於青少年來說，是一種對於生命真實的體會。或許因為講求效率，也就是凡事需立即見其成果的此種社會文化影響，改變了少年思想的價值觀。

　　目前也從事教育學程教學的我，曾在多次與高、中學以及國小甚至幼稚園教師們接觸，討論對於現代青少年心態問題。曾有一個老師的發言令我印象深刻，

　　他說：「孩子，是天使與魔鬼的結合體」。

　　這句話或許聽起來有些詼諧，但從事犯罪學術研究，以及曾在日本警政單位從事實務工作的我，經歷了許多少年犯罪案例。在這其中，少年犯罪的樣態有時實在是令人匪夷所思。只因少年犯罪時多是逞「一時之勇」，此時的爆發力是許多成年人所無法比擬，有時真可以「魔鬼的化身」來描述。但許多少年事後被捕，被警檢人員告知自己已闖大禍未來將受審判之厄時，多數大多不知所措，放聲大哭，此時的悲切，令人聯想到天使殞落。

　　在探討少年犯罪因素之前，首先須理解一般的犯罪因素當中，「環境」與「本質」因素的探討，這是研究犯罪之學最為重要的部分。

　　在刑事裁判當中有二大重要的原則，其一為依證據來解明犯罪之事實，其二為理解被告的犯罪動機及背景。就如同日本有句諺語：「罪可憎，惟人非可憎」[8]的此種性善論的思想，犯罪時是有其情非得已的隱痛。也就是因有這種同情的觀點存在，因此實務上也就有減刑，或者是緩刑的情況出現。

　　因此，許多犯罪被告在法庭審判當時雖已認罪，但論述其犯罪的動機時，經常會主張是「情非得已」之下才犯罪。例如，「出身貧困」、「上有年邁雙親、下有嗷嗷待哺子女」、或者是「受到被害人的殘害」等等，都是被告常說的理由。被告如此的心態，無非是將其犯罪的動機背景，歸罪於他人，或者是環境，企圖讓法官減輕自己的罪。

　　「環境」確實是引誘人犯罪的一重要因素，舉凡犯罪學及社會學理論當中，環境因素是誘導犯罪的一重要關鍵[9]。例如，選舉時期因賄選案被逮捕的人或許都會以「在台灣選舉，不花錢是不行的，如你和我是同樣的狀況下，你也會這麼做…」此種方式辯解。

　　但是，並非身處同樣狀況的人一定會犯同樣的罪。也就是出身貧困的人，不犯罪的人也是相當多；相同的，花錢買票的人，也不一定會當選。也就是犯罪的發生除了「環境」所趨之外，也不應忽視所謂的「本質」論。

　　十九世紀末，犯罪生物學始祖，也就是義大利的醫學家龍布羅梭倡導了「天生犯罪人說」[10]，也就是犯罪人是天生具有容易犯罪的本質之說。但此學說中是以肉體的外表特徵（例如多生一根肋骨、上顎突出等等）來區分一般人與犯罪人，因說服力欠佳，因此被後世學者所推翻。

　　但將龍布羅梭之人體外表特徵之犯罪決定論此種有瑕疵的部分除外，具有強烈攻擊性的人格特質、或者是有變態性癖好特質，也就是具有所謂的犯罪人天生特質者，相信於當今社會中也有不少。當然，與環境因素一樣，有所謂的犯罪的傾向特質，不一定就會犯罪，只因依其「環境」的影響，緩和了犯罪的可能性。因此，犯罪並非單以「環境」或「本質」因素而論，而是因「環境」與「本質」之相乘作用所產生。

　　但是少年犯罪當中，上述的「環境」與「本質」之相乘作用論說較為微弱，目前學說的趨勢是「環境」的單一因素佔有重要的比例。也就是，目前少年法的規定中，犯罪少年不似成年犯罪人需負刑事責任的原因，是偏向考慮到少年犯罪的動機並非為個人本質因素，而是家庭、社會的環境敗壞所影響。

　　承述以上的說法，少年法當中，對於少年犯罪的基本觀點以「犯罪並非當事人主人格所驅使，而是與當事人主人格相異之人格

8. 日語原為：「罪憎人憎」。
9. 請參閱蔡德輝、楊士隆（2001年），犯罪學，五南書局。
10. 參閱陳慈幸（2002年），犯罪生物學講義，國立中正大學犯罪防治系犯罪生物學課程講義。

所致」，此種犯罪人格分別論點來詮釋[11]。因此，少年法當中，不主張以刑罰來制裁當事人，而主張以教育輔導來矯正其行[12]。

回溯少年法制訂當時，我國社會環境較現在貧困，也就是當時的少年犯罪幾乎可說是在「貧困」的環境下所產生。但現在，因經濟貧困而犯罪的少年並不多，反而是經濟富裕的少年犯下手段極端兇殘的犯罪例子較多。也就是，少年法制定當時的宗旨，是否可因應目前時代的潮流？是件頗有疑問之事。

如以目前少年犯罪的手段極為兇殘的角度來看，如果認為少年犯罪的原因是在家庭環境或是學校教育等之「環境」因素的學者，大部分支持現今少年法的觀點，也就是以「教育輔導」的理念來矯正犯罪少年。但如是支持「犯罪本質論」的學者，將會認為教育輔導對於犯罪少年是毫無意義，並同時對於少年法中少年保護處分規定有所質疑，並倡導犯罪少年也應負刑事責任。

抱持論調的學者各持其論，不管以上的論點如何，目前少年法之宗旨，也就是「犯罪並非當事人主要人格所驅使，而是與當事人本人不同的人格所致」此種犯罪人格分別論點來詮釋少年犯罪是否適切？未來是須端靠社會全體意識型態來評價，不應駐足於目前的觀點。不管如何，社會不斷的進步，犯罪的類型也會隨著轉變，相同的，未來少年犯罪也會有很大的改變。因此，少年犯罪問題的解決，並不是單靠目前的少年法—「以教育輔導為重即能感化偏差行為少年」宗旨，就能讓少年犯罪銷聲匿跡。少年法應不斷因應社會變遷而做增修，同樣的，法解釋與運用亦需伴隨其轉變，如此才能得到真正犯罪防治上的效果。

11. 參閱陳慈幸（2002年），少年犯罪講義，國立中正大學犯罪防治系學分班少年犯罪課程講義。

12. 河上和雄（1998年），少年犯罪「素質」「環境」，講談社文庫，頁335至頁336。

性騷擾與性侵害問題之現象面與法規範

Chapter 9

◆

概說

◆

校園性侵害與性騷擾

◆

妨害性自主罪

◆

案例解析

◆

結論

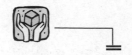

概説

　　性騷擾與性侵害和稱為性犯罪。性犯罪當中，性侵害犯罪是屬於暴力犯罪的類型之一，而暴力犯罪類型，例如竊盜、搶奪、傷害皆屬之。

　　只要是犯罪，都有其犯罪黑數產生。以我國的學術研究中所詮釋的定義中可得知，犯罪黑數又稱為「犯罪的未知數」，也就是，所有不在各種犯罪統計數字中出現的數字，或者為未受到司法機關追溯或審判的犯罪，算是一種隱藏性的犯罪[1]。

　　在所有暴力犯罪類型中，尤以性犯罪類型極易形成犯罪黑數。除往昔農業社會中，女性因傳統的貞操概念影響，畏懼自己的社會地位因此受損外，面對事件公開後所引發的二度傷害、三度傷害，以及畏懼加害人的報復行為等，也是當事人不願公開被害的主要原因。

1.請參閱林山田著，犯罪問題與刑事司法，商務印書館，民國六十五年出版，頁8。

校園性侵害與性騷擾

　　與外界五花八門的社會相較之下，校園算是個極為單純的小型社會。校內構成人員僅是老師、學生以及提供行政服務的職員外，校園為教育授與之所的單純性質，也是一般人認為無犯罪發生的可能性。但以性侵害案例來說，校園內經常有濫用權勢性交（例如教師利用其職權使學生就範），以及未成年偷嘗禁果，反導致成性犯罪的情況，在當今社會中，也是經常可耳聞。

　　不管是性騷擾或是性侵害，都是屬於可使受害人心理發生嚴重創傷的犯罪行為。目前刑事司法倡導所謂的「修復型的司法」，也就是我們將其解釋為「被害者學」。在此領域當中，犯罪被害後所有的「被害後壓力創傷後遺症候群」（PTSD），是困擾被害人的一種心理壓力症候群。

　　一般所謂的「被害後壓力創傷後遺症候群」（PTSD）的明顯症狀，除了失眠、心悸，以及做事不專心，精神沮喪之外，有些被害人並有自殺的傾向[2]。性侵害犯罪中，被害人亦有「被害後壓力創傷後遺症候群」（PTSD）的傾向，但因性侵害被害人較不同於一般犯罪的受害，所以針對性侵害的受害類型，學理上個別成立了「性侵害受害後遺症候群」（RTS）[3]。

2.陳慈幸（2001年10月），性侵害犯罪被害人被害狀況調查，二十一世紀亞太地區犯罪問題研討會，中華民國犯罪學學會。

3.此除了在一般犯罪受害後，其他如天災之災情後，一些災民也會出現同樣PTSD的症候群。請參閱陳慈幸（2002年），被害者學講義，國立中正大學犯罪防治系暨研究所課程講義。

　　目前我國目前關於性犯罪的立法及修法傾向，除增修有刑法第十六章以及增定性侵害防治法等規定之外，關於性騷擾則無獨立立法。但因顧及兩性平等，以及嚴格取締性騷擾案件社會意識型態日漸增強，我國於各機關（行政機關）都訂有性騷擾防治的相關辦法，並設有兩性平等相關委員會接受洽詢有關性騷擾或是性侵害之申訴，除此之外，也有關於性騷擾防治法令的草案正在進行修訂當中。

　　除了性侵害犯罪可依刑法以及性侵害防治法相關規定處罰之外，性騷擾的發生亦是件令受害者心理深受創傷的犯罪。性騷擾的加害者或許是用語言的方式，例如說黃色笑話，甚至以言語頻頻詢問被害人的隱私也都可歸納於性騷擾的範疇中；或許以行動，例如，只要對被害者做出令被害人不悅的肢體動作，例如不當的觸碰，或是眼睛一直喵著被害人的身體，令被害人不悅等等，都可說是構成性騷擾的行為；此外，對於自己愛慕的偶像不斷的跟蹤、尾隨等類似如「狗仔隊」的作為，造成當事人生活上嚴重的不方便者，也可歸納為性騷擾的範圍之內。

　　惟構成性騷擾的要件，於認定的界線上比較模糊，因構成性騷擾的認定基準在於：「只要是一切讓被害者心生不悅的行為，即可稱為性騷擾。」。此時的「被害人心生不悅的行為」定義，較無明確的規範。只因所謂「不悅」的程度，每個人標準都不同，故在刑法上，無法將性騷擾入罪化，成為刑法上罪名的一種，如果將其入罪化，就算是違反刑法的明確性原則，是法律原則所不容許的。

　　因此，在多數機關所提出的性騷擾申訴案，除有明顯的證據提示，例如人證或物證之外，如僅以「他色瞇瞇看了我一眼，恰巧被我看見」這種方式提出性騷擾的申訴，雖在學理上認為無誤，但無證據之下，此只有使判定的人士大傷腦筋。目前犯罪的認定在於所謂的「證據法則」，也就是明確的提出證據是相當重要之事。

　　如果，當事人提出受性騷擾的證據，並經判定無誤，雖於刑事法當中較無明確處罰的標準，但在民事上，只要認定有性騷擾之實，可與性侵害犯罪一般，可向加害人請求損害賠償。

　　隨著社會的開放與進步，個人對於自我的權利主張相形之下會更為強烈，因此，未來關係到個人隱私的性騷擾的案件會有增加的傾向。較之性侵害，性騷擾案件發生當時，是否構成性騷擾的要件，因不是行使性騷擾行為人本身的惡意，或者是無意，而是端靠被害人本身的情緒，來斷定是否自己遭到性騷擾，因個人思想模式，以及情緒發散方式的不同，在於性騷擾的詮釋方面，相信也有很大的落差，因此，就算是行為人本身是無意，但卻因「無意」的行為，造成了被害人的不悅，在學理上也是成立性騷擾的。

　　目前犯罪的認定，端靠法官個人自由心證。性騷擾案件的本身已有界定模糊之難點，此種迷惑，如以個人「經驗」來判定，實在是件相當困難的事。因此，未來關於性騷擾的認定方面，以及處罰方式將會有使實務人員面臨相當大的挑戰，這或許也是未來性騷擾相關法案立法時，學術界又要爭論的一個隱憂。

妨害性自主罪[4]

性交的定義

　　刑法第十條第五項對性交的行為做出定義：「稱性交者，謂左列性侵入行為：一、以性器進入他人之性器、肛門或口腔之行為。二、以性器以外之其他身體部位或器物進入他人之性器、肛門之行為。」

　　以上對於刑法的定義中，是一九九九年三月對刑法的修正中，

做出的變更。在原本的法條規定中，性交是專指目前定義中「以性
器進入他人之性器」的行為，至於精神醫學上的性倒錯行為，也就
是上述法條第二款所規定「以性器以外之其他身體部位或器物進入
他人之性器、肛門之行為」，算是猥褻，並不包括在性交的範圍
內。

　　雖刑法對於性交的定義改變後，把性交的範圍相對擴大，將使
一些對於性行為有特殊癖好者，對他人進行的侵害，也會構成強制
性交罪。甚至，一般情侶間較為親密的接觸，事後如一方不甘心，
對對方行使告訴行為的話，也會有構成強制性交未遂的可能。並且
在法院探求雙方當事人的真意方面，在事實上也有其困難度存在。

強制性交罪

　　刑法第二百二十一條第一項規定，對於男女以強暴、脅迫、恐
嚇、催眠術或其他違反其意願之方法而為性交者，處三年以上十年
以下有期徒刑。第二項則規定，前項之未遂犯罰之。在此條文當
中，所指「強制性交」是，對於男女以違反其意願的方法，而做出
性交的行為。

　　該法條也是在一九九九年三月間，所進行的刑法修正中的一部
份。在舊法條中，強制性交有限制於性交行為是「男對女」所進行
的行為，並且在構成要件上還要求，「須有致使被害人無法抗拒的
強制手段」。因有此些限制，往昔一些強制性交的案例，例如「女
對男」的例子，被害人向法院提出告訴時，後來極易遭到法院駁
回。

4.詳請參閱林東茂著，評刑法修正－妨害性自主罪，一個知識論上的刑
　法學思考，中華民國九十年七月二版一刷，頁167至頁188。

　　此外，關於配偶相互間是否成立強制性交罪方面，在實務進行上仍有爭議，只因夫妻爲法定上間負有同居義務，所以，在夫妻間是沒有構成強制性交罪的餘地。但刑法修正後，於第二百二十九條的規定當中則有：「對配偶犯第二百二十一條之罪者，須告訴乃論」，因此，配偶間亦可構成強制性交罪。

　　然而，此條文爲告訴乃論是比較耐人尋味的地方。這是因夫妻之間所發生之事，念及夫妻互相爲特殊關係身份，未來仍需長久相處，如以公訴罪論處之時，可能會因牢訟之災，導致夫妻無法繼續維持家庭和樂，因此此罪乃爲告訴乃論罪，也就是尊重當事人的意願，是否願意提出告訴。

加重強制性交罪

　　刑法第二百二十一條第一項規定：「犯前條之罪而有左列情形之一者，處無期徒刑或七年以上有期徒刑：一、二人以上共同犯之者。二、對十四歲以下之男女犯之者。三、對心神喪失、精神耗弱或身心障礙之人犯之者。四、以藥劑犯之者。五、對被害人施以凌虐者。六、利用駕駛供公眾或不特定人運輸之交通工具之機會犯之者。七、侵入住宅或有人居住之建築物、船艦或隱匿其內犯之者。八、攜帶兇器犯之者。」，並且同條並規定：「前項之未遂犯罰之。」

　　本條文的宗旨是，對被害人施以凌虐、用藥劑犯強制性交罪，或加害者的方式，例如：侵入住宅或有人居住之建築物、船艦或隱匿其內等等，將會增加受害者的危險，並且使受害者的生命身體安全遭受到比一般強制性交罪更大的威脅，所以立法者特別將其獨立出來，規定爲加重其刑罰的事由，用來赫阻行爲人。

　　此外，對十四歲以下之男女犯強制性交罪，以及對心神喪失、精神耗弱或身心障礙之人犯之者，因受侵害的對象具有身心方面的

弱勢，無法判斷預期的危險，或者，缺少抵抗或自我保護的能力，所以，立法者特別將其列為加重刑罰的事由之一，藉以保護這些弱勢者。

　　再者，利用駕駛供公眾或不特定人運輸之交通工具之機會犯強制性交罪者，此項加重事由主要利用駕駛公共交通工具之便，趁機對於乘客性侵害，例如公車司機或者是計程車司機都是列為此對象之內。此規定加強了婦女外出時搭乘交通工具的安全性，但一味的依賴加重刑罰以嚇阻犯罪，雖非根本之道，但也可藉此達到一時犯罪防治之權宜。尤其是，些許年前，彭婉如女士遭不法計程車司機性侵害後殺害，造成了多數婦女不敢搭乘計程車，並人人自危。此種畏懼犯罪被害的心態，豈能是一般立法者所能體會？

妨害性自主之結果加重犯

　　刑法第二百二十六條第一項規定：「犯第二百二十一條、第二百二十二條、第二百二十四條、第二百二十四條之一或第二百二十五條之罪，因而致被害人於死者，處無期徒刑或十年以上有期徒刑；致重傷者，處十年以上有期徒刑。」

　　刑法第二百二十六條第二項規定：「因而致被害人羞忿自殺或意圖自殺而致重傷者，處十年以上有期徒刑。」

　　就行為人而言，行為人先出自於故意而做出違法的行為，但在行為完成並結束後，因為行為人之過失而使被害者出現了加重結果，這種就叫做結果加重犯[5]。

　　5.詳請參閱林山田著，刑法通論上冊，2000年10月增訂七版，頁184至頁186。

在本罪中，它規定了犯強制性交罪、加重強制性交罪、強制猥褻罪、乘機性交猥褻罪者，因而致被害人於死者，致重傷者，以及因而致被害人羞忿自殺，或意圖自殺而致重傷者。也就是說，在遭到上述罪名所要求之行為侵害之後，因而致被害者於死、重傷，或致被害人羞忿自殺，或意圖自殺而致重傷者，即構成本罪名。

妨害性自主之結合犯

刑法第二百二十六條之一規定：「犯第二百二十一條、第二百二十二條、第二百二十四條、第二百二十四條之一或第二百二十五條之罪，而故意殺害被害人者，處死刑或無期徒刑；使被害人受重傷者，處無期徒刑或十年以上有期徒刑。」

結合犯在其構成要件上，並非是對單一的犯罪做規定，例如：殺人、放火、搶劫等，而是結合數種單一的犯罪而做規定，例如：強盜放火、強盜擄人勒贖等[6]。

準強制性交罪

刑法第二百二十七條規定：「對於未滿十四歲之男女為性交者，處三年以上十年以下有期徒刑。　對於未滿十四歲之男女為猥褻之行為者，處六個月以上五年以下有期徒刑。　對於十四歲以上未滿十六歲之男女為性交者，處七年以下有期徒刑。　對於十四歲以上未滿十六歲之男女為猥褻之行為者，處三年以下有期徒刑。第一項、第三項之未遂犯罰之。」

6.詳請見上開所揭書上冊，頁177。

刑法第二百二十七條之一規定：「十八歲以下之人犯前條之罪者，減輕或免除其刑。」

刑法第二百二十九條之一規定：「未滿十八歲之人犯第二百二十七條之罪者，須告訴乃論。」

準強制性交罪的主要意義在於，該行為原本並非刑法中強制性交之行為，但是，為了保護未成年人思慮未周、少不更事，特別將其明文化，規定該類的行為為強制性交。

對於未滿十四歲之男女為性交者，以及，對於十四歲以上未滿十六歲之男女為性交者，無論是否經過被害人的同意，而為性行為時，都算是強制性交，雖然，刑法第二百二十一條的規定中，並沒有規定，在此二種情形下的行為是否為強制性交，但是依據刑法第二百二十九條的規定，這二種情形都算是強執性交。

準強制性交罪在既遂與未遂的認定上，主要是依據其性交行為是否已經達到刑法第十條第五項所規定的性交行為，假如已經完成性交時，就算是既遂，未完成其行為就算是未遂。

十八歲以下之人犯準強制性交罪者，減輕或免除其刑；未滿十八歲之人犯第二百二十七條之罪者，須告訴乃論。也就是說，如果犯準強制性交罪者，為十八歲以下之人，對於該行為人，得減輕或免除其刑；而且，再行為人未滿十八歲的情形下，對於該事件為告訴乃論，必須由被害人主動向法院啟動訴訟程序。

例如：甲與乙為男女朋友，甲為十五歲，乙十四歲，某日一時天雷勾動地火，導致乙懷孕，乙之母親知曉後氣憤難平，遂向法院提出告訴，並提出附帶的民事損害賠償。

因為甲未滿十八歲，所以，必須由乙或乙的法定代理人主動向法院啟動訴訟程序，而且，因為乙未滿十六歲，所以甲的行為為準強制性交。但是，也因為甲未滿十八歲，所以得減輕或免除其刑。

同時值得注意的是，如果當事人想要得到損害賠償時，則其必須向法院提起民事訴訟，或在刑事方面，提起附帶民事賠償，否則，法院將不會要求加害者給予損害賠償。

利用權勢性交罪

刑法第二百二十八條第一項規定：「對於因親屬、監護、教養、教育、訓練、救濟、醫療、公務、業務或其他相類關係受自己監督、扶助、照護之人，利用權勢或機會為性交者，處六個月以上五年以下有期徒刑。」

利用權勢性交罪主要是針對地位不平等的二造間，例如：上司對下屬、老師對學生，或是基於特殊關係，例如：醫病關係等，所設的條款。這一個法條所要表彰的意義在於，要求具有權利者，不得濫用其權利，要求被監督，或者是被照顧者，服從不當的命令。

在該法條中，規定行為人對於受其受自己監督、扶助、照護之人，利用權勢或機會為性交。例如：老師告訴學生，如果不與他發生性行為，可能要將學生當掉。

此外，在醫療行為方面，因為醫療的需要，醫生與病人較容易會有較私密的接觸，例如：婦產科的內診、以及乳癌的診斷時需要對乳房觸診等等，此些診療的行為，常會使病人無法斷言是否遭到性騷擾，只因醫生會以醫療所需作為藉口。因此，除非是伴隨性侵害的結果發生，否則病人很難論斷自己是否遭到侵害。因此，醫生趁診療之便對病患性騷擾時，在認定方面雖有舉證困難的可能性，但如醫師於診療時涉及強制性交的行為，病人可確實舉證，並提出證據時，本罪即可成立。

性侵害防治法

為了更加強對於性侵害被害人的保護，我國於民國八十六年一月制定了性侵害防治法，並在二〇〇二年的六月，對其進行最新一次的修正。

　　性侵害防治法的適用範圍在該法第二條做規定：「本法所稱性侵害犯罪，係指刑法第二百二十一條至第二百二十九條及第二百三十三條之犯罪。」

　　也就是說，對於刑法第二百二十一條至第二百二十九條及第二百三十三條犯罪之被害人或加害者，都有性侵害防治法的適用。

　　性侵害防治法當中最為令人矚目的是關於性侵害中心的設置問題。在世界各大先進國家中，為確實保護性侵害受害人，在其國內都設有相關的防治中心。

　　依我國性侵害防治法第六條第一項規定：「各直轄市政府及縣（市）政府應各設立性侵害防治中心，辦理下列措施，以保護被害人之權益並防止性侵害事件之發生：一、二十四小時電話專線。二、被害人之心理治療、輔導、緊急安置與法律扶助。三、協調教學醫院成立專門處理性侵害之醫療小組。四、給予被害人二十四小時緊急救援、一般及緊急診療、協助驗傷及取得證據。五、加害人之追蹤輔導與身心治療。六、推廣各種教育、訓練與宣傳。七、其他與性侵害有關之措施。」

　　性侵害防治法第六條第二項規定：「前項中心應配置社工、警察、醫療及其他相關專業人員；其組織規程由地方主管機關定之。」

　　性侵害防治法第六條第三項規定：「地方政府應編列預算辦理前二項事宜，不足由中央主管機關編列專款補助。」

　　由上述可知，性侵害防治法第六條是針對於地方行政機關課與義務，也就是要求行政機關須設置性侵害防治中心，並依照法條規定，辦理其業務、配置其人員，在機關的預算上，必須編列性侵害防治中心所需的預算，不足之部分，由中央主管機關編列專款補助，使性侵害防治中心無論地方財源是否充足，都得以正常運作。

　　目前我國目前關於性侵害防治中心的運作，主要是以醫療協助以及訴訟協助。性侵害防治中心的醫療協助方面，主要是由當地委託之各醫療處置責任醫院擔任。主要的項目，包括下列幾點：

性侵害防治中心（醫療服務組）服務項目 [7]

性侵害事件醫療作業處置

　　性侵害被害人直接至性侵害責任醫院急診室主訴爲性侵害受害人並尋求協助。醫院提供受害人之協助有：

　　1.第一優先處理。

　　2.保護受害者之隱私權。

　　3.可請求醫院社工員或護理人員陪同就診。

　　4.給予適當之醫療服務如外傷處理、性病預防、避孕之處理、心理輔導。

　　5.被害人同意蒐證時提供完善之證物收集，並開給驗傷證明。

　　上述的醫療服務，與日本的性侵害防治中心所制訂的項目幾乎相同，唯一的不同在於，日本性侵害中心特別重視性病的檢驗，尤其是關於愛滋病（AIDS）的檢驗非常重視，因感染愛滋病爲目前性病當中，唯一極易致人於死的疾病[8]。

　　此外，性侵害防治中心在處理性侵害犯罪案件時，也協助被害人蒐證，以便未來提出訴訟。在此方面，性侵害防治中心是與警察機關共同處理（請參閱本文參考資料中：「警察機關及性侵害防治中心辦理性侵害事件處理準則」）。

　　也就是，性侵害防治法第六條之一規定：「直轄市及縣（市）主管機關經徵得被害人同意驗傷及取得證據後，應保全證物於證物袋內，並即送請內政部警政署檢驗。性侵害犯罪案件爲告訴乃論，尚未提出告訴或自訴者，內政部警政署應將證物移送犯罪發生地之直轄市或縣（市）主管機關性侵害防治中心保管，除未能知悉犯罪嫌疑人外，證物保管六個月後得經被害人同意銷燬。」

7. http://www.nthg.gov.tw/books/book3/book3784.htm，2002/07/25參訪。

8. 同上註2。

　　性侵害防治法第六條之一的規定，是針對於性侵害案件中，證據的保全。地方主管機關應保全證物於證物袋內，並即送請內政部警政署鑑驗。

　　並且在性侵害犯罪案件為告訴乃論，尚未提出告訴或自訴時，內政部警政署應將證物移送犯罪發生地之性侵害防治中心保管，除未能知悉犯罪嫌疑人外，證物保管六個月後得經被害人同意銷燬。

　　性侵害防治法第六條之二第一項規定：「醫院、診所、警察、社政、教育及衛生單位受理性侵害犯罪有關事務時，應即通報當地直轄市、縣（市）主管機關性侵害防治中心。」

　　性侵害防治法第六條之二第二項規定：「前項通報之內容，應徵得被害人、法定代理人或依法負責執行監護事務者之同意；其不同意者，應以犯罪事實或犯罪嫌疑人資料為限。」

　　性侵害防治法第六條之二則是要求醫院、診所、警察、社政、教育及衛生單位受理性侵害犯罪有關事務時，應即通報當地的性侵害防治中心。而通報之內容，應徵得被害人、法定代理人或依法負責執行監護事務者之同意；其不同意者，應以犯罪事實或犯罪嫌疑人資料為限。

　　性侵害防治法第七條規定：「中央主管機關應建立全國性侵害加害人之檔案資料。前項檔案資料之內容，應包含指紋、去氧核醣核酸比對；其管理及使用辦法，由中央主管機關定之。」

　　性侵害防治法第七條也是對於證據採樣的規定，中央主管機關必須建立全國性侵害加害人之檔案資料。而且檔案資料之內容，應包含指紋、去氧核醣核酸比對。

　　由上述第六、第七條規定當中，可以見到處理性侵害案件當中，「蒐證」的程序在防治法當中規定得相當完整。因此，蒐證過程與蒐證方法完整與否對於被害人提出訴訟是非常關鍵性的事。尤其在性侵害犯罪當中，一般受害人因身體遭受侵襲，除了立即外傷處理之外，心理方面的創傷有時會使受害人無法正確描述犯罪當時情景，並且有多數受害人於案發後有清潔身體狀況發生，此時即容

易造成加害人的體液等重要證據喪失,因此,在於搜尋證據方面,性侵害防治中心與警檢單位的協助將是非常重要。

在教育輔導方面

性侵害防治法第八條第一項規定:「各級中小學每學年應至少有四小時以上之性侵害防治教育課程。」

性侵害防治法第八條第二項規定:「前項所稱性侵害防治教育課程應包括:一、兩性平等之教育。二、正確性心理之建立。三、對他人性自由之尊重。四、性侵害犯罪之認識。五、性侵害危機之處理。六、性侵害防範之技巧。七、其他與性侵害有關之教育。」

性侵害防治法第八條是針對性侵害防治教育課程做規定,要求各級中小學每學年應至少有四小時以上之性侵害防治教育課程,而且,課程內容應包括:一、兩性平等之教育。二、正確性心理之建立。三、對他人性自由之尊重。四、性侵害犯罪之認識。五、性侵害危機之處理。六、性侵害防範之技巧。七、其他與性侵害有關之教育。

本文後的參考資料的(二)中詳細記載了目前我國於教育體系中所推出的教師防治性侵害的手冊。此手冊當中並也詳細描述了關於性騷擾與性侵害申訴的流程。

此外,在性侵害案件是否公布被害人姓名的部分,在性侵害防治法第十條第一項規定:「宣傳品、出版品、廣播電視、網際網路或其他媒體不得報導或記載性侵害事件被害人之姓名或其他足以識別被害人身分之資訊。但經被害人同意或因偵查犯罪之必要者,不在此限。」,此外,性侵害防治法第十條第二項也規定:「違反前項規定者,新聞主管機關對其負責人及行為人,得各處以新台幣三萬元以上三十萬元以下罰鍰,並得沒入前項物品。行政機關及司法機關所製作必須公示之文書,不得揭露足以識別被害人身分之資訊。」

在這個方面可清楚得知，非當事人允諾，否則不可報導被害人的姓名。但在判決書方面，是否可寫出被害人的姓名的部分，目前我國實務上則是認為不妥。在實際案例上即有一名性侵害案件被害人，因為被多次訊問，導致精神異常，作出對被告有利的供述，法官也在判決書中寫出她的名字，對此，司法院表示，全案涉及強盜和性侵害，判決書關於性侵害部分，法官並未交待被害人姓名，但在強盜案寫出被害人名字，是「非常不妥」的。司法院也已要求高院加以研究，如有必要，可送紀律委員會處理[9]。由可見得我國實務上對於性侵害被害人仍是採取保護的措施，認為公布被害人姓名是「不妥」的行為。

性侵害防治法第十三條規定：「性侵害犯罪被害人之法定代理人、配偶、直系或三親等內旁系血親、家長、家屬或主管機關指派之社工人員得於偵查或審判中，陪同被害人在場，並得陳述意見。」

以往，我國性侵害犯罪的處理方面，實務上法庭上以往只注重法律審理，對於社工人員的地位並無太重視。但此項條文制訂之後，對於社工人員對於審判時的協助，奠定了重要的規範，也是社工人員地位提昇的最佳證明。

性侵害防治法第十五條第一項規定：「偵查、審判中對智障被害人或十六歲以下性侵害被害人之訊問或詰問，得依聲請或職權在法庭外為之，或採雙向電視系統將被害人與被告、被告律師或法官隔離。」

性侵害防治法第十五條第二項規定：「前項被害人之陳訴得為證據。」

9.http://www.ettoday.com/2002/07/15/322-1328175.htm ，2002/7/16 參訪。

在採用雙向電視方面，我國目前實務上有積極採用[10]。除雙向電視之外，爲保護受害人，除在法庭發言時有設置變聲系統之外，被害人所處房間並設計使被害人精神容易抒解的環境。此外，智障的被害人因無法充分陳述，因此亦有擺設男女洋娃娃各一，以協助其陳述犯罪經過。

原則上爲保護被害人隱私，性侵害犯罪案件是審判不公開。性侵害防治法第十六條規定：「性侵害犯罪之案件，審判不得公開。但經被害人同意，如被害人已死亡者，經其配偶及直系血親全部之同意，不在此限。」

性侵害防治法第十七條規定：「地方主管機關得依性侵害被害人之聲請核發下列補助：一、醫療費用。二、心理復健費用。三、訴訟費用及律師費用。四、其他費用。」

也就是說，性侵害被害人得向地方主管機關聲請核發醫療費用、心理復健費用、訴訟費用及律師費用，及其他與該性侵害案件相關的費用。此項流程，可參考本文參考資料之（三）。

性侵害防治法第十八條第一項規定：「性侵害犯罪之加害人經判決有罪確定，而有下列情形之一者，主管機關應對其實施身心治療及輔導教育：一、刑及保安處分之執行完畢。二、假釋。三、緩刑。四、免刑。五、赦免。」

性侵害防治法第十八條第二項規定：「前項身心治療及輔導教育之期間及辦法，由中央主管機關會同法務、教育、衛生等機關定之。」

性侵害防治法第十八條第三項規定：「不接受第一項身心治療或輔導教育，或接受之時數不足者，處新台幣六千元以上三萬元以下罰鍰；經再通知仍不接受者，得按次連續處罰至接受爲止。」

10. 筆者曾實際參訪高雄地方法院以及雲林地方法院的關於審理性侵害案件的專門法庭。

性侵害防治法第十八條是針對犯罪行為人的處遇做規定，假如，加害人經判決有罪確定，而刑及保安處分之執行完畢、假釋、緩刑、免刑，或赦免時，主管機關應對其實施身心治療及輔導教育。而身心治療及輔導教育之期間及辦法，由中央主管機關會同法務、教育、衛生等機關訂定。

萬一行為人不接受第一項身心治療或輔導教育，或接受之時數不足時，得處新台幣六千元以上三萬元以下罰鍰；假如，再行通知仍不接受者，得按次連續處罰至接受為止。

案例解析

案例

阿美家一共有三姊妹，大姊十八歲，大學一年級，是班上的班花，級任A教授老師對她暗戀已久。阿美大姊交了男友後，一天在校園散步時，她的男友對大姊提出發生性關係的要求，於是當晚，他們發生了性關係。期末考前，暗戀阿美大姊已久A教授邀約阿美大姊來他家吃飯，如果當晚不來，就把該科成績當掉。阿美大姊迫於成績，只好遵從老師的要求，晚上去了教授家，並與教授發生了性關係。阿美本身是國中生，因身材矮胖，成為同學們取笑的對象。因男女合班的關係，班上有一半以上的男生，經常拿她的身材開玩笑，並對她說：「你這麼胖，有胸部嗎？」，有些惡劣的男同學更是當場觸摸她的胸部，她雖生氣，但擔心受到欺負，所以只有忍氣吞聲，不敢告訴老師。一天早上，因當天阿美擔任值日生

需早到校。阿美一早到校時，正到廁所提水時，突然被一個躲在廁所的陌生人抓住，慘遭性侵害。阿美小妹是個智能不足的小學生。有一天，阿美小妹很高興的回家了，手上拿了一大包糖果餅乾邊走邊吃，阿美媽媽覺得很奇怪，於是問了小妹，小妹不清楚地說著，最後阿美媽媽才知道，原來隔壁的阿伯用錢和糖果誘拐阿美小妹到他的住處進行性侵害。阿美媽媽非常生氣，於是打算提出告訴。

案例解析

關於阿美大姊的部分

阿美大姊迫於成績，只好遵從老師的要求，晚上去了老師家。因她已年滿十八歲，所以，在她身上沒有適用準強制性交罪的餘地。再者，阿美大姊是基於老師用成績脅迫下，為使成績順利過關，於是才與其發生性關係，因此，在這個情況之下，此構成了權勢性交罪的要件。

阿美大姊與其男友所發生的性行為部分，如阿美大姊是遭到強迫與其發生性關係時，該男友即構成刑法上的強制性交罪。倘若阿美大姊是基於兩情相悅，而與其男友發生性關係，即無構成強制性交罪的可能。

在阿美本身的來說

因身材矮胖因此遭到嘲笑造成心中創傷一事，當然是構成了性騷擾的基本要件。此外，除了言語方面，班上的男生還有對阿美行使不當的觸摸行為，此當然稱之為性騷擾。

因目前無性騷擾專法，但阿美可經由學校輔導室洽詢校內有無申訴管道。如無管道可申訴的話，被害者可以向法院聲請民事的損害賠償，所以，阿美二姊可以由阿美媽媽代替，向那些對其進行性騷擾的同學，以及那些同學的法定代理人，提起民事訴訟，請求損害賠償。

此外，校園性侵害和校園意外一樣，只是發生的地點在學校，至於加害者的身分，並不限於在學校活動的人，其他不相關的第三者，也許因為有意的侵入校園，也會在校園中出現，對學生進行性侵害，除了學生自身提高警覺外，要求學校加強門禁與自我防衛設施，應該會是防杜的方法。

阿美在校園內遭陌生男子性侵害一事，雖成立了強制性交罪，但因阿美未成年，因此，若要對該名對其進行性侵害進行刑事追訴，必須由被害者主動啟動刑法追訴的程序，刑事司法機關才會對該案件進行追訴。

阿美小妹的部份

是個智能不足的小學生，因鄰居阿伯以錢與糖果誘拐小妹到其住處，並進行性侵害一事。因阿美小妹未滿十四歲，即使阿伯用糖果餅乾誘拐，雖當事人同意與其性交，但依然成立強制性交罪。

加上受害人是智能不足的狀況，因此對心神喪失、精神耗弱或身心障礙之人犯強制性交，符合刑法第二百二十二條第一項的規定，所以該名阿伯之行為，是違反刑法第二百二十二條的加重強制性交罪。

結論

性侵害與性騷擾二者是歸屬在性犯罪的部門。性犯罪也是在犯罪類型當中，「黑數」比例相當高的罪型之一。

性侵害與性騷擾之機的區隔，性侵害在刑法上有明確的規定，也就是侵入性器說來決定，此與「言語、行動等引起人的不快」關

於性騷擾的詮釋相比較，性侵害是比較明確化。也就是性騷擾案件經常有許多疑點，而此種疑點也正是困惑評斷案件的實務人員的所在。

性騷擾並不如性侵害，性侵害可以借重刑事責任，達到嚇阻行為人的效果，但是性騷擾造成侵害的結果，有許多無法達到運用刑事手段的程度。性騷擾或許在生理方面來說，程度不及於性侵害嚴重，但是被害人心理所受到的創傷，並不比性侵害來得少，甚至有與性侵害的程度不相上下的情況。

在許多國家尚未推行性騷擾相關法令時，日本首先於二〇〇〇年施行了「性騷擾防止法」，這是因為日本國內的性犯罪類型當中，每年至警察機關通報的以性騷擾案為多，而加害人多屬於「sta1ker」類型[11]，再者，較之性侵害的被害者幾乎以女性居多的狀況之下，性騷擾的被害者比較通用於男女性，因此，日本並非如我國制定「性侵害防治法」，轉以制定「性騷擾防治法」。

關於此點，我國也曾於二〇〇一年時提出「性騷擾防治法草案」，其中規定性騷擾者，處以罰鍰的規定，但本法仍在審議當中，未來是否施行仍是未知。目前我國處理性騷擾的問題，則是以各級機關自行訂立的性騷擾防制及申訴處理要點來處理。

我們經常在說，兩性平等的現代，男性也有成為性侵害被害人的可能性。但是，依目前的性侵害犯罪的例子上來說，男性成為被害人的例子較起女性被害人，可說是微乎極微，最為主要的關鍵就是在兩性生理狀況的不同。我國一九九九年刑法的修正當中，雖然於構成性侵害的條文當中，明定「兩性」的字彙，然而，現實上，這似乎是為合乎目前兩性平等概念而設，實際案例上的運用似乎效果不彰。

11.所謂的「sta1ker」一語為來自美語的「sta1k」。「sta1k」的意思是「跟隨、尾隨」。也就是日本的性騷擾的加害人據統計有大部分有以強烈的方式，例如打上百通無聲電話給被害人，或是對跟蹤被害人等糾纏被害人的行動。

但是，也就因為如此，性侵害犯罪當中，女性就不可能成為加害人嗎？其實答案是否定的，因在犯罪當中，只要是共謀的狀況時，就會以正犯方式來處罰。例如，A女士遭第三者搶了自己的男友，結果懷恨在心，於是教唆自己的男性友人將這個第三者強姦（強制性交）的話，依刑法的規定，A女士則為強制性交罪的共謀共同正犯而論。因此，女性依然相當有機會成為性侵害的加害人[12]。

再談性騷擾的案例，上述曾有提到，性侵擾的被害人男性也佔了相當多數。除了一般言語與行動的騷擾行為外，因「stalker」被害的男性亦是相當多。例如某女研究生暗戀其某男教授，每天在此男教授搭乘的公車站牌旁癡癡等候，只盼與此男教授搭同一車，共同暢談學術的奧妙。在此例子當中，如男教授對此女也有意，並也欣然允諾此女邀約，此時並不構成性騷擾。倘若男教授有不悅之感，並斷然拒絕此女，但此女並不善罷干休時，足以構成性騷擾的條件。在上述的狀況中，性騷擾被害人的態度也是很重要。只因性騷擾的被害人如沒有明確表示出拒絕之意，反讓加害人認為接受其愛慕之心，騷擾行為或許會愈演愈烈。

其實性侵害與性騷擾的例子當中，當事人的態度有時候會使案例不易辨別，甚至造成了誤判的可能性。我常用一個「言行是否合一」的例子來舉出是否容易造成性騷擾或是性侵害不易辨別的狀況[13]：

如我們以下面圖解來研究，這是一個關於一個人心態與所表示出的言行是否合一的狀況來解釋。例如，當事人是女性與其男友約會時，男友見月色美，氣氛佳，便要求與當事人發生肉體關係，此時，如果當事人心裡所想以及行動所示都是首肯（○），或是不肯（×）的狀況下，不管其男友後來是選擇尊重女方，或是霸王硬上

12.陳慈幸（2002年），犯罪與刑罰講義，國立中正大學法律系學士學分班上課講義。

13.這個例子我是在婦權會的兩性平等教育訓練中所得知的資訊。

弓的方式強姦了此女，此時並不會造成誤判的可能。最容易造成誤判的狀況是言行不合一的情形，例如當事人明明心中允諾其男友，但又擔心被認爲是「豪放女」，於是就半推半就；或者是當事人心中不肯發生性行爲，但擔心男友說其不愛他，於是只好與男友發生關係，但事後非常後悔，甚至有一種被強暴的受害感覺...。

心裡所想	○	○	×	×
行動所示	○	×	○	×
結果（容易造成性騷擾或是性侵害不易辨別與否？）	不容易	容易	容易	不容易

也就是，當事人「言行不合一」的狀況當中，最容易造成性侵害與性騷擾被害人遭到誤判的可能性。

此外，性侵害以及性騷擾的被害人利用被害經驗，對於加害人本身或是加害人的家庭成員，實施報復的加害手段的例子也曾有所見。對於此種被害人的報復計畫，或許因其有受害經驗在先，因此多數人會對於受害人的報復行動採消極性的睜一隻眼閉一隻眼的心態，或積極性的聲援活動，常見的是受害人利用媒體或相關機關的受託，不斷到各地發表演說，除將其受害的經驗與人分享外，也不斷聲討加害人。此種言語上的報復手段，不也等於是一種變相的犯罪行爲？

此外，在加害人的方面。目前實務界性侵害加害人的對應，已逐漸採用美式精神醫學測試，也就是性侵害罪犯尤其是累犯的狀況，是以精神病患來對應。也就是，早期關於性侵害罪犯是以一般罪犯方式來處理，但是我國目前在處理性侵害罪犯時，除一般法律實務人員外，目前也加入精神醫學領域的專家共同來處理爲多。例如，目前極爲轟動的例子是考上台灣大學社會系的楊性受刑人，早年因多次涉及性侵害案件，雖後來於獄中力爭上游考上台大，但仍無法通過假釋委員會的評斷，最後只有再休學一年。於楊性受刑人一案的假釋委員會評斷當中，最受矚目的是，台北監獄治療小組於

今年(二○○二年)七月十二日開會評估後，認為根據臨床心理師的評估，顯示楊姓受刑人雖然有大幅改進、進步，但再犯率仍屬於中、高度，因此建議台北監獄審查委員會「有條件假釋」。但是台北監獄假釋審查委員會於二十三日開會後，採用治療小組建議，以五票對四票駁回楊姓受刑人的假釋申請[14]。此可看出我國除了法令對於性侵害犯罪已有所改善之外，在實務處理方面亦有採目前較為科技的方式來處理。

　　雖然犯罪行為令人所不齒，但是因犯罪受害後，被害人的心理調適，以及犯罪人的處遇，是對等重要的東西。犯罪或許是個悲劇，但為了不讓這個悲劇再繼續侵蝕當事人的心，也唯有除了目前的司法程序之外，再配合修復型的司法運用，或許能使當事人能得以釋然。

14.http://www.ettoday.com/2002/07/24/138-1331852.htm 2002年7月25日參訪。

★ **參考資料**

警察機關及性侵害防治中心辦理
性侵害事件處理準則[15]

【公布日期】87/05/13

【公布機關】內政部

【異動經過】

　　1.中華民國八十七年五月十三日內政部（87）台內防字第八七
　　　八一九四四號

　　令訂定發布全文第二十二條

　　第一條

　　本準則依性侵害犯罪防治法第十一條第一項規定訂定之。

　　第二條

　　警察機關及直轄市、縣（市）政府性侵害防治中心應指定專責
人員處理性侵害事件。

　　前項專責人員，應接受有關性侵害防治專業訓練或講習。

　　第三條

　　警察機關應指定女性警察人員或資深穩重、平實溫和之已婚偵
查員或小隊長辦理性侵害案件。但受理案件被害人為女性時，應由
女性警察人員處理，如有需要，得通知女子警察隊（小組）到場協
助。

　　第四條

　　警察人員詢問被害人，應於適當處所採隔離方式為之；如有對
質或指認之 必要時，應採取適當保護被害人之措施。

15.http://www.sinica.edu.tw/~whchou/01/aa72.html，2002年7月25
　日參訪。

性侵害案件調查詢問中，犯罪嫌疑人或其辯護人提出有關被害人與犯罪嫌疑人以外之人之性經驗證據，警察人員應予制止。

第五條

警察人員詢問被害人，應以懇切態度耐心爲之，並以一次詢畢爲原則，非有必要，不得再次詢問。對於智障或其他陳述有困難之被害人，應給予充分陳述之機會，詳細調查。

前項詢問內容應參考檢察暨司法警察機關偵辦性侵害案件參考要領辦理。

第六條

警察機關受理性侵害案件，應注意現場跡證之勘驗蒐證，並於徵得被害人同意後，協助被害人驗傷及取得證據。

被害人之驗傷及身體證物之採集，應至醫療院所爲之，並得由警察人員陪同。

前項被害人爲女性時，應由女性警察人員陪同。

第七條

依前條規定採集之證物，應保全於證物袋內，依證物袋上之說明正確處理；並應於證物袋外包裝上註明案由、證物種類、特性、採證時間、採證人等，檢同性侵害案件被害人調查表立即送驗。

警察機關受理之性侵害案件，如經告訴或知其已提起自訴者，應將前項證物連同鑑驗結果送檢察機關或法院；若尚未提起告訴或自訴者，應將證物移送犯罪發生地之直轄市或縣（市）政府性侵害防治中心保管。

第八條

警察機關辦理性侵害案件，因調查犯罪情形或蒐集證據之需，通知犯罪嫌疑人到場接受詢問或執行搜索、扣押時，不得在通知書或搜索扣押證明筆錄等文書上揭露足以識別被害人身分之資訊。

通知被害人到場說明時，其通知之文書毋需記載案由。

第九條

性侵害案件移送書上，不得揭露足以識別被害人身分之資訊，

對被害人姓名可以代號稱之，並以對照表方式密封附卷，以避免洩露被害人身分。

第十條

性侵害犯罪案件移送時，應檢同移送書副本、性侵害案件嫌疑人調查表、連同犯罪嫌疑人指紋卡片及可萃取去氧核醣核酸之檢體送刑事警察局化驗、比對。

第十一條

警察機關辦理性侵害犯罪案件，如發現被害人有接受心理治療、輔導、安置、法律扶助、緊急診療之需要時，應即通知轄區直轄市、縣（市）政府性侵害防治中心協助處理。

直轄市、縣（市）警察局、警察分局接獲性侵害防治中心、醫療院所或相關單位通報請求協助處理性侵害案件時，應立即派遣第三條之專責人員到場協助處理。

第十二條

性侵害防治中心接獲警察、醫療或其他相關單位通報，請求協助處理性侵害事件時，應指派專責人員協助處理。

第十三條

性侵害防治中心二十四小時電話專線應提供諮詢、報案、救援等各項服務。

第十四條

性侵害防治中心辦理性侵害事件時，得經被害人之同意，指派社工或其他專責人員，陪同至醫療院所診療、驗傷及取得證據。

第十五條

性侵害防治中心受理性侵害事件時，應注意被害人身心狀況，適時指派社工或其他專責人員安撫其情緒，並給予適當之協助。

第十六條

性侵害被害人有緊急安置需要時，性侵害防治中心應予協助安置於緊急庇護中心，或協調社政單位提供必要之安置服務。

第十七條

性侵害被害人有法律扶助或心理輔導需要時，性侵害防治中心應予協助處理，或協調相關機關、團體協助辦理。

第十八條

性侵害被害人有職業訓練、就業服務或復學輔導之需要時，性侵害防治中心應協調相關機關、學校、團體協助辦理。

第十九條

性侵害防治中心為推展性侵害防治業務，得召募志工協助辦理。

前項志工應分別接受職前及在職訓練。

第二十條

警察機關、性侵害防治中心之人員辦理性侵害事件，除法令另有規定外，應遵循保密原則，不得對外洩露有關被害人任何之資訊。

性侵害防治中心志工服務隊及受委託相關機構、學校、團體之人員，適用前項之規定。

第二十一條

受理性侵害事件，被害人如係兒童或少年者，應視事件性質，配合兒童福利法第十八條、少年福利法第二十二條或兒童及少年性交易防制條例第九條及第十五條之規定辦理。

第二十二條

本準則自發布日施行。

性侵害防治教師手冊[16]

最近國內發生的幾起學生性侵害事件，不但造成學校的高度緊張，也引起社會大眾對性侵害的困惑與關切，防治性侵害事件已是台灣社會最關切的問題。目前我國性侵害防治中心自成立迄今所處

理之案件，受害年齡以七至18歲爲最多（佔六十五％），而此年齡層的孩子正在國小、國中、高中職求學階段，若能經由老師對性侵害防治的了解，強化學生的自我保護意識，教導正確的預防原則及應變能力，則可避免傷害的發生，甚至因老師對受害學生立即的處理，能讓他們擺脫性侵害的夢魘。

何謂性侵害

　　性侵害是指加害者以權威、暴力、金錢或甜言蜜語，引誘、脅迫被害者與其發生性活動。這些性活動包括：猥褻、亂倫、強暴、性交易、媒介賣淫等。性侵害的影響—

行爲的影響

人際關係方面

　　1.難以和他人建立信任、親密的人際關係。

　　2.妨礙成年後和異性交往的能力。

　　3.害怕和他人身體上的碰觸。

病態情緒的發展方面

　　1.成爲兒童、青少年性侵害的加害者。

　　2.患多重人格、精神分裂症。

心理的影響

　　1.恐懼：有強烈的不安全感，非常害怕遭到侵犯、傷害。

　　2.羞恥：覺得丟臉、沒有資格過正常生活或和別人平等相處。

　　3.罪惡感：覺得這件事是自己的錯，害家人的生活一團糟。

　　4.憂鬱、沮喪：時常自憐自艾，覺得自己是可憐而不幸的人。

　　16.http://soc.miaoli.gov.tw/%E6%95%99%E5%B8%AB%E6%89%8B%
　　　E5%86%8A.htm，2002年7月26日參訪。

疑似遭受性侵害的評估指標

身體指標

1.走路或坐下有困難。

2.在衣物上有撕裂、污漬或血跡。

3.抱怨生殖器會痛、癢或排泄困難。

4.沒有原因的身體不適或腹部疼痛。

5.食慾不振或特別容易餓。

6.出現懷孕的一些症狀。

行為指標

1.時常處於情緒低落、沮喪狀態。

2.企圖自殺。

3.自暴自棄、自我傷害並憎恨自己。

4.變得極端敏感、易怒。

5.突然出現有性暗示的言語或行為。

6.特別懼怕某個親戚或朋友。

7.藉故不回家跑到某個地方去。

8.注意力無法集中，似乎只活在自己的小天地裡。

9.在校行為出現顯著的改變，漸漸會翹課、逃學、逃家等。

10.變得消極退縮、孤立、或過度擔心。

11.很害怕要換運動服上體育課。

12.有來路不明的錢或禮物。

13.睡眠困擾，如作惡夢、怕上床等。

老師能做什麼

　　由於教師和學生的長期接觸，所建立的師生情感及對學生的了解，使得教師容易觀察出學生受侵害或異常的舉止，同時也是學生願意吐露隱情的對象。老師若懷疑學生遭受性侵害時，下面的處置可將事情作完善的處理。

發現後立即處理

1. 保持冷靜：盡量不要讓學生感受到你的憤怒、震驚和驚慌失措。

2. 相信學生：學生不大可能會捏造遭性侵害的謊。

3. 安撫當事人情緒，應注意了解事實經過時，須先予慰藉，使情緒恢復穩定，避免再給予刺激。

4. 鼓勵學生說出問題：循序漸進地問學生一些事，並且讓學生知道你站在她這一邊。

5. 讓學生安心：學生往往會覺得發生了性侵害事件，自己要負些責任或產生罪惡感，老師應該強調：錯不在她們。

6. 立即通報【注意保密原則，避免二度傷害！】

   1. 全國保護您專線：113 或各地政府性侵害防治中心

   2. 報案專線：110（是否報警，應尊重家長、當事人之意見）

7. 請與醫院社會服務室聯絡，並帶受害學生至醫院接受身體檢查

8. 行政保密原則：

   1. 有關受害學生之公文及相關資料應以密件信封處理。

   2. 密件信封不可用訂書機裝訂，需用黏膠封合，並在接縫處加蓋『密件』字樣。

   3. 郵寄信件請清楚載明收信地點，以防被收發室拆封。

   4. 如以電話或傳真方式傳送受害學生資料時，請先以電話通知，資料以代號表示姓名，避免受害學生及案情曝光。

   5. 與受害學生會談，應選擇合適、隱密之場所，避免開放空間且有他人在場。

   6. 切勿於公共場所或與非相關人員談論受害學生之相關事宜，包括不相干的老師。

輔導遭受性侵害的學生

1. 對當事人盡量保護，避免同學對當事人之猜測、臆度，同時技巧地要求同學以「平常心」相待，以 免過度關心，反而造成傷害（除了必要知情之人，應盡量不再讓他人知悉此事）。

2. 避免當事人曝光，以免造成二次傷害。

3. 盡量不要改變學生在家或在學校的正常作息及工作：在承受壓力時，若能照常行事，應有助於加速復原的過程。

4. 用關心、溫暖的態度，取得當事人信任，以建立良好的輔導關係。

5. 了解並接納當事人害怕、憤怒、敵意、沮喪、自責等感受，陪伴她紓解情緒，讓當事人知道您是支持她的。

6. 協助當事人認知基本人權是他人不可侵犯的，即便是父母也是一樣。讓當事人知道發生這種事並不是他的錯，協助其去除罪惡感。

7. 協助當事人重建受損傷的自我概念，學習自我尊重，自我肯定。讓當事人知道她仍然可以並有權利讓自己好好的生活。

8. 配合輔導室實施心理復健輔導。

9. 與家長、輔導老師等，協力做好追蹤輔導。

指導學生避免遭受性侵害

根據統計：40%的加害者是被害人所認識的鄰居、社區成員，47%的加害者是與被害人有血緣關係的人，只有八%至一○○%的加害者是陌生人。所以幫學生建立自我保護策略是非常重要的！

1. 請孩子相信自己的直覺，覺得不對勁，就儘速離開，並請求協助。

2. 幫學生列出遇到害怕、擔心的事時，可以找誰談或幫忙。

3. 協助學生認識自己的身體，了解自己才是自己身體的主人

4.教學生明確拒絕別人任意觸摸自己的身體安全界限。

5.給學生線索，辨識不合宜的行為，並知道如何求助。

6.教導學生敢於說「不」：如果學生遇到不安全的情境，不須聽從大人的話，可以拒絕。

7.遇到危險時想辦法「跑開」：告訴學生如何求助。例如跑到人多的地方。

8.告訴學生即使遭到侵害後，還是要告訴可靠的大人。

9.告訴學生如果無法逃脫性侵害，最重要的原則是保命要緊，事後告訴信任的大人。

10.平時多注意有關防暴安全的知識，練習防身術以備臨時應變之用。

11.遭威脅強暴後之處理：

  1.一定要先設法到達一個安全的地方。

  2.應保持現場，不要移動或觸摸現場任何器物，以利警方採證與蒐集線索。

  3.先找一件外套裹身，報警處理，同時應由社工員或女警陪同，即刻到醫。院檢查傷處，蒐集證據，做好醫療處理後再淋浴沖洗。切勿在發生事情後，即淋浴沖洗、更換衣物或毀壞身上的衣物，因而毀滅了證物，而使兇嫌得以逍遙法外

  4.記住歹徒的人、車特徵，以正確的描述所看見的重要線索。

學校如何實施兩性平等教育

相關規定

（依據教育部頒各級學校兩性平等教育實施要點）

1.中小學每學年至少實施四小時以上之性侵害防治教育。

2.各級學校應加強兩性平等觀念之宣導，中小學每學年至少辦理兩次教師進修活動，四次學生宣導活動。

學校發現疑似個案之通報輔導流程

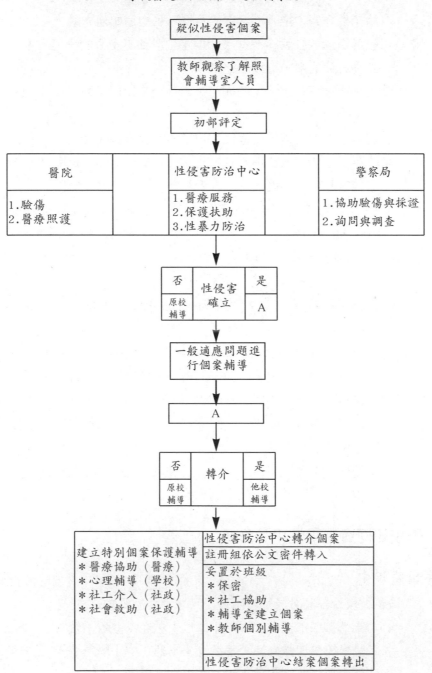

實施方式

　　各級學校性侵害防治教育課程、家庭暴力防治教育及兩性平等教育宜融入各科教學及相關活動中進行。

1. 幼兒教育以融入大單元教學為原則。
2. 國小課程可融入「道德與健康」、「生活與倫理」、「健康教育」、「社會」、「輔導活動」、「團體活動」、導師時間或彈性應用時間等進行教學。
3. 國中課程可融入「認識台灣－社會篇」、「公民與道德」、「健康教育」、「輔導活動」、「團體活動」、導師時間　等進行教學。
4. 高中職課程可融入「軍訓」、「護理」、「公民」、「聯課活動」、「團體活動」、自習課、社團活動等教學活動中。

實施原則

1. 能以責無旁貸的態度設計課程，並善用媒體報導之社會事件進行隨機教學。
2. 各科教學時，能融入「學習理性溝通」、「學習紓解壓力」和「自我控制」能力培養之潛在課程。
3. 與學生建立良好的師生關係，發揮輔導專業知能（關懷、接納、同理）成為學生心目中親切可靠的請教、求助對象。
4. 進行課程時，態度要從容、平和且自然，不要過分誇張或製造威嚇的氣氛。

實施內涵

1. 兩性平等之教育。
2. 正確性心理之建設。
3. 對他人性自由之尊重。
4. 性侵害犯罪之認識。
5. 性侵害危機之處理。

6.性侵害防範之技巧。

7.其他與性侵害有關之教育。

課程參考綱要

目標	幼兒及國小低年級	國小中高年級	國中	高中職
兩性平等之教育 正確性心理之建設	1.肯定人性之良善面及社會之光明面 2.對身體之認識	1、2.同左 3.了解性理及性生理 4.破除性別角色刻板印象 5.學習兩性互敬互助	1.2.3.4.5.同左 6.解讀與批判媒體 7.學習發展同儕友誼 8.認識青春期性心理及性生理	1.2.3.4.5.6.7.8.9.同左 10.認識性取向
對他人性自由之尊重 性侵害犯罪之認識	1.尊重身體自主權 2.認識好與不好的碰觸 3.尊重隱私權	1.2.3.同左 4.尊重性自主權 5.認識性侵害的法律觀念 6.認識性侵害之類型及影響	1.2.3.4.5.6.同左 7.防制約會強暴 8.防制職場及校園性騷擾	1.2.3.4.5.6.7.8.同左
性侵害防範之技巧	1.學習自我肯定 2.辨識危險情境 3.學習應變策略 4.管理恐慌情緒 5.強調加害防範	1.2.3.4.5.同左	1.2.3.4.5.同左	1.2.3.4.5.同左
性侵害危機之處理	1.學習受害應變及求助 2.認識求助資源	1.2.同左	1.2.同左	1.2.同左

諮詢服務機構

保護、安置單位

各地方政府機關規定。

性侵害被害人心理復健費用補助[17]

承辦單位：社會局福利服務課

申請程序：

1. 為維護及確保害人權益，得由醫療院所知醫師、心理治療師、相關治療團體檢附申請表向各地性侵害防治中心申請補助。

2. 被害人如以自負費用，得檢具申請表件向各地性侵害防治中心申請補助。

應附證件：

書表或文件名稱	取得方式及說明
1. 申請書 　空白申請書 　申請表填寫範例	向各地性侵害防治中心索取
2. 心理復健摘要記錄表 3. 戶口名簿影本 4. 郵局存摺影本 5. 心理復健費用收據正本	向各地性侵害防治中心索取 二至四項由申請人檢附

處理期限：性侵害防治中心自收件起審核及撥款廿天。

申請方式：通訊或親自。

補助對象：籍設當地遭受性侵害之被害人。

17. http://www.e-1and.gov.tw/ILCP/HBOOK/H06/H060609.HTM，2002年7月26日參訪。

電腦犯罪的虛與實

Chapter 10

◆
概說
◆
目前對電腦犯罪的抗制手段
◆
案例解析
◆
結論

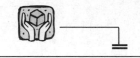

概説

　　因網際網際網路（Internet）的興起，把電腦技術（computer technology）與通訊技術（communication technology）相互連結，人類享受到了資訊的取得與傳送的便利性。因資訊便利性所造成的觸法的行為，也是目前網路使用問題中一大缺陷。因此，如要使科技技術於人類社會中充分利用，不受到任何違法的制約，在整體的法秩序來說，需要進行大幅度的改變。

　　網路使用之資訊技術具快速性、短暫性及無限發展性之特質，網路的規範一直無法確實制訂。但以目前層出不窮的網路犯罪的例子來說，網路規範是亟需制訂，這是多數人都有的認知。

　　電腦犯罪是犯罪學領域當中，別於傳統犯罪[1]，屬於新型態的犯罪類型之一。電腦犯罪其特徵在於無確定犯罪受害者、加上網路通訊快速之由，使得受害的傳播速度之快，都是前所未見，因此網路犯罪所影響的層面可說是無遠弗屆。此外，電腦犯罪因無國界限制，因此，目前對於網路犯罪的防治，一直處於灰色地帶，無法求得完善。

　　電腦犯罪所指的是電腦使用者所行使的犯罪行為。電腦犯罪類型例如是，加害人多是利用電腦系統處理的盲點，傳播造成他人身心的傷害的程式（也就是散播病毒），或是竊取他人資料造成財產上的損失等行使犯罪行為。因此，電腦犯罪中加害者的行為，以「電腦濫用（computer abuse）」之名詞來解釋，或許會比較清楚些。此外，雖電腦犯罪中，加害人的行為有許多是屬於故意，但仍是有些加害人不小心誤觸法網。因此，關於網路犯罪，比起法律的制訂，本人則是認為，應要教育民眾，何謂網路的規範。

　　關於國際防範電腦犯罪的趨勢方面，多數先進國家都有關於網際網絡與智慧財產權相關法律及對策。以美國為例，一九九三年二月由克林頓總統下令成立「資訊基礎工程任務小組」（Information Infrastructure Task Force, IITF）。這個部門由商務部長領軍，帶領政府部門主管，並聽取產、官、學各方面的意見，全面檢討資訊的基本政策和法律問題，並提出解決方案，成立「智慧財產權工作小組」（Working Group on Intellectual Property Rights）。此工作小組聽取各方提出意見與建議，最後在一九九五年九月彙整出「智慧財產與國家資訊基礎建設」報告，即通稱「智慧財產與國家資訊基礎建設白皮書」。

　　在國內方面，行政院國家資訊通信基本建設專案推動小組在八十六年六月成立NII法制推動小組，針對與網際網路發展相關之法令與各主管機關協調，共完成二十二項法律、十一項行政命令檢討。此外，國內並在八十九年八月三十日通過「知識經濟發展方案」復以「加速網際網路相關法規及制度之建構」做為六大具體措施之一，「建構網際網路應用之基礎環境」之主要項目。奚此，經建會NII法制推動小組於「知識經濟發展方案」項下，提出「網際網路法制發展計劃」，以期透過相關法制促進我國網際網路市場之健全。

　　1.也就是殺人、擄人勒贖、性侵害等等暴力犯罪。

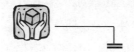

目前對電腦犯罪的抗制手段

關於著作權法

關於光碟管理條例

在本條例中，光碟包括預錄式光碟及空白光碟。

預錄式光碟是指預錄式之雷射碟、唯讀記憶光碟、數位影碟、唯讀記憶數位影碟、雷射影碟、迷你光碟、影音光碟與其他經主管機關公告之預錄式光碟。

空白光碟包括可錄式光碟、可寫式光碟及可重寫式光碟。事業製造空白光碟，事前應向主管機關申報。

事業無論製造預錄式光碟或空白光碟，皆應向主管機關申請許可，並經核發許可文件後，始得從事製造。在此的「事業」，是指以製造光碟或母版為業務之公司、獨資或合夥之工商行號及其他個人或團體。「製造」則是使用原料，經由製造機具產製光碟或母版之行為，所以說，用燒錄器燒光碟，也算是製造的一種，只是我們一般人並非事業，在身分上不同罷了。

事業申請許可時，如有下列情形之一，主管機關應不予許可：

1. 事業負責人曾違反本條例或犯著作權法之罪，經法院判決有罪確定，尚未執行完畢或執行完畢後未滿五年者。
2. 曾受主管機關撤銷或廢止預錄式光碟製造許可未滿五年者。這樣的行為算是制約生產光碟的公司，如果他們「素行不良」，就會讓公司停擺，用間接的方式，要求他們守法。

製造機具指製造光碟之射出成型機、模具、製造母版之刻版機，及其他經主管機關公告之機具，其輸出或輸入，事前應向主管機關申報。而製造機具之申報程序、應備文件及其他應遵行事項之辦法，由主管機關定之。

關於著作權法

為了保障著作人著作的權益，調和社會公共利益，促進國家文化發展，立法院特別制定著作權法，而在本法未規定者，適用其他法律之規定。

在閱讀關於著作權法的內容前，必須先了解在該法條內容中，某些用詞定義。

「著作」指屬於文學、科學、藝術或其他學術範圍之創作。

「著作人」則是指創作著作之人。著作人當然不限於一個，也可能有許多人共同作為著作人。

「著作權」是因著作完成所生之著作人格權及著作財產權。

「散布」是指不問有償或無償，將著作之原件或重製物提供公眾交易或流通。發行，指權利人散布能滿足公眾合理需要之重製物。

「原件」指著作首次附著之物。

就原著作改作之創作為「衍生著作」，以獨立之著作保護之。衍生著作之保護，對原著作之著作權不生影響。簡單的說，某甲將屈原所撰九歌中的祭歌國殤，改寫成一部動人的愛情小說，對於該部小說的著作權，以獨立的著作權保護之，對原本屈原的大作其著作權不生影響。

受雇人於職務上完成之著作，以該受雇人為著作人。但契約約定以雇用人為著作人者，從其約定。依前項規定，以受雇人為著作人者，其著作財產權歸雇用人享有。但契約約定其著作財產權歸受雇人享有者，從其約定。

例如，某甲為雜誌社編輯負責撰稿。其撰寫之稿件，如果在某甲與雜誌社的僱傭契約中約定，以某甲－即受僱人為著作人時，則

某甲對其在雜誌社工作期間所撰寫的著作，由甲享有其著作權。若未曾有過該約定，則由雜誌社為該著作之著作人，享有其著作權。

此外，出資聘請他人完成之著作，除上述情形外，以該受聘人為著作人。但契約約定以出資人為著作人者，從其約定。以受聘人為著作人者，其著作財產權依契約約定歸受聘人或出資人享有。未約定著作財產權之歸屬者，其著作財產權歸受聘人享有。依上述規定而著作財產權歸受聘人享有時，出資人得利用該著作。

著作人享有禁止他人以歪曲、割裂、竄改或其他方法改變其著作之內容、形式或名目致損害其名譽之權利。如著作人死亡或消滅者，關於其著作人格權之保護，視同生存或存續，任何人不得侵害。但依利用行為之性質及程度、社會之變動或其他情事可認為不違反該著作人之意思者，不構成侵害。

著作人除本法另有規定外，專有重製其著作之權利。「重製」是指以印刷、複印、錄音、錄影、攝影、筆錄或其他方法有形之重複製作。例如，劇本、音樂著作或其他類似著作演出或播送時予以錄音或錄影；或依建築設計圖或建築模型建造建築物者，也算是重製的一種。著作人專有以錄音、錄影或攝影重製其表演之權利。

著作人專有公開播送其著作之權利。但將表演重製或公開播送後再公開播送者，不在此限。

在著作權法的規定中，對於公開呈現著作的方式有許多種，而每一種不同型態的著作都有不同的規定。以下就公開呈現的樣態作一簡略說明：

「公開口述」是指以言詞或其他方法向公眾傳達著作內容。

「公開播送」則是基於公眾接收訊息為目的，以有線電、無線電或其他器材，藉聲音或影像向公眾傳達著作內容。由原播送人以外之人，以有線電或無線電將原播送之聲音或影像向公眾傳達者，亦屬之。

「公開上映」，指以單一或多數視聽機或其他傳送影像之方法，於同一時間向現場或現場以外一定場所之公眾，傳達著作內容。而現場或現場以外一定場所，包含電影院、俱樂部、錄影帶或碟影片

播映場所、旅館房間、供公眾使用之交通工具或其他供不特定人進出之場所。

「公開演出」是指以演技、舞蹈、歌唱、彈奏樂器或其他方法向現場之公眾傳達著作內容，以擴音器或其他器材，將原播送之聲音或影像向公眾傳達者，亦屬之。

「公開發表」，指權利人以發行、播送、上映、口述、演出、展示或其他方法向公眾公開提示著作內容。

著作財產權，除本法另有規定外，存續於著作人之生存期間及其死亡後五十年。著作於著作人死亡後四十年至五十年間首次公開發表者，著作財產權之期間，自公開發表時起存續十年。共同著作之著作財產權，存續至最後死亡之著作人死亡後五十年。

別名著作或不具名著作之著作財產權，存續至著作公開發表後五十年。但可證明其著作人死亡已逾五十年者，其著作財產權消滅。上開規定，於著作人之別名為眾所周知者，不適用之。

著作財產權人投稿於新聞紙、雜誌或授權公開播送著作者，除另有約定外，推定僅授與刊載或公開播送一次之權利，對著作財產權人之其他權利不生影響。也就是說，如果投稿到校刊參與徵文，除了徵稿時，在公告上曾說明，對於參與徵稿的稿件有出版權，否則，學校只能在該次徵稿的校刊中，刊登一次。

著作財產權因存續期間屆滿而消滅。於存續期間內，有下列情形之一時，著作財產權依然會消滅：

1.著作財產權人死亡，其著作財產權依法應歸屬國庫者。
2.著作財產權人為法人，於其消滅後，其著作財產權依法應歸屬於地方自治團體者。

中央或地方機關，因立法或行政目的所需，認有必要將他人著作列為內部參考資料時，在合理範圍內，得重製他人之著作。但依該著作之種類、用途及其重製物之數量、方法，有害於著作財產權人之利益者，不在此限。例如：行政院草擬法案時，為了參考之

用，可以影印一份，但是，重製並不能侵害著作權人的利益，如果，一口氣重製一萬份分給民眾，這樣會影響到著作權人出售該書的利益，是違法的。

專為司法程序使用之必要，依法設立之各級學校及其擔任教學之人，為學校授課需要，在合理範圍內，得重製他人之著作，但是，如同上開所述，重製的結果不得侵害著作財產權人的利益。

為編製依法令應經教育行政機關審定之教科用書，或教育行政機關編製教科用書者，在合理範圍內，得重製、改作或編輯他人已公開發表之著作。「改作」是指以翻譯、編曲、改寫、拍攝影片或其他方法就原著作另為創作。上述規定，於編製附隨於該教科用書且專供教學之人教學用之輔助用品，準用之。但以由該教科用書編製者編製為限。

依法設立之各級學校或教育機構，為教育目的之必要，在合理範圍內，得公開播送他人已公開發表之著作。利用人應將利用情形通知著作財產權人並支付使用報酬，使用報酬率，由主管機關定之。

中央或地方機關、依法設立之教育機構或供公眾使用之圖書館，得重製下列已公開發表之著作所附之摘要：

1.依學位授予法撰寫之碩士、博士論文，著作人已取得學位者。
2.刊載於期刊中之學術論文。
3.已公開發表之研討會論文集或研究報告。

在此需說明的事，此處的「公眾」是指不特定人或特定之多數人，但家庭及其正常社交之多數人，不在此限。

以廣播、攝影、錄影、新聞紙或其他方法為時事報導者，在報導之必要範圍內，得利用其報導過程中所接觸之著作。為報導、評論、教學、研究或其他正當目的之必要，在合理範圍內，得引用已公開發表之著作。

供個人或家庭為非營利之目的，在合理範圍內，得利用圖書館及非供公眾使用之機器重製已公開發表之著作。假如，為了課程的必要，需要影印一份文章，這個時候，到圖書館影印一份是不違法的，因為這是供個人之用，而且不是以營利為目的。不以營利為目的，而且未對觀眾或聽眾直接或間接收取任何費用，且未對表演人支付報酬者，可以在活動中公開口述、公開播送、公開上映或公開演出他人已公開發表之著作。

為加強收視效能，得以依法令設立之社區共同天線同時轉播依法設立無線電視台播送之著作，不得變更其形式或內容。有線電視之系統經營者得提供基本頻道，同時轉播依法設立無線電視臺播送之著作，不得變更其形式或內容。所以，第四台業者，在畫面周邊打上字幕，基本上是違法的。

在此，關於電腦犯罪方面的常識則是，合法電腦程式著作重製物之所有人得配合其所使用機器之需要，修改其程式，或因備用存檔之需要重製其程式。例如：市面上賣的遊戲軟體中，假如其和自己的電腦不相容，可以將其修改以配合自己的電腦。或者，為了怕電腦中毒，再存一份備用，但限於該所有人自行使用。

前項所有人因滅失以外之事由，喪失原重製物之所有權者，除經著作財產權人同意外，應將其修改或重製之程式銷燬之。萬一這套遊戲軟體送給別人，那麼，就必須把電腦中的備分砍掉，或者，再多燒的一份銷毀，除非經過軟體所有者的同意，否則不能保留。

著作之合理使用，不構成著作財產權之侵害，例如：把書拿來看。

著作之利用是否為合理使用之情形，應審酌一切情狀，尤應注意下列事項，以為判斷之標準：

1.利用之目的及性質，包括係為商業目的或非營利教育目的。

2.著作之性質。

3.所利用之質量及其在整個著作所占之比例。

4.利用結果對著作潛在市場與現在價值之影響。

　　錄有音樂著作之銷售用錄音著作發行滿六個月，欲利用該音樂著作錄製其他銷售用錄音著作者，經申請主管機關許可強制授權，並給付使用報酬後，得利用該音樂著作，另行錄製。例如：歌手出版的專輯累積一定張數後，唱片公司要拿其中的歌曲編成經選集，此時，，經申請主管機關許可強制授權，並給付使用報酬後，得利用該音樂著作，另行錄製。

　　侵害著作人格權者，負損害賠償責任。雖非財產上之損害，被害人亦得請求賠償相當之金額。前項侵害，被害人並得請求表示著作人之姓名或名稱、更正內容或爲其他回復名譽之適當處分。

　　有下列情形之一者，除本法另有規定外，視爲侵害著作權或製版權：

1. 以侵害著作人名譽之方法利用其著作者。
2. 明知爲侵害著作權或製版權之物而散布或意圖散布而陳列或持有或意圖營利而交付者。
3. 輸入未經著作財產權人或製版權人授權重製之重製物或製版物者。
4. 未經著作財產權人同意而輸入著作原件或其重製物者。
5. 明知係侵害電腦程式著作財產權之重製物而仍作爲直接營利之使用者。

　　有下列情形之一者，前述第四款之規定，不適用之：

1. 爲供中央或地方機關之利用而輸入。但爲供學校或其他教育機構之利用而輸入或非以保存資料之目的而輸入視聽著作原件或其重製物者，不在此限。
2. 爲供非營利之學術、教育或宗教機構保存資料之目的而輸入視聽著作原件或一定數量重製物，或爲其圖書館借閱或保存資料之目的而輸入視聽著作以外之其他著作原件或一定數量重製物，並應依第四十八條規定利用之。

3.為供輸入者個人非散布之利用或屬入境人員行李之一部分而輸入著作原件或一定數量重製物者。

4.附含於貨物、機器或設備之著作原件或其重製物，隨同貨物、機器或設備之合法輸入而輸入者，該著作原件或其重製物於使用或操作貨物、機器或設備時不得重製。

5.附屬於貨物、機器或設備之說明書或操作手冊，隨同貨物、機器或設備之合法輸入而輸入者。但以說明書或操作手冊為主要輸入者，不在此限。

關於賠償方面，因故意或過失不法侵害他人之著作財產權或製版權者，負損害賠償責任。數人共同不法侵害者，連帶負賠償責任。上述損害賠償，被害人得依下列規定擇一請求：

1.依民法第二百十六條之規定請求。但被害人不能證明其損害時，得以其行使權利依通常情形可得預期之利益，減除被侵害後行使同一權利所得利益之差額，為其所受損害。

2.請求侵害人因侵害行為所得之利益。但侵害人不能證明其成本或必要費用時，以其侵害行為所得之全部收入，為其所得利益。

依上述規定，如被害人不易證明其實際損害額，得請求法院依侵害情節，在新台幣一萬元以上五十萬元以下酌定賠償額。如損害行為屬故意且情節重大者，賠償額得增至新台幣一百萬元。

擅自以重製之方法侵害他人之著作財產權者，處六月以上三年以下有期徒刑，得併科新台幣二十萬元以下罰金。意圖銷售或出租而擅自以重製之方法侵害他人之著作財產權者，處六月以上五年以下有期徒刑，得併科新台幣三十萬元以下罰金。

有下列情形之一者，處二年以下有期徒刑，得併科新台幣十萬元以下罰金：

1.侵害第十五條至第十七條規定之著作人格權者。

2.違反第七十條規定者。

3.以第八十七條各款方法之一侵害他人之著作權者。

本章之罪，須告訴乃論。但第九十四條及第九十五條第一款之罪，不在此限。

著作完成於中華民國八十一年六月十日本法修正施行前，且合於修正施行前本法第一百零六條至第一百零九條規定之一者，除本章另有規定外，適用本法。著作完成於中華民國八十一年六月十日本法修正施行後者，適用本法。

著作完成於世界貿易組織協定在中華民國管轄區域內生效日之前，未依歷次本法規定取得著作權而依本法所定著作財產權期間計算仍在存續中者，除本章另有規定外，適用本法。但外國人著作在其源流國保護期間已屆滿者，不適用之。

前項但書所稱源流國依西元一九七一年保護文學與藝術著作之伯恩公約第五條規定決定之。

依前條規定受保護之著作，其利用人於世界貿易組織協定在中華民國管轄區域內生效日之前，已著手利用該著作或為利用該著作已進行重大投資者，除本章另有規定外，自該生效日起二年內，得繼續利用，不適用第六章及第七章規定。

關於毀謗罪

刑法的公然侮辱罪中規定，公然侮辱人者，處拘役或三百元以下罰金。以強暴犯前項之罪者，處一年以下有期徒刑、拘役或五百元以下罰金。

公然侮辱的行為是指，在不特定人或特定多數人得以共見共聞的情形下，以使被害人難堪為目的，而以語言文字圖畫等方式，攻擊被害人，或是表示其輕視或鄙視，而且，還必須達到對被害人社會上人格地位達到貶抑或是損害的地步。

在網路上，例如：在 BBS站上，把不堪入目的圖畫貼在板上傳給某特定人，這樣的行為，就可能會構成公然侮辱，或是性騷擾等罪。因BBS算是一個公然的地點，雖然它的功能僅是個運用電磁紀錄傳輸的媒體，但只要知道它的位址，不論是誰，都可以閱讀公佈在BBS上文章。因此在BBS上將不堪入目的圖畫傳給特定人，對於該特定人的人格地位，若已造成貶抑其人格或地位時，就算是公然侮辱，或者是性騷擾。

刑法第二百一十條對毀謗罪的規定如下：「意圖散布於眾，而指摘或傳述足以毀損他人名譽之事者，為誹謗罪，處一年以下有期徒刑、拘役或五百元以下罰金。散布文字、圖畫犯前項之罪者，處二年以下有期徒刑、拘役或一千元以下罰金。

對於所誹謗之事，能證明其為真實者，不罰。但涉於私德而與公共利益無關者，不在此限。」

就具體事件揭發，或是將他人指摘揭發的事實轉述他人，並且足以毀損他人名譽時就算是毀謗罪的構成要件，此外，必須具有將該訊息散佈於社會大眾的意思。而且，散佈訊息的方式並不限於用口頭，利用文字、圖畫傳播該訊息時，也會構成毀謗罪。

然而，假如可以證明所毀謗的具體事件是真實者時，不會受到刑法的評價，但是，如果該項事實涉及當事人的私人德行，而且，和公共利益無關時，依然會受到刑法的追訴。

例如：小陳大一就當爸爸，但他大學同學許多人並不知情，因此他在學校又交其他女友，女友並懷孕。同班同學小王有一天發現這個大秘密，就在學校BBS上戲稱直接指名小陳是唐伯虎，妻妾成群。隔天許多人告知小陳BBS上的消息，有些人還在小陳背後竊竊私語。

雖小陳已結婚並生子，在外頭交女友並讓其懷孕之事固然是違法，但小王在BBS上所揭發這件事，是關於小陳個人的隱私與德行的問題。並且小王故意將該訊息散佈於大眾，顯然已構成毀謗罪。

但有例外的情形並不受到處罰，也就是在「以善意發表言論」之時。此時有以下的限制：

1.因自衛、自辯或保護合法之利益者。

2.公務員因職務而報告者。

3.對於可受公評之事，而爲適當之評論者。

4.對於中央及地方之會議或法院或公眾集會之記事，而爲適當之載述者。

此外，如果是對於已死之人公然侮辱時，將會處拘役或三百元以下罰金。對於已死之人誹謗者，將處一年以下有期徒刑、拘役或一千元以下罰金。也就是說，刑法不只把人格權的保護範圍限縮在活著的人，包括死去的人都會受到刑法的保護，所以說，大家還是謹言慎行，妥善控制自己的情緒，才不會惹禍上身。

在此，目前社會中經常在網路上有散播不實之謠言或以詐術的方式損害他人之信用之例子，例如：在網路上告訴班上同學，某某人考試作弊，之後這個謠言傳遍全班，最後使得被害人就無法繼續在班上立足。像這樣的行爲會被處二年以下有期徒刑、拘役或科或併科一千元以下罰金。

上述關於毀謗罪及公然侮辱罪的規定，必須由被害人告訴乃論。

關於e-mail是否可以當成法律上的「文書」？以及關於駭客的問題

偽造、變造私文書，足以生損害於公眾或他人者，處五年以下有期徒刑。

簡單的說，偽造私文書就是，故意製作原本不存在的文書。例如：寫一封假信、或是將已經失效的公文，竄改日期使其再度復活。

「變造私文書」，則是無更改權者將已經生效的文書，竄改其內容。例如：某甲是學校人事室的工作人員，無權對學生的畢業證書

做更改，但是他將其子的畢業證書加註輔系，這樣的行為就算變造。

偽造以及變造的行為必須對公眾或他人產生損害，才有構成本罪的可能。

刑法上對於某些具有文書類似效果的物品有準文書的規定：「在紙上或物品上之文字、符號、圖畫、照像，依習慣或特約，足以為表示其用意之證明者，關於本章及本章以外各罪，以文書論。錄音、錄影或電磁紀錄，藉機器或電腦之處理所顯示之聲音、影像或符號，足以為表示其用意之證明者，亦同。稱電磁紀錄，指以電子、磁性或其他無法以人之知覺直接認識之方式所製成之紀錄，而供電腦處理之用者。」對於上述的物品，在刑法上有與文書相同的保護。

無故開拆或隱匿他人之封緘信函、文書或圖畫者，處拘役或三千元以下罰金。無故以開拆以外之方法，窺視其內容者，亦同。在本罪中著重的重點在於無故與封緘，如果是基於特定的目的，例如：檢警人員為了調查案情的需要而合法的開拆他人信件，這樣因為有法律的依據，所以並不會構成犯罪行為；信函中假如未加封緘，則因為他人可得知信函的內容如何，所以，不會構成犯罪。所以，拆開他人未開封的信件會構成本罪，如果是看他人拆開後，放在桌上的信件，是不會構成犯罪的，除非他有重新封緘。在本罪中，也是告訴乃論的。

此外，對於電子郵件的e-mail是否為本罪所保護的客體？在學說上有所爭議，持「肯定說」的認為，電子信函如果必須通過密碼的任證，才能閱讀時，這種信函就算是本罪保護的客體；但「反對說」學者則認為，如果將保護的範圍擴張到電子信函時，雖然是合乎該法條的立法目的，但是卻有不妥之處，所以主張不將其納入保護範圍為宜[2]。

2.請參閱林山田著，刑法各罪論上冊，2000年二版二刷，第251頁至第252頁。

　　為了因應目前科技發達，多數具隱密性的資料往往都用電子信函傳輸，如果信函遭到開拆或攔截，造成的影響會更大，再加上進入個人的電子郵件信箱必須擁有密碼，所以在封間的部分毫無疑問可以通過撿視，所以將其納入保護，應無不妥，因此「肯定說」應是比較適切[3]。

　　依法令或契約有守因業務知悉或持有工商秘密之義務，而無故洩漏之者，處一年以下有期徒刑、拘役或一千元以下罰金。利用電腦或其相關設備犯上述之罪者，加重其刑至二分之一。且上述之罪，須告訴乃論。

　　例如某甲是A科技公司的研發人員，B公司得知其為該項技術的開發者，僱用重金向其購買該項技術，甲無法克制金錢誘惑，將該技術洩漏與B公司。甲是科技公司的研發人員，在其業務上，有義務將公司新的研發成果保密，但甲無正當理由，將公司的機密販售給B公司，算是洩漏公司機密。

　　但倘若某甲原本並未持有該項技術，而是透過網路竊取，而交給他人時。因為其係利用電腦或相關設備而犯本罪，所以得加重其刑至二分之一。

散播病毒

　　毀棄、損壞他人文書或致令不堪用，足以生損害於公眾或他人者，處三年以下有期徒刑、拘役或一萬元以下罰金。且干擾他人電磁紀錄之處理，足以生損害於公眾或他人者，亦同。

　　在刑法上所規定的文書，一般是指具有形體，運用符號或文字寫成，代表一定意思，並可得而知其製作人的物品，例如：書信。但是對於電腦的資料，因為不符合文書的要求，所以，法律特別立

3.此借重中正大學法律系詹心馳同學之意見。

一條規定，將其視爲準文書，所有關於文書的規定，對於電腦都有所適用。

所以，假如用病毒侵蝕他人電腦中內建的資料，就算是損壞他人之文書，將有可能構成上述罪名。值得注意的是，上述罪名須告訴乃論。

網路詐騙

刑法規定，意圖爲自己或第三人不法之所有，以不正方法將虛僞資料或不正指令輸入電腦或其相關設備，製作財產權之得喪、變更紀錄，而取得他人財產，或者，以上述方法取得財產上之不法利益或使第三人得之者處七年以下有期徒刑。

也就是說，如果甲因爲缺錢花用，所以，在網站上公佈一項訊息：「偶像藝人F4演唱會的門票大特賣，最前排座位只賣5000元！！」，但是，事實上，甲並沒有該場演唱會的門票，如因此誘騙無知少年上當並取得非法利益時，即構成該項犯罪。此外，以犯上述之罪爲常業者，處一年以上七年以下有期徒刑，得併科五萬元以下罰金。簡單的說來，經常反覆實施該項行爲，而且以之爲營利時，就算是以該項行爲爲常業，不論是正業或者是兼業，都算是常業。

此外，「意圖爲自己或第三人不法之所有，乘未滿二十歲人之知慮淺薄，或乘人之精神耗弱，使之將本人或第三人之物交付者，處五年以下有期徒刑、拘役或科或併科一千元以下罰金。而且，以上述方法得財產上不法之利益，或使第三人得之者，亦同」。前述二項之未遂犯罰之。此項的規定如以網路犯罪方面的詮釋，可以舉以下的例子：例如大學生某甲在網路聊天室上認識小學生某乙，認爲乙年幼可欺。於是邀約某乙見面，見面時告訴某乙，只要某乙給他一千元，就帶某乙去看藝人F4。某乙不疑有他，於是交付甲一千元。某甲之行爲，及構成上述之罪。

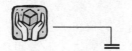

案例解析

案例

A大學的男生宿舍住了一群喜歡上網的學生。這群學生平時最愛在網路上亂晃，還喜歡製作電腦病毒，以證明自己的電腦技術是非常卓越。

這群學生當中的小中，是個性好漁色之徒。他除是多數情色網站忠實會員外，自己還開了一個FTP站，專供同好下載或上傳清涼的圖片及養眼的影片。他最近買了燒錄器，開始生產情色光碟，還以超低價出售。

小華是個喜歡上BBS站的人。他只要有發現關於學校的任何事，例如：老師的個人隱私，學校的工程進度太慢等等，他都喜歡嚴厲批評。有次，一位教授將他一門科目當掉，小華心有不甘，BBS上連續貼了二十一篇文章罵他，並以本名發表意見，以示負責，此位教授非常生氣，還因此心臟病發住院治療。

小民是資工系的學生。他平時喜歡製作病毒，而且他三個小時就能製造出一堆高級病毒檔。並且他的嗜好就是四處放毒，只要看見同學朋友被他的病毒殘害，他就會幸災難耐，然後裝好心的去幫他們解決問題，過過英雄般的乾癮。他決定將病毒傳送給學校的每個單位，讓整個學校天下大亂。

小國也是資工系的學生，他立志做世界第一的駭客，入侵所有國家的機密網站，取出機密文件，販售圖利，這是他對未來畫出最美麗的遠景。

目前，他正著手訓練自己的功力，先朝向學校的網站入侵，幫同學侵入學校網站竄改資料，把原本不及格的同學改成及格，或者是提高分數，按件、按提高幅度計酬，正當學校覺得不知如何是好時，他沒多久就為自己賺進了一大筆錢。因有這個動力，他準備開始更拓展自己的事業，打響自己的知名度，成為世界上所有駭客的老大！

案例解析

關於小中的例子

在二的案例當中，小中買了燒錄器，開始生產情色光碟，還以超低價出售一案。如小中買了一片情色光碟，為了怕壞掉，所以多燒了一片，這是不犯法的，但是其將所重製的光碟出售營利，已經觸犯著作權法的規定。

關於小華的例子

小華在BBS上連續貼了二十一篇文章罵老師，還以本名發表意見，氣得老師心臟病發住院治療之例子。小華將他的不滿發表在網路上有，可見讓大眾知道的「故意」，此外指摘足以毀損該名老師名譽之事，已構成誹謗罪，得處一年以下有期徒刑、拘役或五百元以下罰金。此外，此位老師可以向小華請求精神上的損害賠償。

關於小民的例子

小民四處放毒的嗜好，使他的同學朋友被病毒殘害，這樣的行為如果造成他同學的資料被毀損，即使他事後裝好心的去幫他們解決問題，依然會構成上述的毀損罪。

關於小國的例子

　　小國立志做世界第一的駭客，先朝向學校的網站入侵，幫同學侵入學校網站竄改資料，把原本不及格的同學改成及格，提高分數也可以，按件、按提高幅度計酬賺取非法利益之例。在侵入學校的網站竄改資料這個部分，依據偽造變造文書罪章中的界定，算是變造文書，因學校所擁有並公佈的資料算是公文書，雖然是在網站上，依照準文書的界定標準，算是準文書，所以，小國的行為已經構成變造公文書，必須依刑法二百一十條處罰。

結　論

　　電腦犯罪最令人印象深刻的，應該是去年發生在成大的學生下載MP3事件了。自從發生了這個事件之後，除了業者的控告之外，許多媒體也認真在討論學生不法下載光碟的事。成大的案件，使得國內對於電腦犯罪的輿論，達到一個高峰。

　　盜版、剽竊他人作品的行為，在法律上當然是違法。如以犯罪的觀點來說，此種下載音樂軟體（MP3）的行為，已經觸犯著作權法第九十一條第一項之重製罪（該罪之刑罰為六月以上、三年以下之有期徒刑，並得併科二十萬元以下之罰金），此外重製的光碟出售營利，已經觸犯著作權法的規定之案例，也已在上面的案例中有說明。

　　但是，盜版人的動機或許在於企圖貪得不法的利益，但是，購買人的心態也是需要探討。以目前社會上普遍不景氣的狀況來說，市面上買一張原版的CD就要三、四百元，其他例如原版的電腦軟

體，更是昂貴。對於一些沒有經濟基礎的學生們來說，買盜版的是最經濟實惠方法。

我們常對一些學生說，「不能節省區區的三、四百元去買盜版的，結果吃上官司是不好的」，但是事實上，目前盜版軟體的氾濫程度，你我都是心知肚明，再如何呼籲，都還是有想購買的人，只因便宜貨的魅力，可使許多人降低他對於道德規範的制欲力。

目前發生盜版光碟的案件多是開發中的國家。例如，中國大陸、泰國、馬來西亞等都盜版光碟的製造國。雖然許多先進國已有防治盜版的法律規範，但是，仍有不肖商人從上述開發中國家進口非法光碟，這是令有關當局相當頭痛的問題。

網路犯罪除了光碟的盜版之外，網路上的援交問題、傳播病毒、甚至涉及毀謗的例子也是相當多，水能載舟，亦能覆舟。科技的進步為人類的生活帶來了便利，但相同的，科技的進步也伴隨了許多危險性，尤其是許多犯罪人利用電腦隱形的空間，製造了許多犯罪的陷阱，我們根本無法預知自己什麼時候遭到被害。

我國目前算是世界上的「電腦王國」。但是，我國目前對於網路方面的規範以及法律卻無完善。這的確是使人相當憂心之事。不可諱言的是，目前許多國人已無法想像無電腦的生活是如何。在高度依賴電腦，卻無法杜絕可能來自它的危害時，我們是否應該認真督促有關單位，網路的規範與法律需要盡快並確實制訂，也唯有如此，我們才不用生活在隨時遭犯罪被害的恐懼當中。

★ 參考資料

一九七一年伯恩著作權公約

　　聯盟國受一致願望之激勵，欲以有效而近乎一致之措施，保障著作人就其文學與藝術著作上之權利，體認一九六七年斯德哥爾摩修正公約會議工作之重要；除維持前開斯城會議案第一至二十條及第二十二至二十六條不予變更外，爰經修正其餘條文，並互相校閱全權證書妥當無訛。全部約定條文如次：

　　第一條　（聯盟之結構）

　　本公約適用範圍內之國家，共同組成聯盟，俾保障著作人就其文學與藝術著作上之權利。

　　第二條（受保障著作之範圍）

　　「文學與藝術著作」一詞，包括以任何方式表達之文學、科學及藝術範圍產品，諸如：書籍、散裝頁及其他撰著；講義、演說、佈道及其他類似同性質之著作；戲劇或歌劇著作：舞蹈著作及娛樂啞劇；樂譜或配合歌詞者；電影化著作及其同族類以雷同程序表達之著作；繪畫、建築、雕塑、版畫及蝕版著作；攝影化著作及其同族類以雷同程序表達之著作；應用藝術著作；圖解、地圖、計劃、素描及地理、地形、建築或科學有關之立體性著作。

　　聯盟國得以國內法規定概括或特定之著作，須以具體形態附著始受制定法保障。

　　音樂之翻譯、改作、改編及文學或藝術著作之其他改作，其不損害原著著作權者，與原著享有相同之保障。

　　盟國得以國內法決定，立法、行政及司法性質等公務文書及其官定譯文，應否予以保障。

　　文學或藝術著作之集著，諸如：百科全書、詩集文選。其能按分子著作既存內容，經由採擇及改編，從而構成知能之創作，且無傷各分子著作原有著作權者，得就該集著之整體著作權加以保障。

　　本條所定之著作受聯盟國共同保護，其保障須基於著作人及其法定繼承人之利益。

　　除本公約第七條第四項另有規定外，聯盟國得以國內法決定保障應用藝術、工商設計及模型之範圍及其條件。源流國係依設計、模型保障之著作，他聯盟國亦應給予設計、模型之保障，但著作源流國並無此項規定著，比照藝術著作保障之。

　　本公約之保障規定，不適用於僅具傳播消息性質之日常新聞或雜項事實。

　　第二條之二（口述著作）

　　前條所定著作權保障，關於政治或司法程序中之演說，聯盟國得以國內法排除其全部或部分保障。

　　公開發表之講義、演說及其他同性質之著作，基於傳播知識公平利用之目的，得由報紙、廣播、有線傳播及本公約第十一條之二第一項擬制之大眾傳播等予以重製或再現，其要件由聯盟國以國內法定之。

　　前項所定被利用之著作，其合訂本之排他權仍由著作人享有之。

　　第三條（受保障之著作人）

　　本公約之保障適用於左列之情節：

1. 聯盟國國民之著作，不論業已發行與否。
2. 非聯盟國國民，但其著作首次發行於聯盟國之一領土之內，或同時首次發行於聯盟國及非聯盟國領土之內。

　　非聯盟國著作人於聯盟國之一有恆久住所者視同住所地國國民。

　　「已經發行著作」一詞，係指經著作人同意而發行者，其製作程序如何，均非所問，以依著作性質能滿足大眾適當需求為要件。戲劇、歌劇、電影或音樂著作之表演；文學著作之公開朗誦；文學或藝術著作之有線傳播、藝術著作之展示及建築著作之付諸建造等，俱非著作之發行。

三十天之內於二以上國家首次發行者，該著作即為同時在各該國發行。

第四條（同前）

縱不合本公約第三條所定各項，左列情節仍得適用本公約之保障規定：

1.電影著作之著作人，其製作人於聯盟國之一設有主事務所或恆久住所者。
2.構造或座落於聯盟國之一境內之建築或其他建築著作，或與建築物結合之其他工藝著作著作人。

第五條（源流國制）

著作人受本公約保障者，就其各別之著作，於源流國以外之其他聯盟國境內，享有各該聯盟國法律現在或將來賦予其內國民之同等權利，以及本公約特定之權利。

各項權利之享有與行使，不須履行任何形式，並獨立於該著作源流國現行保障制度之外。故除開本公約之規定，著作人權利之保障範圍及其救濟途徑，應絕對受當地國法律之拘束。

著作源流國之保障依其國內法，但受本公約保障而非該國國民者，仍應享有該國國民同等之權利。

左列各款為著作源流國：

1.首次發行於聯盟國之著作，以發行地為源流國；同時首次發行於數聯盟國而各該國保障期間互異者，以期間最短者為源流國。
2.同時首次發行於聯盟國及非聯盟國之著作，以前者為源流國。
3.未發行著作或首次發行地為非聯盟國亦未於聯盟國同時發行之著作，其著作人為聯盟國國民，但：
   a.電影著作之製作人於聯盟國設有主事務所或恆久住所者，以該聯盟國為源流國。

b.建造於聯盟國境內之建築著作、與建築物結合之工藝著作或座落其境內之其他構築，以該聯盟國為源流國。

第六條（互惠同等保障）

任何非聯盟國未予充份保障特定聯盟國之著作權，則著作首次發行時，其著作人為該非聯盟國民而於他聯盟國無恆久住所者，該特定聯盟國亦得限制其權利之保障。若首次發行地國依法仍應保障，亦不得要求他聯盟國給予較發行地國為優厚之保障。

前項所稱之限制生效前，已在聯盟國發行並亨有之權利不受該項限制之影響。

聯盟國依本條所為之限制保障，應以書面宣言指定受限制保障之國名及權利內容，通知世界智產所有權組織理事長，由理事長將此項宣言儘速通知全體聯盟國。

第六條之二（著作人格權）

著作人除各項經濟權利外，或縱其經濟權利業經移轉，仍得就其著作主張為著作人之資格。有權制止他人扭曲、損傷、改竄其著作，致有礙其榮譽之任何行為。

依前項規定保障之人格權，應至少維持至著作人死亡後其著作經濟權利屆滿為止，此項人格權並得依當地國法制授權自然人或團體行使之。但批准、加入本公約前，其國內法制無人格權保障規定之國家，得規定停止其中若干項人格權之行使。

為防護本條賦予之人格權；其救濟方法由當地國法定之。

第七條（保障期間）

本公約所定之著作權保障期間為著作人終身並及於其死亡後五十年。

於電影類著作之情節，聯盟國得以國內法規定其期間：自著作人同意公開其著作起算五十年，或自製作完成之日起算五十年。

於匿名或筆名著作之情節，依本公約賦予之保障為自該著作合法公開起算五十年屆滿。但著作人採用之筆名與其本名並無差異者，則保障期間仍適用第一項規定（終身及死後五十年）。如著作

人於本項前段所定期間內（五十年），揭露其本名者，則保障期間仍適用第一項規定。匿名、筆名著作依合理原則推定著作人已死亡五十年者，聯盟國毋須保障。

攝影及應用藝術類著作視同工藝著作保障之聯盟國，其保障期間由各該國以國內法定之。但至少自各該著作完成時起算，不得短於二十五年。

著作人死後及本條第二、三、四等項所定之保障期間，應依死亡日期或各該項法律事實發生日期為準，但保障期間之起算應自前述準據日期之次年元月一日開始。

聯盟國得以國內法規定較前述各項為長之保障期間。

受本公約羅馬修正案拘束之聯盟國，於現行公約生效時，其國內法所定保障期間較本條各項規定為短者，於批准或加入時，有權維持原有較短期間之規定。

不論何種情節，著作權之保障期間受當地國法制支配，但除當地國法制另有規定外，不得超過著作源流國之保障期間。

第七條之二（保障期間）

合著亦適用前條關於保障期間之規定，但著作人死後保障期間之核計，以合著人中最後一人死亡之日期為準。

第八條（翻譯權）

本公約保障下之文學及工藝著作，於保障期間內，著作人就其原著享有排他授權翻譯之權。

第九條（著作人之重製權）

本公約保障下之文學及工藝著作，著作人享有授權他人以任何方法重製其著作之排他權。

准許重製他人著作之特殊情節（如公平利用），由各聯盟國以國內法定之，但不得違反著作正常利用原則，並不得有過當損害著作權人法益情事。

任何音、影之錄製，得視為本公約所定之重製行為。

第十條（摘錄）

合法公開之著作得予摘錄引用，但摘錄引用所為之製作須符合

公平慣例，摘錄引用之程度亦不得超越正當目的。包括新聞紙、雜誌文章之摘要。

文學或工藝著作，得以圖解發行、播送、錄音、錄影供教學之用，其利用程度須合乎正當目的。准許利用有關事項由聯盟國依國內法或由當事人以特約定之，但利用均須符合公平慣例。

依本條前兩項所爲之任何利用，均應註明出處，如知悉著作人姓名者，並應註明之。

第十條之二（大眾傳播機構之利用）

揭載於報紙、期刊關於時事經濟、政治、宗教之論文及同性質之播送節目，如未註明不許利用，聯盟國得以國內法規定，准許其他報紙、期刊、播送企業加以轉載或利用，轉傳播於公眾。但利用人須明顯註明出處，違反此項義務之法律責任，由當地國決定之。

以攝影、電影、播送或有線傳播於眾等方式報導時事而利用程度符合傳播消息意旨，得於報導過程中重製利用文學、工藝著作，利用之法定情節，由聯盟國以國內法定之。

第十一條（表演權）

戲劇、歌劇及音樂著作之著作人，享有左列各項排他授與之權利：

1.公演其著作，包括任何方式之公演。
2.其著作經表演後之任何公開傳播。

戲劇、歌劇著作之著作人，於其原著權利存續之全部期間內，就其著作之譯著之公演，享有前項同等權利。

第十一條之二（播送權）

文學及工藝著作之著作人，享有左列各款排他之授權：

1.以任何無線訊號、音或影發射，播送其著作或傳播於眾。
2.將著作原播以有線或重播傳播於眾，傳播行爲係由原播企業以外之企業所爲。

3.以擴音器或其他類似播放工具，並以訊號、音或影，將著作
　播送節目公開傳播。

前項所定權利之行使條件，由聯盟國國內法定之，效力以其領
域爲限。但不論何種情節均不得損害著作人格權及其應得之等值報
酬。遇當事人無特約時，等值報酬之額數由當地國主管機關定之。

依本條第一項授與之權，如無相反約定，不得解爲默許以工具
另行錄製該授權播送著作之音或影。

但聯盟國得制定暫時性錄製規則，規定播送企業運用自備器械
並爲本身播送用而轉錄。基於轉錄物性質特殊之原因，依法律授權
保存於官方檔案。

第十一條之三（表演權）

文學著作之著作人，享有左列各款排他授與權：

1.公開朗誦其著作，包括任何方式之公開朗誦。
2.將其著作之公開朗誦，再傳播於眾。

文學著作之著作人，於其原著權利存續之全部期間內，就其著
作之譯著之朗誦，享前項同等權利。

第十二條（改作權）

文學或工藝著作之著作人，就其著作享有授與他人改作、改編
或以其他方式變換其著作之排他權利。

第十三條（強制授權）

音樂及文字著作人之排他權，聯盟國得以國內法規定其限制與
條件。著作人業已授權將其著作錄音者，他人亦得依法請求強制授
權另行錄製。但此項國內法限制與條件僅具域內效力，於當事人無
特約之情節時，應由該國主管機關制頒法定報酬率，不得損害著作
人獲得等值報酬之數。

聯盟國依一九二八年羅馬及一九四八年布魯塞爾公約第十三條
第三項規定而製作音樂著作之錄音者，此錄音物仍得由該國繼續重
製至加入本公約之日起二年後爲止，毋須音樂著作人之允許。

依本條前兩項規定而製作之錄音物，如輸入國法律規定爲盜錄物，於未經該國核可前之輸入，得予捕獲沒收。

第十四條（電影權）

文學或工藝著作之著作人，享有左列各款排他之授權：

1.將其著作予以電影化之改作並重製、行銷該改作物。

2.前款改作或重製物之公演及以有線傳播於衆。

文學或工藝著作之電影化重製物，於不損害被授權人權利範圍內，得由原著著作人再授權，改作成其他工藝形態。

第十三條第（1）項應不予適用

第十四條之二（上映權）

經改作或重製而成之電影化著作，於不損害原著著作權範圍內，其保障與原著者同。電影化著作之著作權所有人與原著著作人之權利同，包括前條所定之權利。

1.電影化著作之著作所有權效力，由當地國法律定之。

2.但聯盟國以其國內法規定電影化著作之著作權人爲全體參與製作之著作人者，此類著作人於無相反或特別約定時，不得異議該電影化著作之重製、行銷、公演、有線傳播於衆、播送或任何其他傳播於衆之方式、或附說明字幕或變換配音。

3.確定是否屬於前款所定事業形態俾適用該款規定問題，須視電影化著作製作人主事務所或恆住所地國法律規定是否應以書面文件爲之而定。但以聯盟國爲權利保護地而該聯盟國法律規定須以書面約定爲之者，此項規定應以書面宣言通知理事長，並由其轉致其他聯盟國。

4.「相反或特別約定」，係指前述有關事業機構之限制條件。

除國內法作相反規定，前項（b）款不適用於爲專供電影化著作而撰著之腳本、對白及音樂著作之著作人及其主導演。但國內法

未規定前項（b）款得適用於導演之聯盟國，應以書面宣言通知理事長，並由其轉致其他聯盟國。

第十四條之三（增值共享權）

著作人或於其死後基於國內法權利繼受之人或機構，就藝術品之原件及書寫或譜曲之原稿，對各該原作首次移轉後之任何再轉售，享有不可侵犯之增值共享權。

向聯盟國請求前項所定之權利，以著作人本國及被請求國之國內法，均有此項共享權規定者為限。

共享權利金之收受手續及其數額，由國內法定之。

第十五條（匿名、筆名著作）

為使本公約保障下之文學或工藝著作人，於無反證時，有權向聯盟國提起侵害訴訟，以通常形式揭示姓名於著作者即可。使用筆名之著作人而其筆名足生與本名無疑者，亦得適用本項規定。

電影化著作以通常形式揭示法人團體名稱者，於無反證時，推定此名稱為該著作之製作人。

本條第一項所定以外之匿名、筆名著作，載有出版人名稱者，於無反證時，得認定其代表著作人，並以此資格享有著作人相同之請求權。遇著作人揭露其本名並進而主張權利時，應停止適用本項規定。

1. 軼名而未發行著作，但足以證明其為某聯盟國著作人所作時，該國得以國內法指定主管機關代表著作人，在他聯盟國行使請求保障及其他權利事項。
2. 依前款規定所為之指定，應將指定之詳細資料以書面宣言通知理事長，並由其轉致全體聯盟國。

第十六條（侵害著作權重製物之扣押）

任何聯盟國得於其境內捕獲沒收侵害有著作權著作之複製物。

自不保障或已停止保障特定著作之國家輸入侵害該著作著作權之複製物者，輸入國亦得適用前項捕獲沒收之規定。

前兩項所定之捕獲沒收，須由國內法定之。

第十七條 （地主國法權統制原則）

本公約規定事項，不得影響聯盟國政府法權。地主國認有必要得以法令執行核可、統制或禁止任何著作或其重製物之流傳、上映或展示。

第十八條（溯及條文）

自本公約生效時起，凡於源流國未逾保障期間而成為公共所有著作，全部適用本公約。

但如因先前賦予之保障期間屆滿致於原保障國成為公共所有著作者，此類著作不得重行恢復保障。

本原則之適用，須受聯盟國間現存或將來締結之特約同類規定之拘束。於無同類規定之情節，各國得衡酌有關事項自行決定適用本原則之條件。

前項規定對新加入之聯盟國，以及因適用第七條或放棄保留而給予保障之情節，亦適用之。

第十九條（擴張保障原則）

本公約規定事項，不得排除聯盟國國內法賦予較大保障而得請求之權利。

第二十條（政府間特約）

聯盟國政府保留彼此簽訂特約之權，但以賦予著作人較為完密且與本公約所定事項不生牴觸為原則。符合上述原則之現存政府間特約，得繼續適用之。

第二十一條（附屬條款之效力）

關於開發中國家之特別規定定入附屬條款。

依第二十八條第一項（2）款規定，附屬條款為本公約整體之一部。

第二十二條（公約行政組織）

1.本聯盟設大會，由受第二十二至二十六條拘束之聯盟國組成。

2.每一聯盟國派遣代表一人，並得由備用人員、顧問、專家、協助工作。

3.代表團之經費開支由各派出政府自理。

大會之職權為

1.關於聯盟之維持與發展，以及履行公約等事項之處理。

2.指示「世界智產所有權組織公約」（以下稱該組織）中所定之「國際智產所有權局」（以下稱國際局）關於公約修正會議之籌備；注意不受第二十二條至二十六條拘束之聯盟國任何建議事項。

3.審閱及核可該組織理事長關於本聯盟之一切報告及活動事項，以及就聯盟職權內任何有關事項，為必要之指示。

4.選擇「大會執行委員會」會員。

5.審閱及核可大會執行委員會之報告及活動，並予必要之指示。

6.議決本聯盟工作計劃及三年一度之預算，並核可決算。

7.通過本聯盟財務規則。

8.針對本聯盟工作之需要，籌設專家委員會及工作團。

9.決定非聯盟國、政府間及國際非政府組織派遣代表以觀察員身份出席會議。

10.議決第二十二條至第二十六條之修正案。

11.採擇適當措施以促進本聯盟之目標。

12.執行本公約範圍內其他職能。

13.經接受後，行使籌設該組織公約賦予之其他權利。

該組織掌理並與其他聯盟共同利益有關事項，於聽取該組織協調委員會建議後，由大會作成建議。

1.大會每一會員國享有一投票權。

2.大會法定人數為全體會員國二分之一。

3.除前款法定人數規定外，遇任何會期出席會員國數不足全體二分之一但滿三分之一以上者，大會得作成本身程序以外事項之決議，此項決議之生效依下列條件：國際局應將此決議通知缺席國，徵求其書面投票或自通知時起屆滿三個月視為

棄權，如三個月屆滿而以書面表示投票或棄權之缺席國補足
法定人數且贊成票爲多數者，則該決議生效。

4. 除第二十六條第二項另有規定外，大會決議須有投票數三分
之二贊成爲可決票。

5. 棄權票不計入投票數內。

6. 每一代表限以一個國家名義投票。

7. 非大會會員之聯盟國得以觀察員身份出席會議。

　　（1）理事長應每三年召集大會常會一次。如無例外情節，
　　　　均依該組織大會原定會期及地點。

　　（2）如經執行委員會或大會全體會員國四分之一之請求，
　　　　應由理事長召集臨時會。

大會自行制定議事規則。

第二十三條（公約行政組織）

大會設執行委員會。

1. 執行委員會由大會會員國互選組成。除第二十五條第七項2
款另有規定外，該組織總部所在地國享有委員會當然席次。

2. 執行委員會會員國政府派遣代表一人，並得選派備用人員、
顧問及專家協助工作。

3. 代表團經費開支由各派出國政府自理。

執行委員會會員國應爲大會會員國數之四分之一。於確定席次
時以四除大會會員國數，未整除之餘數予以拋棄。

於推選執行委員會會員國時，應兼顧地域之平均分配及可能與
本聯盟建立關係之其他特約國家之需要。

1. 執行委員會會員自本屆大會閉幕時起執行職務至次屆大會常
會閉幕時爲止。

2. 執行委員會會員得予改選，但不得逾總數三分之二。

3. 執行委員會會員選舉及其可能改選之詳細規則，由大會制定
之。

執行委員會之職掌：

1. 籌備大會議程。
2. 向大會遞送建議，關於理事長擬定之聯盟工作計劃及三年一度預算。
3. 就理事長擬定之工作計劃及預算案，核可特定年度之預算及工作計劃。
4. 理事長定期工作報告及年度決算報告，經簽註適當評議意見後彙送大會。
5. 依據大會決議並衡酌兩屆常會間實際發生之情勢，採取一切必要之調整措施，俾理事長確切執行聯盟原訂工作計劃。
6. 依本公約指配之其他職掌內事項。

關於由該組織掌理而關係其他聯盟共同利益事項，於聽取協調委員會建議後，應由執行委員會作成決定。

1. 執行委員會常會每年一次，由理事長召集，以與該組織協調委員會相同會期及地點爲原則。
2. 執行委員會得因理事長、委員會主席或會員總數四分之一之請求，由理事長召集臨時會。
   （1）執行委員會每一會員國享有一個投票權。
   （2）執行委員會全體會員半數之出席爲法定人數。
   （3）出席會員過半數之贊成，得作成決議。
   （4）棄權票不計入投票數內。
   （5）每一代表限以一個國家名義投票（不得代投）。

非執行委員會會員之聯盟國，得以觀察員身份出席會議。
議事規則由執行委員會自行制定。
第二十四條（公約行政組織）
1. 本聯盟行政性事項由聯盟局之延伸機構「國際局」掌理；聯盟局與國際工業所有權保護公約設置之聯盟局合併。
2. 聯盟各部門之秘書職由國際局派遣。
3. 該組織理事長爲聯盟執行首長，對外代表聯盟。

國際局應編印有關著作權保障之各項資訊。聯盟國應儘速將其新修正有關著作權之法律、規章檢送國際局。

國際局應編印發行月刊。

國際局應聯盟國之請求，提供著作權保障之有關資訊。

國際局應舉辦研究、提供服務、策劃著作權之保障。

理事長及其指定之工作人員，得無表決權參與大會、執行委員會、其他任何專家或工作團委員會之全部會議，並為各該團體之當然席次。

1. 國際局依據大會指示與執行委員會合作，籌劃本公約第二十二條至第二十六條以外條文之修正會議。
2. 國際局為籌劃修約會議，得與政府間或國際非政府組織磋商。
3. 理事長及其指定之工作人員，得無表決權參與各項會議之討論。

國際局得執行其他交辦事項。

第二十五條（公約財務）

1. 本聯盟應編列預算。
2. 聯盟預算書應包括收入及支出、聯盟國共同支出預算數之分擔，以及該組織會議經費概算總額。
3. 非純屬全體聯盟國之支出，但涉及若干個聯盟國而須由該組織負擔行政費者，視為各該聯盟國共同支出，其分擔比例應依各該聯盟國所得利益定之。

聯盟預算之策劃應確實兼顧該組織轄下其他聯盟間，為必要之協調。

聯盟預算之財源為左列各款：

1. 聯盟國之捐助。
2. 國際局關於聯盟方面各種服務之規費。

3.國際局關於聯盟方面出版品之銷售與版稅收入。

4.贈與、遺贈及政府補助金。

5.租金、利息及其他雜項收入。

(1) 為確定預算分擔額，每一聯盟國納入下列等級之一，並依各該等級劃定之單位數（number of units）為基準，換算為各該國之認捐額數。

第一級............廿五個單位。

第二級............二十個單位。

第三級............十五個單位。

第四級............十個單位。

第五級............五個單位。

第六級............三個單位。

第七級............一個單位。

(2) 除舊有已歸級之會員國外，新加入者於送存批准或加入時應同時附加書面文件，明示其選擇前款何種等級之意願。任何國家均得變換等級。如欲選擇較低之等級者，該國應向大會常會提出報告。等級之變更均於應屆常會之次年生效。

(3) 每一國家之年度認捐款總額，即為聯盟年度預算總額除全部聯盟國單位總數，再乘該國所屬等級之單位數。

(4) 認捐款應於每年元月一日繳付。

(5) 拖欠付款之國家，如其總額達該國應付認捐款二整年以上者，聯盟任何機構內均停止其表決權。但如因例外或不可抗力情事致遲延繳付者，聯盟各機構得自行決定允許該國繼續行使表決權。

(6) 如新財務期間開始前，預算額尚未定案，應依財務規則比照前一年度預算之相同水準。

關於職盟因服務而向國際局繳納規費之額數應予明定，並由理事長向大會、執行委員會報告。

1. 本聯盟應籌措工作基金，由各聯盟國一次付款集資。如遇額數漸次短少而不足時，應增資之額數由大會決定。
2. 每一國家之工作基金首期付款或其參與增資之額數，應按該國當年應付款額數比例核計。
3. 基金比例及出資期間，應依據理事長提議，並聽取該組織協調委員會建議後，由大會議定之。
   （1）該組織應與總部所在地國簽約，遇工作基金不足時暫由地主國預支，其額數與條件另以特約定之。地主國擔負預支義務期間內，享有執行委員會當然席次。
   （2）前款地主國與該組織均有權以書面通知取消預支義務，並自通知發出之年底起算三年後生效。

依財務規則所定，會計帳目經一以上聯盟國或外部會計師之查核爲有效。查帳員由大會指定並經被指定人同意。

第二十六條（公約之修正）

大會會員國、執行委員會或理事長均得提案修正第二十二至第二十六條。此項提案至少應於六個月前送達大會會員國，俾供參研。

前項所定修正案之通過，須經大會四分之三可決票表決。但第二十二條及本項修正案之通過，須經五分之四可決票之表決。

第一項所定各條文之任何修正案，會員國應依其憲法程序簽發接受通知，理事長於收訖當時表決該修正案之四分之三大會會員國書面通知滿一個月後，該修正案生效，並拘束大會全體會員國。但增加聯盟國財務負擔之修正案，僅得拘束通知接受該修正案之國家。

第二十七條（公約之修正）

爲改善聯盟體制，得提起本公約修正案。

基於修約之目的，會議得於聯盟國有關代表之國內繼續舉行會議。

除第二十六條另有規定外，本公約及其附屬條款之修正，均須全體一致。

第二十八條（加入）

1. 簽字於本公約之聯盟國得予批准，其未簽字者亦得加入。批准或加入文件應向理事長送存。

2. 聯盟國得於其批准或加入文件中聲明，不適用第一條至第二十一條及附屬條款。但該國如業已依附屬第六條第一項規定提出聲明者，則文件中僅得聲明其批准或加入不適用第一條至第二十條。

3. 依前款規定以批准或加入文件排除各條效力之聯盟國，得事後宣告延伸原批准或加入之效力於各該排除條文，但應將宣告文件送存理事長。

　　（1）前列兩項條件實現滿三個月，則第一條至第二十一條及附屬條款應即生效：

　　　　a. 五個以上聯盟國批准或加入本公約而未作前項（2）款之聲明者。

　　　　b. 法國、西班牙、英國、北愛爾蘭及美國等國業已受一九七一年七月二十四日世界著作權公約巴黎修正案之拘束。

　　（2）前款所定之生效條件，亦適用於生效前三個月已送存批准或加入文件且無第一項（2）款聲明之聯盟國。

　　（3）非前款所定之聯盟國，其已批准或加入本修正案且未依第一項（2）款聲明者，於理事長通知收訖有關送存文件之日起滿三個月，則第一條至第二十一條及附屬條款開始生效。但送存文件中有特定較遲之日期者，依該國指定日期為準。

　　（4）本項（1）至（3）款規定不影響附屬第六條之適用。

　　不論有無依本條第一項（2）款聲明，凡批准或加入本修正案之聯盟國，於理事長通知收訖有關批准或加入送存文件之日起滿三個月，則第二十二條至第三十八條開始生效。但送存文件中有特定較遲之日期者，依該國指定之日期。

第二十九條（加入）

任何國家得加入本公約成為聯盟會員國。加入文件應送請理事長存查。

1. 除（b）款另有規定外，加入本聯盟公約之國家，於加入文件送存理事長並經通知業已收訖之日起滿三個月生效。但送存文件中有特定較遲之日期者，依該國指定之日期生效。
2. 如依前款之生效先於依第二十八條第二項（1）款所定第一條至第二十一條及其附屬條款之生效，則該國應受本公約布魯塞耳修正案第一條至第二十條之拘束，而非本修正案第一條至第二十一條及其附屬條款 。

第二十九條之二（與斯城修正案之關係）

不受本公約斯德哥爾摩修正案第二十二條至第二十八條拘束之國家，為本公約第十四條第二項設置該組織之唯一目的，其批准或加入本修正案，除第二十八條第一項（2）款之（a）限制外，應視同批准或加入斯德哥爾摩修正案。

第三十條（保留）

除本條第二項、第二十八條第一項（2）款、第三十三條第二項及附屬等准許之例外，批准或加入應當然接受本公約全部條文與認可。

1. 批准或加入本修正案之聯盟國，除附屬第五條第二項之規定外，如前經送存批准或加入文件之際同時提出聲明，得享有保留之權利。
2. 聯盟以外之國家，依本公約及除附屬第五條第二項規定外，得聲明以本修正案第八條關於翻譯之規定，至少暫時代替一八八六年聯盟公約第五條（一八九六年完成於巴黎），並明示諒解該條規定僅適用於翻譯為該國通用語文。除附屬第一條第六項（2）款所定者外，凡原著源流國為曾作翻譯權保留之國家，則任何國家均有權主張給予與該國相等之保障。

3.任何國家得以書面文件通知理事長，隨時撤銷保留事項。

第三十一條（適用之領域）

任何國家得於批准或加入文件中聲明，或隨時以書面通知理事長，擴展本公約適用區域至指定領地之全部或一部，該領地對外著作權關係由指定國負責。

提出前項聲明或通知之國家，得隨時通知理事長終止本公約適用於被指定領地之全部或部分。

1.第一項所定聲明之生效日期與批准或加入文件者同；同項所定之任何通知文件，均於理事長收訖時起滿三個月生效。

2.本條第二項之任何通知自理事長收訖時起滿十二個月後生效。

聯盟國依第一項所爲指定適用本公約之聲明，不得解爲他聯盟國默認關於該領地之既成事實。

第三十二條（公約新舊條文之關係）

本修正案於聯盟國之關係、適用範圍等方面，取代一八八六年九月九日伯恩公約及其後續之各修正案。前已生效各修正案，全部或本修正案未取代部分之條文，應繼續適用於未批准或加入本修正案之聯盟國。

聯盟以外之國家而參與本修正案者，除第三項另有規定外，其與不受本修正案拘束或雖受拘束但已依第二十八條第一項（2）款聲明之聯盟國，仍得適用本修正案。此類國家承認前述聯盟國與彼等之關係爲：

1.得適用彼等受拘束之最近修正案條文。

2.除附屬第一條第六項另有規定外，有權主張本修正案所定之保障標準。

享有任何附屬條款權能之國家，得適用該附屬條款所定權能與不受本修正案拘束之聯盟國建立關係，但以接受適用此項條文之聯盟國為限。

第三十三條（爭議之解決）

關於本公約之解釋或適用，如有兩國以上爭議而無法談判解決者，除全體當事國同意其他解決途徑，得由當事國之一依國際法院規程，訴請國際法院審理。起訴之國家應通知國際局，並由該局提請其他聯盟國注意。

任何國家得於簽署本修正案或送存批准或加入文件時，聲明不受前項拘束，則此類國家與他國間之爭議不適用前項規定。

為前項聲明之國家，得隨時以書面文件通知理事長，撤回其聲明。

第三十四條（公約新舊條文之關係）

除第二十九條之二另有規定外，本公約第一條至第二十一條及其附屬條款一經生效，任何國家不得再行批准或加入以前各修正案。

第一條至第二十一條及其附屬條款一經生效，任何國家不得依斯德哥爾摩修正案關於開發中國家議定書第五條規定提出聲明。

第三十五條（退出）

本公約無限期有效。

任何國家均得以書面通知理事長退出本修正案，此項退出效力及於較早之修正案並以退出國為限，本公約對其他聯盟國之效力依舊，不受影響。

理事長於收訖退出通知之日起一年後生效。

聯盟會員國非屆滿五年，不得行使本條所定退出之權。

第三十六條（國內法之關係）

公約國應依其國內憲法程序為必要之措施，俾確保本公約所定事項之適用。

公約國諒解，其國內法業已認可本公約所定事項之效力。

第三十七條（雜項事務）

1. 本修正案以法文、英文對照方式書寫，除第二項另有規定外，應送存理事長。

2. 官定約本，於協商關係國政府後，由理事長以阿拉伯、德、義、葡、西班牙及大會指定之語文寫定。

3. 各種語文約本之解釋意見歧異時，以法文本為準。

一九七二年元月卅一日之前，本修正案公開供簽字，此一日期之後，第一項（1）款所定之約本送存法國政府。

理事長應將本修正案簽名約本二份簽證，送交聯盟國政府，或經請求送交其他國家政府。

理事長應將本修正案送請聯合國秘書長登記。

送存批准或加入及其附帶聲明文件、或依本修正案第二十八條第一項（3）款第三十條第二項（1）款及第三十三條第二項生效之任何文件、退出通知及依第三十條第二項（3）款第三十一條第一至二項第三十三條第三項第三十八條第一項及附屬條款等所為之通知，理事長應將上開各種文件通知全體簽字之聯盟國政府。

第三十八條（暫行規定）

未批准或加入本修正案且不受本公約斯德哥爾摩修正案第二十二條至二十六條拘束之聯盟國，於一九七五年四月廿六日前，得隨時行使各該條所定之權，但應通知理事長並於通知收訖時立即生效。此類國家於前述日期之前並為大會會員。

聯盟國未全體成為該組織會員前，該組織之國際局仍得行使聯盟局職權，理事長并兼任之。

聯盟國全體成為該組織會員後，聯盟局之權利、義務及財產應移交該組織國際局。

附屬條款

第一條（強制授權之適用）

依聯合國大會慣例確認爲開發中國家者，其批准或加入本修正案以本附屬條款構成其約文之主要部分。因衡酌其經濟狀況及其社會或文化之需要，自認無法即刻依本修正案規定保障他國權利者，得於送存批准或加入文件同時向理事長送存通知，除第五條第一項（3）款另有規定外，隨時聲明採擇第二條或第三條或并同二者之權能。亦得依第五條第一項（1）款聲明，以取代第二條之權能。

1. 本修正案第一條至第二十一條及依第二十八條第二項所定本附屬條款生效時起十年爲期，依前項所爲之任何聲明通知，於此期間屆滿前有效。其於未屆滿前三至十五個月向理事長另行送存通知者，並得將此項聲明之全部或部分之效力延展十年。

2. 本條第一項之任何聲明於第一條至第二十一條及依第二十八條第二項所定附屬條款生效後提出者，其屆滿期間與生效前提出者同，並得依前款後段規定通知延展。

停止爲第一項所稱之開發中國家者，不得依第二項規定延展其聲明之效力。不論其是否係撤回聲明，均自當期十年屆滿或自停止爲開發中國家滿三年（以較遲之期間爲準），不得再主張第一項所定之權能。

第一項及第二項之聲明停止效力時，如依本附屬條款合法授權而製作之複製物仍有庫存者，應准其繼續行銷完畢。

受本修正案拘束並已依第三十一條第一項關於適用本修正案於特定領土而送存聲明之國家，如認該領土之現狀雷同第一項所定之國家，亦得適用本條第一、第二項規定，並於其聲明有效期間內，適用本附屬條款於該等領土。

1. 享受第一項權能之國家，他國不得因某著作以該國為源流而降低保障，仍應負第一條至第二十條之義務。
2. 依第五條第一項（1）款提出聲明之國家，於第一條第三項所定期間之日期屆滿前，以此類國家為源流之著作，他國不得行使第三十條第二項（2）款後段所定互惠待遇之權。

第二條（翻譯權之強制授權）

聲明採擇本條所定權能之國家，就他國以印刷重製方式而已出版之著作，除第四條另有規定外，其國民有權請求主管機關授予非排他及不可移轉之授權，以代替第八條所定之翻譯排他授權規定。

1. 除第三項另有規定外，當地國得以國內法規定：如著作初版發行之日起滿三年或較長之期間，該著作之翻譯權或經其授權之人，仍未以當地國通用語文發行譯本者，該國國民得依法獲得授權，以通用語文翻譯印行。
2. 本條所定翻譯強制授權要件，於譯本絕版之情節亦適用之。
   （1）開發中國家為聯盟會員，且其翻譯並非通用語文者，第二項（1）款所定之三年期間得縮短為一年。
   （2）第一項所定之國家，經聯盟會員中同通用語文之開發中國家全體之同意，於翻譯為此種同通用語文時，得約定以一年以上之較短期間代替第二項（1）款之三年期間，但前段規定之同通用語文如為英、法、西班牙語者，不適用之。此種約定應由締約政府通知理事長。

依本條原定三年為期之強制授權，於三年經過後非再滿六個月；原定為一年者非再滿九個月，不得核准授權。日期之起算：

1. 自申請人依第四條第一項所定日期。
2. 依第四條第二項規定，於翻譯同意權人之姓名或地址不詳者，自申請人寄送申請書副本至主管機關，請求授權之日期。

　　於前述六個月或九個月內，如翻譯權人或經其授權之人，發行申請書所載之語文版本者，即不得依本條規定核准授予翻譯之權。

　　本條所定之任何授權，限於教學、學術或研究等宗旨。

　　如翻譯權人或經其授權之人發行其原著之譯本，且以當地國同等著作物合理之價格供銷，則依本條所為之任何主要內容相同及同語文之授權譯本均應終止。終止前已依強制授權撰製之譯本存貨，得繼續行銷完畢。

　　原著以圖解為主者，強制翻譯權之授予，尚須滿足第三條所定條件。

　　著作人已撤回其著作物之流傳者，不得依本條為任何之授權。

1. 已被授權翻譯且印刷重製之著作，亦得授權第一項所定國家設有主事務所之播送企業。播送企業應向當地國主管機關申請，惟須滿足左列條件：

   a. 係依當地國法律製作並獲得之複製物所為之翻譯。

   b. 該翻譯絕對限於播送，且僅供教學或供傳播於專門性職業專家之特殊教學或科學研究。

   c. 該翻譯經由合法播送於指定國家境內收受，且絕對限用前述第（b）所定之目的。包括合法之錄音、錄影，以供播送之用。

   d. 不得含有任何商業目的。

2. 依本項規定授予播送企業而為之翻譯錄音或錄影，於（1）款所定條件及目的之拘束下，經該企業之同意，亦得供他合法播送企業利用。

3. 如（1）款之標準與條件均符合，亦得授權播送企業翻譯任何結合於視聽錄製物且專供正軌教學活動之課程。

4. 除（1）至（3）款另有規定外，前項規定適用於本項之授權及行使任何授權。

第三條（重製權之強制授權）

聲明採擇本條所定權能之國家，其國民有權請求主管機關授予非排他及不可移轉之授權。以代替第九條所定排他重製權，但受本條後述條件及第四條規定之限制。

1. 依第七項而適用本條規定之著作，如於下列期間屆滿後：
   a. 第三項所定之期間，自某特定著作初版發行之日開始。
   b. 第一項所定國家之國內法規定其他較長之期間，自前述相同之日期開始，而該著作之複製物，仍未由重製權人或經其授權之人，以符合該國同等著作物之合理價格，普通行銷於一般大眾或供正軌教學活動需求，則該國國民得獲准授權，以相等或較低價格重製並發行該著作，俾供正軌教學活動之用。
2. 如屆滿適當期間後，六個月內仍無權利人授權版本，以當地國同等著作物正常而合理之價格，行銷於大眾或供正軌教學活動之用，則依本條所定條件，亦得授予（1）款之重製與發行強制授權。

除左列情節外，第二項（1）款之（a）之期間為五年：
   a. 自然及物理科學，包括數學及技術類著作，期間為三年。
   b. 小說、詩、戲劇與音樂、藝術書等著作，其期間為七年。
4. 三年期間屆滿後，非經過六個月不得依本條准予授權重製：
   a. 從申請人遵照第四條第一項所定要件之日。
   b. 如重製權人姓名或地址不詳，自申請人依第四條第二項規定，向主管機關呈送申請書請求授權之日。
5. 於其他及第四條第二項所定期間後，非於申請書寄出之日起算經過三個月，不得核准強制授權。
6. 如於（1）及（2）款所定六或三個月期間內，權利人已為第二項（1）款之行銷者，即不得依本條規定核准授權。

7. 據以核定強制授權之著作，如著作人撤回全部著作複製物不願繼續散布者，不得再核准授權。

左列情節不得依本條規定核准授權重製及發行某特定著作之譯本：

a. 翻譯權人或經其授權之人，並未發行翻譯物。

b. 據以核定強制授權之國家，並無通用語文之譯本。

如某著作版本之複製物，由重製權人或經其授權之人，依該國同等著作物之合理而正常價格，行銷於第一項所定之國家，供應一般大眾或正軌教學活動需要，則依本條所為之任何同語文及主要內容相同版本之授權應即終止。終止前合法複製物得繼續行銷完畢。

1. 除（2）項另有規定外，適用本條之著作限於以印刷或類似形態重製發行者。

2. 本條亦適用於以視聽形態合法製作之錄製物，包括任何結合於該等著作物其他受保障之著作，以及任何結合內容之翻譯成當地國通用語文。但該等錄製物之製作與發行，須以正軌教學活動之需要為唯一目的。

第四條（強制授權程序）

第二條或第三條之授權，限於申請人依當地國法定程序為之。明定申請人曾請求而遭權利人拒絕授權翻譯或重製發行，或確已盡相當努力而仍無法覓得權利人。於提出請求之同時，申請人應通知第二項所定之全國或國際性資訊中心。

如無法覓得權利人，申請人應將原呈送主管機關之申請書副本，按著作物上所載出版人姓名及指定之全國或國際性資訊中心，由出版人主事務所地國政府，以航空掛號信函通知送存理事長。

依第二條或第三條授權翻譯或重製發行之著作物，應載明著作人姓名、著作名稱。於翻譯之情節，無論如何應載明原著名稱。

1. 依第二條或第三條授權之複製物，不得輸出，且其翻譯或重

製限授權國境內發行爲合法。

2.爲（1）款之目的，輸出之意念包括複製物從任何領土輸入至已依第一條第五項送存聲明之國家。

3.經國家政府或其他公法人，依第二條規定核可授權翻譯成英、法、西班牙以外之語文，並將已發行之該譯本複製物寄送至其他國家，此項專送行爲依（1）款之意旨，如符合左列條件者，不以輸出論：

　　a.收件人爲原授權國國民之個人、法人或團體。

　　b.該被寄送之複製物限用於教學、學術或研究之目的。

　　c.該被寄送之複製物及其後續再分送至收件人不含商業目的。

　　d.複製物收件地國同意原核准授權國，准其收受、分送，並已將同意事項，由原核准授權國政府通知理事長。

　　依第二條或第三條授權發行之複製物，應刊載適當語文之宣告文字，說明該複製物限在原授權國或領土境內行銷。

1.國內法應作適當規定，以確保：

　　a.視實際情節而定，其授權辦法須規定付給翻譯或重製權所有人公平之補償金，其數額應與兩國當事人正常自由洽商之標準版稅相一致。

　　b.補償金之支付與移轉：如國內受貨幣法規干與，主管機關儘量利用國際機構，確保以國際可兌貨幣或其等值移轉之。

2.國內法應依情節作適當規定，以確保翻譯之正確無誤，或重製物之正確性。

第五條（翻譯權之保留）

1.有權聲明利用第二條所定權能之國家，亦得同時批准或加入下列修正案以代之：

　　a.如其爲第三十條第二項（1）款適用之國家，依該條規定聲明其翻譯權。

　　b.如其並非前述之國家且為聯盟國，得依第三十條第二項
　　　（2）款前段規定提出聲明。

2.依第一條第一項規定已停止為開發中國家者，依本項所為之
　聲明，應適用第一條第三項所定期間屆滿之日生效。

3.已依本項規定為聲明之國家，縱撤銷其聲明，亦不得再主張
　利用第二條規定之權能。

　　除第三項另有規定外，凡已聲明利用第二條所定權能之國家，
不得依第一項規定，再行提出聲明。

　　宣布停止為第一條第一項所定之開發中國家者，於同條第三項
期間屆滿二年內，得聲明第三十條第二項（2）款前段所定之效
力，但以聯盟國之事實為限。此項聲明於第一條第三項所定期間屆
滿之日生效。

第六條（聲明）

　　自本修正案提出之日起，並於受第一條至第二十一條及本附屬
條款拘束前之任何時間，聯盟國得聲明：

1.如其為受第一條至第二十一條及本附屬條款拘束之國家，應
　有權利用第一條第一項所定之權能，即得適用第二條或第三
　條或兩者併同之規定於特定著作，此著作之源流國為依下述
　（2）准許各該條適用之國家，或為受第一條至第二十一條及
　本附屬條款拘束之國家。此項聲明係屬第五條所定而非第二
　條。

2.准許已依（1）提出聲明或依第一條通知之國家，適用本附
　屬條款於以該國為源流之著作。

　　前項之聲明須以書面為之，並向理事長送存。此項聲明自送存
之日生效。

　　（本公約譯文為施文高先生翻譯，原載氏著「國際著作權法制
析論（上冊）（中華民國七十四年六月初版）」第一八○頁至第二一
八頁。）

後序

與你相遇爾後
時間是逆流而逝。
當情慾的歡愉觸動靈魂的深層時，
我瀟灑地認爲，法律，足以詮釋生命。．

曾經，
迷走於悸動的美，
我緊緊蒙住雙眼，詮索你留駐於我生命中的體會，
這是如此般細緻，
我使自己縱放於慾情，欣然無悔。

特意保留這般唯美，
我瘋狂將荊棘埋入胸膛，享受臨界前的痛楚。
沈淪，
是無助的幻美。
因此，
我肆意將伊甸園中的薔薇化爲火紅的詩，
幽遊於人間的悲愴。

然你魂魄突爲靜止，
我的淚縱情於生命的驚悚，刹那間，空間幻成場可笑的悲劇，
凸顯我栩栩如生。

天使在你的枯骸前低索地哀泣，
我卻眩然低想，你空洞眼神中，是否曾有歡愉的心悸？

我應該用另一種方式細心體會，
或許，竭力的痛楚，才是無解的承諾。

當瞳影映出伊甸園的垂暮，
我孤傲地享受著沈寂，
漠然，將我的情緻，刻化入微。

亡者之歌的樂章，
低低地對薔薇發出嘆息，
狂然高歌爾後，
樂聲眩而隨我而逝，
此時的靜默，
僅化為一抹灑脫，瞰視著遊走的魂，

我的竭喊將止於生命的交會，
或許，
法律無法詮索出
人生的痛楚，
這是無法欲言的了悟。

陳慈幸

2002年盛夏於東京
日本中央大學永山宿舍

1. 王澤鑑（2000年9月），請求權理論基礎體系。

2. 王澤鑑（2001年4月），民法物權（1）通則、所有權，修定版。

3. 王澤鑑（2001年3月），債法原理（一）基本理論債之發生。

4. 王海南、李太正（1998年10月），法學入門，元照出版公司。

5. 吳庚（九十年八月），行政法之理論與實用增訂七版。

6. 李惠宗（1999年4月），憲法要義，敦煌書局股份有限公司。

7. 李震山（90年9月），行政法導論，三民書局股份有限公司。

8. 河上和雄（1998年），少年犯罪「素質」「環境」，講談社文庫。

9. 施慧玲（2001年2月），論我國民法親屬編之修正方向與立法原則，家庭、法律、福利國家－現代親屬身分法論文集，元照出版。

10. 邱聰智（八十九年九月），新訂民法債編通則上冊。

11. 法務部編輯，憲法、民法、刑法，智富館。

12. 林山田（2000年10月增訂7版），刑法通論上冊，自版。

13. 林山田（2000年12月二版二刷），刑法各罪論上冊，自版。

14. 林山田（民國65年），犯罪問題與刑事司法，商務印書館。

15. 林裕山，刑法，書泉出版社。

16. 林東茂（2000年），一個知識論上的刑法學思考，五南圖書出版公司。

17. 林東茂（1999年7月），評少年事件處理法修正，月旦法學雜誌第50期。

18. 施啓揚（八十九年四月），民法總則，增訂九版。

19. 房阿生、吳振村，電腦犯罪及防治方法，司法周刊出版社。

20. 周天，網路法律高手，書泉出版社。

21. 黃異（2000年再版），國際法，啓英文化事業有限公司出版。

22.黃榮堅（1999年7月），交通事故責任與容許信賴－評最高法院八十六年度台上字第二四六二號判決，月旦法學雜誌，第50期。

23.陳家駿，電腦智慧財產權法，蔚理出版社。

24.參見Karl Larenz著、陳愛娥譯（88年7月），法學方法論，五南出版公司。

25.陳新民（1999年6月），議員的言論免責權，憲法基本權利之基本理論下冊，元照出版公司。

26.陳慈幸（2002年），犯罪生物學講義，國立中正大學犯罪防治系犯罪生物學課程講義。

27.陳慈幸（2002年），少年犯罪講義，國立中正大學犯罪防治系學分班少年犯罪課程講義。

28.陳慈幸（2002年），犯罪與刑罰講義，國立中正大學法律系學士學分班課程講義。

29.陳慈幸（2002年），被害者學講義，國立中正大學犯罪防治系暨研究所課程講義。

30.陳慈幸（2001年10月），性侵害犯罪被害人被害狀況調查，二十一世紀亞太地區犯罪問題研討會，中華民國犯罪學學會。

31.蘆部信喜著、李鴻禧譯（2001年4月），憲法，元照出版公司。

32.曹顧齡（86年3月），交通事故業務及一般過失致死罪之探討－以台北地院刑事判決書為例，警學叢刊，第27卷5期。

33.張麗卿（1999年11月），酗酒駕車在交通往來中的抽象危險－評台北地方法院八十八年度北簡字第一四八四號等判決，月旦法學雜誌，第54期。

34.著作權法，內政部編。

35.謝瑞智（1999），法學緒論精義，文笙書局。

36.法學緒論，保成文化。

37. 蔡德輝、楊士隆（2001/06），犯罪學，五南出版社。

38. 蔡茂林，e世界的法律初體驗−網路著作權、隱私權，永然
文化出版股份有限公司。

39. 蘇嘉宏（1985年），法學緒論，永然文化。

＊http://tw.news.yahoo.com/2002/07/09/society/udn/
3365312.html（奇摩新聞）。

＊http://www.care119.org.tw/，社團法人宜蘭縣車禍受難者
關懷協會

＊http://www.tcpsung.gov.tw台北縣政府警察局。

＊http://www.crime.org.tw教育部法律知識宣傳網

＊http://www.nthg.gov.tw/books/book3/book3784.htm

＊http://www.ettoday.com/2002/07/15/322-1328175.htm

＊http://www.ettoday.com/2002/07/24/138-1331852.htm

＊http://www.sinica.edu.tw/~whchou/01/aa72.html

＊http://soc.miaoli.gov.tw/%E6%95%99%E5%B8%AB%E6%89%
8B%E5%86%8A.htm

＊http://www.e-land.gov.tw/ILCP/HBOOK/H06/H060609.HTM

教育新知 01

中輟學生的危機與轉機

吳芝儀 ◎著

定價 350元

　　近年來，社會上連續發生多起駭人聽聞、令人髮指的青少年集體凌虐或殺人事件，惡質殘忍的手段攪得人心惶惶，深怕危機就隱藏在自己生活的周邊。更令人難堪的是，在連串類似情節的青少年集體暴力犯罪事件中，我們經常會發現，無論施暴者或是受暴者多是學習成就低落、自認被主流教育體系所放棄的「中輟學生」。這些原應該在校園中愉快地學習和成長的「我們的孩子」，竟然以如此兇狠殘暴的手段來反噬我們在教育上所付出的心力和成本，著實令肩負著教育使命的教育工作者和家長，感到挫折、難過、痛心和不知所措。

　　識此之故，我們一方面要深入推敲究竟是什麼因素導致這些「我們的孩子」執意掙脫學校的樊籠，另一方面更要仔細尋思有效的策略和方法來將中輟學生所造成的社會危機減到最低。

　　本書乃將個人近年來在中途輟學成因和中輟防治策略兩方面的探究心得有系統地加以彙整，因此本書的目的有二：一方面試圖從多元角度理解中輟學生的問題，二方面深入探討能解決中輟學生問題的有效中輟防治策略和選替教育方案。期能藉由本書的分析和整理，提供關心中輟學生問題的教育、輔導、社福、警政、法務等不同專業領域的實務工作者參考，協力促成國內中輟學生教育和輔導方案的長足發展，以有效消弭青少年中途輟學或犯罪的問題，減低少年偏差和犯罪行為對社會之戕害。

青少年法治教育
與
犯罪預防

陳慈幸 ◎著

定價 420元

「有善念，才不會放任情緒羅織，羅織一個沒有辯解機會的
人。有善念，清明的思慮才不至於被扼殺，才能找到一個修
持的道場，學佛才不會只是生活上的一個裝飾、襯托與虛
驕...」

　　青少年階段，在人生的旅程中正處於關鍵的時刻，此時他們
的生理和心理都未臻成熟，性向尚未穩定，人格亦有待塑造。在
這人生蛻變的重要時點，假使父母、教師、社會輔導工作者不能
適時予以關懷和輔導，那麼青少年在升學壓力下課業負擔過重、
在家庭又得不到溫暖，加上課外活動缺乏指導、不良友伴以及不
良社會風氣等多種原因交互激盪之下，極易迷失自己，誤入歧
途，而成為問題學生或非行少年，日後儼然是社會治安的隱憂。

　　有人說，青少年犯罪問題是一個進步中社會的產物，而同時也
是一個污點。但是正當這個污點逐漸趨向擴大為一種黑暗時，我們
不覺深思，這群遊走於黑暗邊緣孤獨、無助、期待伸援的淪失靈
魂，我們究竟該如何協助他在一線之間，回頭，走出沈淪？

　　刻板的刑罰，是最真確的輔導方式嗎？還是該給在觸犯法律之
前，先給予正確的法治教育，才是更「溫柔」的關懷？.........

法律與犯罪 02

組織犯罪

陳慈幸 ◎編著

定價 400元

　　時代的變遷，使人們物質生活有很大的改善。在物質生活提升、生活步調快速的同時，人們對於未來卻充滿著不安全感與壓迫感。因此大家都在尋找著慰藉心靈的管道、肯定自我的方法，來彌平這份不安全感所帶來的恐懼以及壓力。

　　正由於上述之因素，使得有心人抓住人性的弱點，進而假藉各種名義，比方宗教，來號招民眾從事合法或不合法的活動。

　　偏差行為發生在個人生活的次文化與主流文化的規範之間具有衝突。但為何有些人會吸收這些偏差的次文化價值而有些人不會？Suterland認為犯罪行為是學習而來的。人們接觸偏差者，進而吸收、學習偏差價值與從事偏差行為的技術。

　　Cloward and Ohlin也認為偏差行為的產生不僅是社會解組和身分挫折所致，還需要有機會參與偏差行為，同時由此行為終獲的具體的報酬。

　　多數人的生活經驗，不論是對於組織犯罪的概念，以及組織犯罪以何種形態出現，皆只是一知半解，經常忽略這方面的新聞報導，更極少有人深入探討與研究。本書（組織犯罪）對於常在新聞報章中提及的各種組織犯罪皆有詳盡的說明，可供讀者在這方面有更進一步的了解。